本研究为国家社科基金项目"进城农民自主经营行动研究"（14CSH023）和华中科技大学自主创新研究基金（人文社科）项目"进城创业主体的市民化趋势及行动研究"（2016AB018）研究成果。

华中科技大学社会学文库
青年学者系列

家户主义与
进城创业组织运转

RURAL-TO-URBAN IMMIGRANT
ENTREPRENEURSHIP
UNDER HOUSEHOLDISM

陈文超 著

社会科学文献出版社
SOCIAL SCIENCES ACADEMIC PRESS (CHINA)

华中科技大学社会学文库总序

在中国恢复、重建社会学学科的历程中，华中科技大学是最早参与的高校之一，也是当年的理工科高校中唯一参与恢复、重建社会学的高校。如今，华中科技大学（原为华中工学院，曾更名为华中理工大学，现为华中科技大学）社会学学科已逐步走向成熟，走在中国高校社会学院系发展的前列。

30多年前，能在一个理工科的高校建立社会学学科，源于教育学家、华中工学院老院长朱九思先生的远见卓识。

20世纪八九十年代是华中科技大学社会学学科的初建时期。1980年，在费孝通先生的领导下，中国社会学研究会在北京举办第一届社会学讲习班，朱九思院长决定选派余荣珮、刘洪安等10位同志去北京参加讲习班学习，并接见这10位同志，明确学校将建立社会学学科，勉励大家在讲习班好好学习，回来后担起建立社会学学科的重任。这是华中科技大学恢复、重建社会学的开端。这一年，在老前辈社会学者刘绪贻先生、艾玮生先生的指导和领导下，在朱九思院长的大力支持下，湖北省社会学会成立。余荣珮带领华中工学院的教师参与了湖北省社会学会的筹备工作，参加了湖北地区社会学界的许多会议和活动。华中工学院是湖北省社会学会的重要成员单位。

参加北京社会学讲习班的10位同志学习结束之后，朱九思院长听取了他们汇报学习情况，对开展社会学学科建设工作做出了重要指示。1981年，华中工学院成立了社会学研究室，归属当时的马列课部。我大学毕业后分配到华中工学院，1982年元旦之后我去学校报到，被分配到社会学研究室。1983年，在朱九思院长的支持下，在王康先生的筹划下，学校决定在社会学研究室的基础上成立社会学研究所，聘请王康先生为所长、刘中庸任副所长。1985年，华中工学院决定在社会学研究所的基础上成立社会学系，聘请王康先生为系主任、刘中庸任副系主任；并在当年招收第一届社会学专业硕士研究生，同时招收了专科学生。1986年，华中工学院经申报获社会学硕士学位授予权，成为最早拥有社会学学科硕士点的十个高校之一。1988年，华中理工大学获教育部批准招收社会学专业本科生，当年招收了第一届社会学专业本科生。至此，社会学有了基本的人才培养体系，有规模的科学研究也开展起来。1997年，华中理工大学成立了社会调查研究中心；同年，社会学系成为独立的系（即学校二级单位）建制；2016年5月，社会学系更名为社会学院。

在20世纪的20年里，华中科技大学不仅确立了社会学学科的地位，而且为中国社会学学科的恢复、重建做出了重要的贡献。1981年，朱九思先生批准和筹备了两件事：一是在学校举办全国社会学讲习班；二是由学校承办中国社会学会成立大会。

由朱九思先生、王康先生亲自领导和组织，中国社会学研究会、华中工学院、湖北社会学会联合举办的全国社会学高级讲习班在1982年3月15日开学（讲习班至6月15日结束），上课地点是华中工学院西五楼一层的阶梯教室，授课专家有林南先生、刘融先生等6位美籍华裔教授，还有丁克全先生等，学员是来自全国十几个省、自治区、直辖市的131人。数年间，这些学员中的许多人成为各省、市社科院社会学研究所、高校社会学系的负责人和学术骨干，有些还成为国内外的知名学者。在讲习班结束之后，华中工学院社会学研究室的教师依据授课专家提供的大纲和学员的笔记，整理、印刷了讲习班的全套讲义，共7本、近200万字，并寄至每一位讲习班的学员手中。在社会学恢复、重建的初期，社会学的资料极端匮乏，这套讲义是国内最早印刷的社会学资料之一，更是内容最丰富、印刷量最大的社会学资料。之后，由朱九思院长批准，华中工学院出版社（以书代刊）出版了两期《社会学研究资料》，这也是中国社会学最早的正式出版物之一。

1982年4月,中国社会学会成立暨第一届全国学术年会在华中工学院召开,开幕式在学校西边运动场举行。费孝通先生、雷洁琼先生亲临会议,来自全国的近200位学者出席会议,其中主要是中国社会学研究会的老一辈学者、各高校社会学专业负责人、各省社科院负责人、各省社会学会筹备负责人,全国社会学高级讲习班的全体学员列席了会议。会议期间,费孝通先生到高级讲习班为学员授课。

1999年,华中理工大学承办了中国社会学恢复、重建20周年纪念暨1999年学术年会,全国各高校社会学系的负责人、各省社科院社会学所的负责人、各省社会学会的负责人大多参加了会议,特别是20年前参与社会学恢复、重建的许多前辈参加了会议,到会学者近200人。会议期间,周济校长在学校招待所二号楼会见了王康先生,对王康先生应朱九思老院长之邀请来校兼职、数年领导学校社会学学科建设表示感谢。

21世纪以来,华中科技大学社会学学科进入了更为快速发展的时期。2000年,增设了社会工作本科专业并招生;2001年,获社会保障硕士点授予权并招生;2002年,成立社会保障研究所、人口研究所;2003年,建立应用心理学二级学科硕士点并招生;2005年,成立华中科技大学乡村治理研究中心;2006年,获社会学一级学科硕士点授予权、社会学二级学科博士点授予权、社会保障二级学科博士点授予权;2008年,社会学学科成为湖北省重点学科;2009年,获社会工作专业硕士点授予权;2010年,招收第一届社会工作专业硕士学生;2011年,获社会学一级学科博士点授予权;2013年,获民政部批准为国家社会工作专业人才培训基地;2014年,成立城乡文化研究中心。教师队伍由保持多年的十几人逐渐增加,至今专任教师已有30多人。

华中科技大学社会学学科的发展,历经了两三代人的努力奋斗,曾经在社会学室、所、系工作的同志近60位,老一辈的有刘中庸教授、余荣珮教授,次年长的有张碧辉教授、郭碧坚教授、王平教授,还有李少文、李振文、孟二玲、童铁山、吴中宇、陈恢忠、雷洪、范洪、朱玲怡等,他们是华中科技大学社会学学科的创建者、引路人，是华中科技大学社会学的重大贡献者。我们没有忘记曾在社会学系工作、后调离的一些教师，有徐玮、黎民、王传友、朱新称、刘欣、赵孟营、风笑天、周长城、陈志霞等，他们在社会学系工作期间，都为社会学学科发展做出了贡献。

华中科技大学社会学学科的发展，也有其所培养的学生们的贡献。在 2005 年社会学博士点的申报表中，有一栏要填写 20 项在校学生（第一作者）发表的代表性成果，当年填在此栏的 20 篇已发表论文，不仅全部都是现在的 CSSCI 期刊源的论文，还有 4 篇被《新华文摘》全文转载、7 篇被《人大复印资料》全文转载，更有发表在《中国人口科学》等学界公认的权威期刊上的论文。这个栏目的材料使许多评审专家对我系的学生培养打了满分，为获得博士点授予权做出了直接贡献。

华中科技大学社会学学科发展的 30 多年，受惠、受恩于全国社会学界的鼎力支持和帮助。费孝通先生、雷洁琼先生亲临学校指导、授课；王康先生亲自领导组建社会学所、社会学系，领导学科建设数年；郑杭生先生、陆学艺先生多次到学校讲学、指导学科建设；美籍华人林南教授等一大批国外学者及宋林飞教授、李强教授等，都曾多次来讲学、访问；还有近百位国内外社会学专家曾来讲学、交流。特别是在华中科技大学社会学学科创建的初期、幼年时期、艰难时期，老一辈社会学家、国内外社会学界的同人给予了我们学科建设的巨大帮助，华中科技大学的社会学后辈永远心存感谢！永远不会忘怀！

华中科技大学社会学学科在 30 多年中形成了优良的传统，这个传统的核心是低调奋进、不懈努力，即为了中国的社会学事业，无论条件、环境如何，无论自己的能力如何，都始终孜孜不倦、勇往直前。在一个理工科高校建立社会学学科，其"先天不足"是可想而知的，正是这种优良传统的支撑，使社会学学科逐步走向成熟、逐步壮大。"华中科技大学社会学文库"，包括目前年龄大些的教师对自己以往研究成果的汇集，但更多是教师们近年的研究成果。这套文库的编辑出版，既是对以往学科建设的回顾和总结，更是目前学科建设的新开端，不仅体现了华中科技大学社会学的优良传统和成就，也预示着学科发挥优良传统将有更大的发展。

雷　洪

2016 年 5 月

目 录

导 论 ······ 001
  一 研究问题 ······ 002
  二 研究方法 ······ 006
  三 内容安排 ······ 009

第一部分
研究对象：正视进城创业者的经营现象

形同质异：进城农民务工经商的分殊 ······ 019
  一 群体分化与进城务工经商的共识建构 ······ 020
  二 职业分化与进城务工经商的劳动差异 ······ 023
  三 结构分化与进城务工经商的社会差异 ······ 028
  四 结论 ······ 032

进城自主经营现象的研究传统及其启示 ······ 035
  一 进城自主经营现象的研究问题 ······ 036
  二 进城自主经营现象的研究视角 ······ 040
  三 进城自主经营现象研究的新议题 ······ 048
  四 结语 ······ 050

概念辨析：自雇、自主经营与创业
  ——基于进城经商现象分析 ······ 054
  一 问题的提出 ······ 054
  二 自雇、自主经营和创业概念的建构 ······ 056
  三 自雇、自主经营和创业概念的异同 ······ 063

四　自雇、自主经营和创业概念的调适 ················· 066
　　五　结论与讨论 ····································· 069

经济—关系—地位：市场化社会中经济行动的逻辑 ········· 072
　　一　市场化社会中的经济行动 ························· 073
　　二　市场化社会中经济行动的三种解释 ················· 076
　　三　经济行动实践形式的考量取向 ····················· 084
　　四　结论与讨论 ····································· 088

第二部分 | 研究主体：剖析进城创业者的经营过程

进城创业组织的类型与差异 ····························· 095
　　一　问题的提出 ····································· 095
　　二　进城创业者的构成与类型 ························· 098
　　三　进城创业者群体的组间差异 ······················· 102
　　四　进城创业群体间的转换 ··························· 106
　　五　结论与讨论 ····································· 108

家户为体：进城创业组织的经营基础
——基于云南溪镇的经验分析 ··························· 111
　　一　问题的提出 ····································· 111
　　二　溪镇商贸市场中的街居经济 ······················· 114
　　三　进城创业者的经济组织形式 ······················· 117
　　四　家庭关系连带：经济组织的实质 ··················· 124
　　五　结论与讨论 ····································· 126

行商与坐商：进城创业组织的经营形式 ··················· 129
　　一　问题的提出 ····································· 129
　　二　进城创业者中行商与坐商的表现 ··················· 132
　　三　进城创业者中行商与坐商的差异 ··················· 137
　　四　市场规范化与进城经营形式的转变 ················· 142

五　结论与讨论 …………………………………………… 144

进城创业中经营效益最大化的社会建构 …………………… 147
　　一　问题的提出 …………………………………………… 147
　　二　经济效益的客观要求与经营效益最大化 …………… 150
　　三　实践操作中的经营效益最大化 ……………………… 154
　　四　经营效益最大化的习性塑造 ………………………… 157
　　五　结论与讨论 …………………………………………… 160

情境化行动：进城创业者的组织经营策略
　　——基于棠华线路客运车经营经验的分析 …………… 163
　　一　研究问题的提出 ……………………………………… 163
　　二　研究田野的介绍 ……………………………………… 166
　　三　逢客必争：获取绝对数量的乘客 …………………… 168
　　四　超员载客：获取相对数量的乘客 …………………… 173
　　五　站外捡客：获取有效数量的乘客 …………………… 177
　　六　结论与讨论 …………………………………………… 181

家户经营：进城创业经济的再生产机制
　　——读《台湾都市小型制造业的创业、经营与生产组织——
　　　　以五分埔成衣制造业为案例的分析》 ……………… 185
　　一　从台湾的经济转型谈起 ……………………………… 186
　　二　市场经济中的家户式生产方式 ……………………… 190
　　三　同乡同业：家户式生产经营机制的延展 …………… 196
　　四　未完的研究 …………………………………………… 200

个体经济秩序与进城创业者的经营进程 ……………………… 202
　　一　问题的提出 …………………………………………… 202
　　二　进城创业者个案的描述 ……………………………… 204
　　三　进城创业者的经营进程 ……………………………… 208
　　四　经营进程与经济组织孵化 …………………………… 216
　　五　结语 …………………………………………………… 219

第三部分 研究对话：凝练进城创业者的经营机制

进城创业经济会衰亡吗？
——丰丹《欧洲商贩史》的启示 ·················· 225
一 问题的提出 ·· 225
二 制度设置会导致进城创业经济活动消失吗 ·········· 228
三 城镇居民能够替代进城创业者吗 ······················· 232
四 进城创业者群体间的结构化变动 ······················· 235
五 结论与讨论 ·· 238

家庭因素对进城创业经济活动的影响分析
——基于2013年CGSS数据的分析 ···················· 240
一 问题的提出 ·· 240
二 文献回顾及假设的提出 ··································· 242
三 数据、变量与方法 ··· 247
四 描述分析 ·· 250
五 分析结果 ·· 251
六 结论与讨论 ·· 260

家户主义分析机制的建构
——基于进城创业经验资料的解读 ···················· 263
一 问题的提出 ·· 263
二 家户经营模式中的家户结构 ····························· 266
三 家户主义的构成要素 ······································ 268
四 家户主义的特征 ·· 271
五 结论与讨论 ·· 276

家户主义机制的扩展及其解释力 ························· 280
一 研究问题的提出 ·· 280
二 家户主义运行的形式构件 ································ 283

三　家户主义运行的实质机理 …………………………… 286
四　家户经营的运作效率 ………………………………… 291
五　结论与讨论 …………………………………………… 295

后　记 ……………………………………………………… 297

导 论

在"允许农民进城开店设坊,兴办服务业"的制度安排下,进城经商活动被赋予了市场经济体制之中必要的合法性和正当性。① 原被视为"走资本主义道路"及"投机倒把"的自主经营劳动形式也逐渐摆脱"污名化"的身份,成为许多进城农民理想的劳动形式以及首选的劳动形式。随着社会经济改革的推行和深化,从允许进城农民经商到鼓励各类电子商务平台为小微企业和创业者降低创业门槛,当前进城经商已经转换为进城创业的表达,并且在全国城镇范围内形成"遍地开花"的格局。根据 2016 年中国流动人口动态监测调查数据进行测算,进城创业者数量已有约 5577.2 万人,占流动(乡—城、城—城)人口的 19.13%。② 与群体规模庞大的印象相对照,进城创业也被贴上"做老板"的标签,在社会经济地位方面具有较大的优势。③ 尤其和城镇劳动力市场中的打工劳动形式相比,创业劳动形式往往更受到进城农民的青睐。④ 然而,与积极正面的形象对比,鉴于经营内容和形式,如经营具有区域文化的地方产品、假冒伪劣商品、低端产品等,进城

---

① 陈文超:《制度转型与农民工自雇选择的行动空间》,《发展研究》2013 年第 8 期。
② 具体测算方法,主要围绕受访者的主观认同和客观事实两方面展开。首先,基于受访者对自身进城务工经商等经济活动性质的认识,区别出进城经商群体;其次,根据受访者的职业身份,如是否为雇主和自营劳动者,进一步确定进城创业者的身份;再次,根据受访者的职业单位以及参考创业者概念的边界,确定进城创业者群体;最后,依照进城创业者群体的比例,并根据 2016 年流动人口的群体规模,计算出进城创业群体的数量。
③ 谢国雄:《黑手变头家——台湾制造业中的阶级流动》,《台湾社会研究季刊》1989 年第 2 期。
④ Davis, D. S. "Self-employment in Shanghai: A Research Note." *The China Quarterly* 157 (1999).

创业经济被视为低端经济，进城创业者又被视为城镇社会中的低端劳动者。尤其在与城镇社会的管理部门博弈过程中，作为弱者的他们受到高度关注，成为社会讨论分析的焦点。在新时代"大众创业、万众创新"的社会情境中，如何审视进城创业现象，不仅关乎进城创业组织与创业者的发展，更涉及个体经济与社会的发展。由此可见，本研究对进城创业现象的分析，不仅仅因为进城创业具有社会学意义，更因为进城创业关涉当前"国计民生"。因此，本研究将直面进城创业现象，探究进城创业核心问题——进城创业组织如何运转，以此加深理解进城创业的发展趋势以及中国个体经济的发展进程。

一　研究问题

在社会科学研究中，有关进城经商现象的研究形成了多样化的研究视角，如非正规经济视角、理性选择视角、社会网络视角等。在非正规经济视角下，强调进城经商游离在现有正式制度之外，对社会经济的发展既有消极影响，也有积极影响；在理性选择视角下，注重进城经商选择的经济理性和社会理性；在社会网络视角下，分析进城经商主体通过关系网络的连接，开展经商行动等。无论是从非正规经济视角出发，还是从理性选择视角出发，抑或从社会网络视角出发，既有研究分析多在国家与社会关系的分析框架下展开，讨论国家制度安排和社会个体间的关系；或以政治经济学的理论传统分析进城经商中的关系，揭示进城经商中的支配关系、不平等关系，以及由此产生的社会治理问题等，如城管和商贩的关系；或以经典经济学的假设作为基点，分析进城经商活动选择的利与弊；或以传统社会学理论作为工具分析进城经商所产生的社会意义和效果，如实现社会阶层中的社会流动等。

在多样化的研究中，有关进城经商研究问题已经达成了共识，尤其揭示了进城农民的弱势特质。无论是在宏观城乡二元视域下，还是在微观制度安排中，抑或是在市场经济体系下，进城经商主体都明显处于弱势地位。若和城镇经济市场中的其他主体相比，进城经商农民的弱势地位更为凸显，比如和当代具有技术创新能力的大学生相比，进城经商农民的个体人力资本存量相对较低等。回到进城经商问题本体之中，我们不禁产生疑问：既然作为弱者，他们何以能够进入具有不确定性的市场中，如何在城镇市场经济中得以存续和发展？

在国家和社会关系主题框架下的多样化研究也呈现一定的观点分歧。在形式上表现为关于进城经商的认知和定位问题，实质也是关于进城经商存续的问题。一些研究间接给出了不太乐观的结果，如根据经验分析，有学者指出，没有政治资本作后台，没有社会资本和人脉关系，经商的风险总是无处不在的。① 面对市场经济中的风险等，因为个人能力较弱，他们很难有效应对，致使经商组织难以存续，或者经商失败等。针对个人能力和市场风险度的不匹配状况，许多研究者给出了谨慎创业的建议。② 一些学者从社会流动层面进行分析，指出在社会整体结构性力量的作用下，个体户很难成长为有规模的私营企业主，并将此现象界定为"长不大的个体户"③。然而，与对进城经商的消极认知不同，一些学者持较为积极肯定的态度，如在当前的日常经济实践中，进城经商不仅具有规模化效应，呈正当化、规模化、快速化趋势发展，而且这种劳动形式已经从被动接受逐渐转向主动选择。④ 与从经济层面的分析不同，一些学者从社会层面分析，强调"老板游戏"的存在，使进城农民坚定了当老板的信念和行动。⑤ 与具有相似特质的台湾创业现象相比，20世纪60年代的台湾也曾经出现"工厂林立"的现象。经过全面观察和分析发现，台湾地区的学者对台

---

① 李实、邢春冰：《农民工与城镇流动人口经济状况分析》，北京：中国工人出版社2016年版，序言第4页。
② 贺雪峰：《"全民创业"要慎重》，《中国老区建设》2013年第11期。
③ 孙立平：《总体性资本与转型期精英形成》，《浙江学刊》2002年第3期。
④ 叶静怡、王琼：《农民工的自雇佣选择及其收入》，《财经研究》2013年第1期。
⑤ 郑广怀、孙慧、万向东：《从"赶工游戏"到"老板游戏"——非正式就业中的劳动控制》，《社会学研究》2015年第3期。

湾社会中兴起的经商热潮给予了积极的肯定，贴上"经济奇迹"的标签，并从社会阶层地位、个体经济与全球化方面进行分析，如在社会意义层面有利于实现阶层社会地位的流动，并且出口导向的小型加工业等有利于融入全球化经济体系中，促进经济的发展。

无论是在已有研究的共识之中，还是在有关进城经商定位的分歧之中，有关进城经商存续问题的回答都已经影响了我们对进城经商的认知，并且也影响到经济实践与制度安排的有效对接。因此，本研究对于进城经商问题的研究，不仅仅因为其社会事实的特质，更因为在现有社会生态系统之中，进城经商关涉进城农民的生存与发展、个体经济繁盛图景的构建、城镇社会秩序的稳定等。在本研究中，秉持已有研究优势，我们将重点思考和分析进城经商的存续问题。为了能够更深入地分析进城经商活动现象，我们践行实践社会科学的号召，遵从从经验到理论再到经验的研究逻辑，[①] 并且以经济实践为基础，在研究设计中将做到三点转换。

首先，转换进城经商的表达为进城创业。不仅与国家战略发展需求对接，在经济实践的形式层面转换表达形式，而且从实质层面分析从进城经商走向进城创业的可能。经过学理层面的分析，进城经商不仅符合日常生活中社会民众对创业的认知，如经济组织的实在指向、拥有经济组织的所有权、产生经济效益等；在实质层面，进城经商对经济行动主体和社会发展产生结构性的影响，如价值理念、社会经济再生产的生成，等等。因此，与经济实践相联系，转换进城经商为进城创业的表达具有合理性。

其次，回到经验之中，从实践出发进行分析。在新时代"大众创业、万众创新"的情境下，对进城经商的思考有必要放置在既定的社会情境中。这样做的原因在于，个人存在于社会现实之中，也只有置身于具有自身特质的一定时代，他的社会与历史意

---

① 黄宗智：《我们要做什么样的学术——国内十年教学回顾》，《开放时代》2012年第1期。

义才能予以展现。① 因此,对进城经商现象的思考和分析要从他们身处的创业情境展开。在全民创业的制度安排和话语下,处于具有陌生人世界属性的城镇市场经济中,进城经商的弱势或许将更为凸显,以此展现进城经商的难度和困境。

最后,回到问题本源,进城经商问题是进城农民如何在城镇市场经济中获益的问题,其关键是农民和市场关系的问题。因此,我们有必要从正面思考和分析进城经商活动。这也就要求我们转换已有国家与社会关系的分析框架,用农民与市场关系的分析框架进行替代。简而言之,本研究的核心议题是农民和市场关系主题下的进城创业问题。借鉴经济学和管理学等学科的相关结论,对于创业的界定,从企业管理层面来说,创业是创业者、组织、环境与过程四个要素相互作用的过程。具体到进城创业而言,进城创业是进城农民在城镇市场经济中自主经营经济组织的过程。② 因此,本研究的核心问题是进城创业组织运转问题。

此外,对于创业组织的运转问题,经济学学科给予了充分的重视,从创业的选择、经营过程和结果等方面进行了全方位的分析。③ 从认知层面而言,经济分析为我们认识进城创业现象提供了一个有益的视角并累积了相关知识,但已有知识并不能全面且有效认知进城创业组织的运转问题,如有关进城创业主体的认知,并不能仅仅建立在经济人假设基础之上,还要考虑到社会人的关系,以及两者之间的均衡关系等。相比之下,由于传统学科研究领域的划分等因素影响,社会学学科在此问题上的发声相对较小、较弱。与日常经济实践中的进城创业相联系,作为一个经济与社会互动的现象,进城创业需要运用经济与社会互动互补(互构)的理念进行深入分析。因此,为了更加深刻地认识进城创业现象,

---

① 米尔斯:《社会学的想像力》,北京:生活·读书·新知三联书店 2001 年版,第 6 页。
② Gartner, W. B. "A Conceptual Framework for Describing the Phenomenon of New Venture Creation." *Academy of Management Review* 10 (1985).
③ Le, A. T. "Empirical Studies of Self-employment." *Journal of Economic Surveys* 4 (1999).

解决当前进城创业过程中的矛盾,实现市场经济进程中繁盛的个体经济图景目标,我们有必要采取综合(兼具社会和经济)的分析视角再次审视进城创业现象,① 并且将研究的焦点放在进城创业组织运转过程之中。

与以往研究相比,本研究正视和直视进城创业现象,如在研究对象方面,将进城创业群体视为一个整体,在深描与比较的基础上凸显进城创业者的经济行动逻辑和特征;在研究内容方面,直视进城创业组织运转过程,如何组织生产、如何在市场之中获取最优化的社会经济效益,怎样在市场中实现经济组织的变革与发展等;在研究视角方面,立足于进城创业组织和创业者,聚焦于进城创业组织的内部结构,强调进城创业者的主体性和能动性,以及经济与社会互动互补(互构)的分析思路。由此可以看出,本研究在有关进城创业现象研究中的位置以及本研究的努力方向:其一,弥补以往有关进城创业现象研究的偏差,以此纠正社会各界有关进城创业的想象和误识;其二,侧重具象的经验描述,并概括和凝练具有解释力度的概念和机制,增促本土社会科学主体性的建设;其三,通过对进城创业经验材料的解读,重塑农民和市场关系,回应经济学、社会学中有关问题的争论和讨论。

二 研究方法

在当前有关进城创业现象的研究中,尚未形成全国性的数据,甚至也没有区域性的数据。主要原因有三点:一是没有全国总体样本,没有对应的抽样框,难以进行具体抽样;二是进城创业者的流动性较大,很难进行准确抽样;三是虽然当前有关流动人口

---

① 在周雪光看来,对于什么是社会学的研究角度是一个悬念,这也反而成为社会学的优势。在我们看来,社会学的研究路径需要注重社会结构性因素,尤其在分析进城创业这一具体社会现象时,从经济实践出发,不仅要考虑到经济因素、社会因素,还要分析经济和社会的互构过程。具体可参见周雪光《组织社会学十讲》,北京:社会科学文献出版社 2003 年版,第 14 页。

的抽样方法有所改进,① 但限于物力、人力等因素,仍然难以有效实践。② 因此,在本研究中,我们采取多样化的资料收集形式,即基于研究的需要和根据研究对象的特点,采取定量和定性相结合的研究方法。在研究过程中,所使用经验资料的构成如表1所示。

表1 进城创业者经营机制研究的资料构成

序号	资料来源	资料属性	资料内容
1	中国流动人口动态监测调查数据（2016 年）/中国综合社会调查数据（CGSS2013）	量化数据	基本特征
2	溪镇调查	质性经验	商贸经营
3	柳市调查	质性经验	客运车运营
4	汉市调查	质性经验	摊贩经营
5	羊城调查	质性经验	工厂运营

注：书中的被调查城市均经过匿名处理，如溪镇、汉市等。

从表1可知,在探究有关进城创业者的特征及进城创业者的经营能力时,我们将借用全国性的调查数据——中国流动人口动态监测调查数据（2016 年）/中国综合社会调查数据（CGSS2013）进行分析,从整体层面把握进城创业者的经营能力及其构成;在展现进城创业者的经营过程时,我们主要通过质性研究的分析方法,深入分析经营过程中的原则、策略等。在有关质性经验资料的收集中,我们主要采用实地观察和深度访谈的方法。如在溪镇调查中,我们采用实地研究方法,对溪镇创业者（包含进城创业者）进行了为期15天的集体调查,③ 调查主要采取访谈的形式,大约对79位创业经营者进行了深度访谈,调查内容主要涉及他们

---

① 刘林平、范长煜、王娅:《被访者驱动抽样在农民工调查中的应用:实践与评估》,《社会学研究》2015 年第2期。
② 折晓叶:《"田野"经验中的日常生活逻辑——经验、理论与方法》,《社会》2018 年第1期。
③ 围绕进城创业者经营现状主题,我们一行7人组成了调查小组,针对进城创业者、经济组织、经营行动及其过程等问题进行了实地观察和深度访谈。在调查具体实施过程中,面对如何调动受访对象的积极性等问题,我们采取集体调查的形式,通过小组访谈、集体讨论等形式,协调配合展开调查。

的经营动机和形式等，获得了大约 70 万字的经验资料；在羊城调查中，我们主要对新诚制衣厂进行了深入调查，具体分两次进入该厂开展实地观察，每次在该厂调查的时间在 15 天以上，运用参与式方法观察了老板的公开商业洽谈、参与档口（服装批发经营中心）经营、参与管理层的每月聚餐活动、参与师傅的日常工作实践以及员工的制衣实践，并对工厂中的老板、基层管理者和工人进行了深入的访谈。经过整理，我们共收集了 18 万多字的录音材料，以及大量的报表、规章制度等档案资料。此外，为了能够丰富进城创业者的类型，我们还运用开放式（多点）的观察方法，对上海、北京等地的进城创业者进行观察和访谈，如农贸市场中的摊贩等，获得了大量的经验资料。

需要指出的是，本研究在经验资料的收集过程中，并不旨在追求个案的数量，[①] 更不立意于个案的堆积，而重在个案的内容及特质。[②] 在具体实施过程中，我们立足于进城创业经济活动本身，以创业者所在的家庭为调查单位（分析对象），围绕进城创业者的经济行动及经济组织运转进行观察和访谈，其调查原则具体如下。

（1）强调进城创业者的能动性和主体性，在进城创业组织的经营场域中展现他们的特性，重视进城创业者的表达和行动实践。

（2）强调进城创业的过程，尤其将访谈重点置于进城创业组织的经营过程之中。并且，在具体访谈中，将进城创业者的每一个经济行动视为一个完整的过程，类似于一个事件，如在什么经济场景中，经济行动如何产生，经过怎样，结果如何等。

（3）强调访谈内容重点为进城创业组织的运转，并且访谈内容要有细节，注重进城创业组织经营故事的完整性，如针对不同的运转状态，经营者的行动策略、行动过程，以及最终的结果和影响等。

[①] Small, M. L. "How Many Cases Do I Need? On Science and the Logic of Case Selection in Field-based Research." *Ethnography* 1（2009）.

[②] 从个案研究的角度而言，在资料的收集过程中更为注重关系/事件的复杂性。对此观点的阐述，具体可参见应星《"田野工作的想象力"：在科学与艺术之间——以〈大河移民上访的故事〉为例》，《社会》2018 年第 1 期。

（4）强调访谈过程中要有调查员与访谈对象的互动，尤其注重受访对象在访谈过程中的能动性，而非被动的谈话对象，并且要保障表达内容的真实性，要求在引导下多方验证辨识访谈内容真伪度等。

在上述调查原则的指导下，我们分别在多种经济场域中进行了长时间的实地观察和深入访谈等，获得了大量的一手经验资料，为我们分析进城创业者的经营机制提供了较为坚实的基础。对于具体的研究方法以及研究过程，可参见每一部分中给予的详细介绍。

三 内容安排

遵从从实践出发的研究逻辑，[①] 本研究主要围绕"进城创业组织如何运转"问题展开思考。在具体分析过程中，立足于进城创业者的主体性和实践性，从结构层面出发，理解并解释城镇市场经济场域中进城创业者的相关经济行动，探究进城创业组织运转的社会支配机制。依据进城创业组织的运行与发展规律和特征，本研究将进城创业组织运转问题操作化为三个子问题，即进城创业组织的形式和基础、进城创业者的经营行动逻辑与策略、进城创业组织的再生产与扩大化。按照实践社会科学研究的逻辑要求以及理论和实践连接的需要，[②] 整个研究路线（框架）如图 1 所示。

从图 1 可知，为了阐明农民与市场主题下的进城创业现象，对照理论与经验的连接关系，将有关进城创业组织运转问题解构为

[①] 在黄宗智先生看来，从实践出发的社会科学研究逻辑，需要从基本事实出发，在扎实的经验研究和认识基础之上来建构符合中国实际的分析概念，进而上升到概念和理论层面，并与现有理论对话。具体可参见黄宗智《明清以来的乡村社会经济变迁：历史、理论与现实》（卷3 超越左右：从实践历史探寻中国农村发展出路），北京：法律出版社 2013 年版，第 378 页。

[②] 黄宗智：《实践与理论：中国社会、经济与法律的历史与现实研究》，北京：法律出版社 2015 年版，导论。

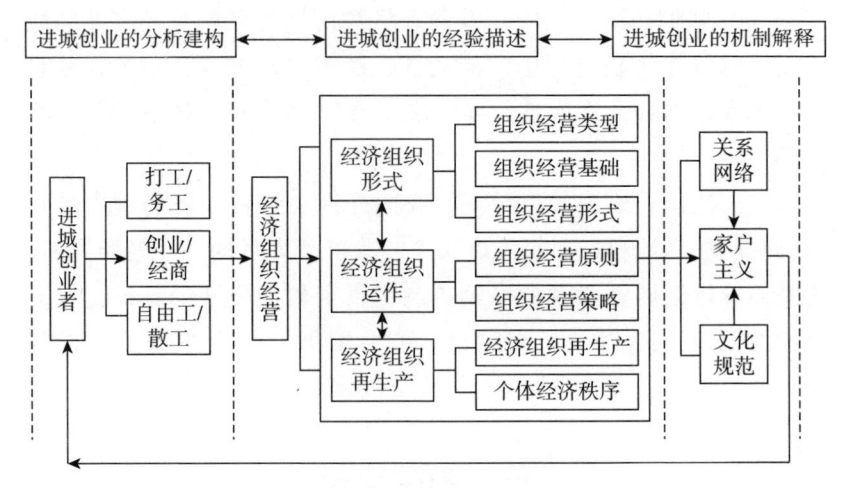

图 1　进城创业者的经营机制研究路线

三大板块（三个部分）。在每一板块（部分）中，本研究坚持从经济实践出发，以对应的子问题为导向，层层展开、循序推进，深入分析城镇市场经济中进城创业组织的运转特征和规律。① 下面我们将结合每部分的问题和研究内容进行简要的介绍。

在第一部分（研究对象：正视进城创业者的经营现象）中，为了能够明确进城创业现象的研究意义、具体研究问题和研究立意，首先，我们从当前城镇劳动力市场中进城农民的劳动形式入手，通过比较进城创业、打工和散工三种劳动形式的差异，展现

---

① 本研究结果以论文集的形式呈现，主要原因如下。其一，从整体性层面来说，考虑到进城创业组织运转问题的复杂性，虽在农民与市场的主题下以研究逻辑将其系统化，但仍然不能将进城创业组织运转简化为一两个问题，必须全面关注进城创业组织运转，否则缺少任何一点，都显得对进城创业组织运转的理解不完整。因此，从复杂性的层面而言，论文集的形式能够更为全面探究进城创业组织运转的主要问题。其二，从深入性层面来说，研究设计中的问题虽细小微观，但仍然需要进行深度分析。通过精细化分析，有助于对某一问题点的深入理解，而且还能有助于培养从点到线再到面的逻辑思维。因此，在研究设计中，本研究强化对进城创业组织运转问题的整体设计系统化，并重视对每一个子问题的深入分析。与一般论文集不同，本研究围绕进城创业组织运转问题，不仅通过同一主题在形式上将所有论文进行整合，而且在实质上还根据经验与理论的连接关系进行归类，尤其在第二大块（部分）中，按照进城创业组织运转原则、策略和影响等顺序进行论文编排。

了进城创业现象的社会事实属性和客观特质；其次，通过文献述评的方式，梳理了社会科学研究中有关进城创业现象的文献，确定了将进城创业组织的经营作为整体研究的核心话题；再次，为了能够进一步界定本研究的进城创业所指（明确具体研究对象），以及统一整体研究表述，比较了创业、自主经营和自雇间的差异；最后，为了给研究做足理论准备，在经济和社会互动互补（互构）关系的分析中明确了进城创业组织经营问题的理论导向。

通过《形同质异：进城农民务工经商的分殊》等文章的分析可知，第一，进城经商具有与打工不同的社会经济属性，以此打破了有关流动人口的同质化认识，并强调进城经商在个体发展和国家战略实施中能够发挥独特的作用。第二，本土经济实践中的进城经商属于创业范畴。正视进城创业现象，要摆脱非正规经济等视角，从创业视角出发，以创业组织运转为核心问题，深入进城创业组织结构内部，展现进城创业群体的整体性、创业实践的过程性等。第三，理论假定要与实践相联系。经济实践中进城创业行动主体兼具经济属性和社会属性。因此，在进城创业组织运转的结构分析之中，需要摒除纯粹的经济分析思路和单向度的社会分析思维，注重微观层面经济与社会的互动互补。

在第二部分（研究主体：剖析进城创业者的经营过程）中，从经济实践出发，基于对进城创业经验现象的解读，主要围绕"进城创业组织的形式和基础"、"进城创业组织的运作目标和策略"和"进城创业组织的再生产"等问题展开，具体分析进城创业组织的外在形式和内在结构、进城创业组织的经营行动（经济行动逻辑、策略和过程）、进城创业组织的扩展（侧重对个体经济发展的影响）等。

通过《进城创业组织的类型与差异》等文章的分析可知，第一，进城创业群体可划分为摊贩、个体工商户、中小企业主三类。进城创业组织以家户为基础，形成了核心家庭经济组织、扩展家庭经济组织、拟家庭化经济组织。并且，具有连续统特质的进城创业群体虽都以经济效益为指向，但经营之中呈现以生活逻辑为主导、以纯粹经济逻辑为主导和以发展逻辑为主导的三种类型。

第二，受社会结构与市场经济场域塑造，创业者以经营效益最大化为目标，以"小步快跑"的形式追求具有合法性、稳定性的经济利益，并以此形成了经营效益最大化的生意人文化与习性。在创业组织的经营过程中，他们因具体情境而采取变通或共谋的策略。第三，在家户经营形式下，与西方现代经济组织的发展路径不同，进城创业组织没有陷入"有增长无发展"的内卷化状态，而以家户关系为连带机制，采取家庭组织化的横向发展形式，并呈现同家同业、同乡同业的经济发展模式。

在第三部分（研究对话：凝练进城创业者的经营机制）中，一方面，回应现实生活中进城创业经济活动的发展趋势问题；另一方面，在辨析家户因素与进城创业组织之间关系的基础上，针对家户要素支配进城创业组织运转问题，概化已有经验研究发现，并上升到社会机制的解释高度。

通过具体研究可知，第一，在本土社会结构因素的作用下，进城创业经济并不会像欧洲商贩经济一样走向衰亡，而会走向一种适应现代市场经济体系的新型发展形式。第二，家庭因素影响进城创业经济活动，但其作用并非提供创业情境或进行文化熏陶，而是为进城创业经济活动提供必要的人力要素和物质要素。第三，家户主义强调，在进城创业组织运转过程中，家户组织与创业组织相统一，家户文化处于经济组织内核位置，支撑着经济组织的运转，并以此应对市场经济中的诸多不确定性等。第四，与个体主义解释机制不同，家户主义解释从社会结构视角出发，强调通过家户关系的连接、家户规范的塑造、互惠互利原则三层体系的作用，新时期的家户经营模式不仅有助于小农经济有效应对和抵抗市场经济风险，不陷入低度生产结构之中，而且有助于形成繁盛（地域化分割）的个体经济现象。

参考文献

陈文超：《制度转型与农民工自雇选择的行动空间》，《发展研究》2013年第 8 期。

贺雪峰：《"全民创业"要慎重》，《中国老区建设》2013 年第 11 期。

黄宗智：《明清以来的乡村社会经济变迁：历史、理论与现实》（卷3 超越左右：从实践历史探寻中国农村发展出路），北京：法律出版社2013年版。

李实、邢春冰：《农民工与城镇流动人口经济状况分析》，北京：中国工人出版社2016年版。

刘林平、范长煜、王娅：《被访者驱动抽样在农民工调查中的应用：实践与评估》，《社会学研究》2015年第2期。

孙立平：《总体性资本与转型期精英形成》，《浙江学刊》2002年第3期。

叶静怡、王琼：《农民工的自雇佣选择及其收入》，《财经研究》2013年第1期。

应星：《"田野工作的想象力"：在科学与艺术之间——以〈大河移民上访的故事〉为例》，《社会》2018年第1期。

折晓叶：《"田野"经验中的日常生活逻辑——经验、理论与方法》，《社会》2018年第1期。

周雪光：《组织社会学十讲》，北京：社会科学文献出版社2003年版。

Davis, D. S. "Self-employment in Shanghai: A Research Note." *The China Quarterly* 157 (1999).

Gartner, W. B. "A Conceptual Framework for Describing the Phenomenon of New Venture Creation." *Academy of Management Review* 10 (1985).

Le, A. T. "Empirical Studies of Self-employment." *Journal of Economic Surveys* 4 (1999).

Small, M. L. "How Many Cases Do I Need? On Science and the Logic of Case Selection in Field-based Research." *Ethnography* 1 (2009).

第一部分　研究对象：正视进城创业者的经营现象

在研究初始，明确分析的现象、关注的问题、研究的基点等一直是研究设计的重要内容。[①] 否则，当上述问题不明确时，或者缺少上述内容的任何一部分，后续的研究都有可能陷入模糊的困境。在研究实施过程中，统领整个研究的研究设计往往起到了"承上启下"的作用。在"承上"方面，通过回顾已有研究，明确当前研究的进展以及研究的热点，以此厘清本研究在整个研究体系中的位置，并从中吸收相应研究的有益成分，推进对已有问题的认识；在"启下"方面，主要是对具体研究工作的开展施以规范，划定必要的框架，设计技术路线。因此，在一项研究的开篇，我们非常有必要进行分析建构，以此明确研究对象、研究问题和分析视角。

在研究对象确定方面，本研究通过深入进城劳动群体的内部，运用结构的视角和比较分析的方法，对比打工劳动形式、进城经商劳动形式等，指出流动人口群体中进城经商群体的社会经济特殊属性，强调研究该群体的社会学意义。

在研究问题确定方面，通过梳理有关进城经商研究文献，运用类型学的分析方法进行分析，明确以往研究的优势和局限，指出当前有关进城经商研究的着力点；注重与已有研究的差异性，将其置于现有经济场域（"大众创业"情境）之中进行思考，强调从创业话语表达层面展开分析将有助于推进对进城经商活动的理解，尤其在大众创业的社会背景下有利于实现进城创业机制的探究与制度安排相连接。

在研究基点确定方面，通过回顾有关经济与社会的关系知识，强调对于实践经济的研究要返回社会事实之中，注重经济与社会

[①] 在邓津等看来，一个研究设计描述了一组灵活的指导方针，这组指导方针首先将理论范式与研究策略相连接，其次将它与收集经验材料的方法相连接。并且，研究设计将研究者置身于经验的世界中，同时将他们与特定的场景、个人、群体、机构以及所有相关的解释性材料，包括文献和档案相连接。此外，研究设计也详细说明了研究者将如何处理表述与合法化这两个重要的问题。具体可参见邓津、林肯《定性研究：方法论基础》（第1卷），重庆：重庆大学出版社2007年版，第27页。

的互动互补（互构）关系，以此指明将进城创业现象置于经济与社会框架下进行思考。与以往研究进城创业现象的基点不同，本研究的基点已经说明进城创业并不是一个纯粹的经济现象，即使在面对纯粹的经济利益问题时，其中也包含经济与社会互动互补（互构）的逻辑。

经过对研究对象、研究主题、分析视角等问题的阐述，本研究的研究设计已经基本完成，不仅明确了本研究的对象，而且能够划清与已有研究的界限，以整体视角审视进城创业群体；不仅指明了研究的问题，而且在农民与市场关系主题下讨论进城创业问题；不仅指出了本研究的现实意义，也体现了本研究在经济与社会的互动互补（互构）关系方面的理论期望。具体分析主要表现在以下四篇文章中。

- 形同质异：进城农民务工经商的分殊
- 进城自主经营现象的研究传统及其启示
- 概念辨析：自雇、自主经营与创业
- 经济—关系—地位：市场化社会中经济行动的逻辑

形同质异：进城农民务工经商的分殊*

摘　要："农民工"概念融劳动生产与社会生活为一体，有效凸显了进城农民的身份及其劳动形式，但也因此消散了群体内的边界，不能适时厘清进城农民群体内部的分化状况及其特质。通过对比进城劳动形式，进城农民群体中的自主经营活动和打工经济活动在劳动过程、劳动收益以及劳动境遇方面存在较大的差异。在社会认同机制作用下，"形同质异"的进城农民群体已经分化为自主经营群体和打工群体，并且自主经营群体的社会身份地位明显优越于打工群体。因此，本文认为，在有关进城农民的深化研究以及相关政策制定过程中要采取分类的方法，重视和深挖自主经营群体的优势，向前推进有关进城农民的研究以及优化相关政策等。

关键词：进城　自主经营　打工　形同质异

进城农民的身影遍布于城镇社会中各个角落，他们的职业也呈现多样化的特点，有工厂车间内流水线旁的普工、建筑工地的建筑工人、市场中的小商小贩、规模各异的实体经济创办者等。在理性认识的科学话语表达中，当面对进城农民群体的外部差异时，我们习惯用"农民工"①的标示符号一概而论，②相对忽视了

---

* 本文原载于《华中科技大学学报》2015年第5期，此为修订稿。

① 经查阅相关文献发现，"农民工"概念最早出现在20世纪80年代初。在早期的概念界定过程中，主要强调"农民工"的临时性质。特别是与固定工进行比较，一方面突出"农民工"在户籍制度安排中具有农业户籍身份，另一方面强调他们在劳动安排过程中有较大的灵活性，如当农闲时从事的是非农经济活动，当农忙时则回到农业生产之中，等等。具体可参见庄启东、张晓川、李建立《关于贵州省盘江、水城矿务局使用农民工的调查报告》，《计划经济研究》1982年第1期。

② 陈文超：《农民工群体的分化及其知识建构》，《发展研究》2013年第2期。

进城农民群体中的内部差异性。随着社会流动速度的加快以及进城农民群体规模的扩大，进城农民群体内部的分化现象也愈益明显。如 2014 年有关进城农民状况的统计报告指出，当时进城农民数量已达 26894 万人，其中 83.5% 的进城农民为受雇就业，16.5% 的进城农民为自营就业，其中受雇就业的进城农民中有 65% 从事第二产业，而自营就业的进城农民中则有 82.1% 从事第三产业。[①] 在实践中，由于未对并非"铁板一块"的进城农民群体进行分类认识，诸多有关进城农民的政策收效甚微，甚至对当前加快推进市民化战略有着相应的阻碍作用。因此，无论基于政策制定的需要，还是强调对进城农民群体发展进行深入研究的学理需要，重视进城农民群体的内部分化现象，对进城农民群体展开分类研究在当前都非常有必要。本文将从 20 世纪 80 年代农民进城活动开始进行梳理，寻找进城农民群体分化的方向和类型，厘清群体内部子群体的身份边界与特质，为深入认识新时期进城农民群体现状以及分类治理或管理奠定相应的基础。

一　群体分化与进城务工经商的共识建构

随着进城谋生经济活动越来越普遍，政府在《中共中央关于一九八四年农村工作的通知》中首次以公开化与合法化的形式赋予农村劳动力进城劳动的权利，如"允许务工、经商、办服务业的农民自理口粮到集镇落户"，并在 1985 年的《中共中央国务院关于进一步活跃农村经济的十项政策》中进一步明确规定"允许农民进城开店设坊，兴办服务业，提供各种劳务"。倒逼状态下的政策安排不仅激起了农民大规模进城务工经商的浪潮，而且明确了农民进城的路径及在城市中的活动形式。

面对规模化与浪潮化的农民进城现象，分析和研究进城农民群体的特质也就成为复兴中的社会科学回应国家重大现实需求的

[①] 国家统计局：《2013 年全国农民工监测调查报告》，http://www.stats.gov.cn/tjsj/zxfb/201405/t20140512_551585.html，2014。

基本问题。回顾有关进城农民群体的研究,在流动研究的主流话语之外,研究进城农民群体的内部特质也成为社会科学界较为关注的话题,如崔传义通过对温州农民外出就业状况的调查发现,温州农民外出就业中占主导地位的是自立经营而不是打工,即不是单纯作为劳动力向雇主提供劳动,获得工资,而是以"劳动力+技艺+或多或少资金",在外地自主经营,向别人提供商品和劳务,取得经营利润,实质上就是走出来搞个体经营。[①] 如果说崔传义的研究是对流出地进行归纳分析,那么李培林的研究则是根据对流入地调查资料的分析,按照收入高低将进城农民划分为三个阶层:一是占有一定资本并雇用他人的业主;二是占有少量资本并自我雇佣的个体劳动者;三是除了劳动一无所有的打工者。[②] 这三者之间的收入高低差别主要体现于:前两者之间主要是资本收益和资本收益率方面的差异,后两者之间则主要是资本收益和劳动收益以及技术劳动与非技术劳动之间的差别。随着研究的深入,进城农民群体内部的分化在归纳分析之中也逐渐被界定在自主经营与打工两种劳动形式之间,并以此将两者之间的差异予以具体化和细化,如李培林等在《近年来农民工的经济状况和社会态度》中将身份的制度安排与劳动的收入形式相结合,重新划分了进城农民群体中的内部边界,并强调"同是农业户籍的非农产业劳动者,但雇员与雇主或自我雇佣者在劳动方式、经济境遇和社会地位上存在明显的差异"。[③] 理解此类分析,不难发现所有研究明确指向进城自主经营者与打工者间的差异,即虽然同样具有农业户籍身份,从事着较为相似的第二、第三产业工作,但是劳动收入分配的形式不一样。打工者的收入分配形式是"工资",而自主经营者的收入分配形式则是"利润",以此将传统观念上同质性较高的农民工群体区分为打工者和自主经营者两个

---

① 崔传义:《中国农民流动观察》,太原:山西经济出版社 2004 年版,第 192 页。
② 李培林:《村落的终结——羊城村的故事》,北京:商务印书馆 2004 年版,第 263 页。
③ 李培林、李炜:《近年来农民工的经济状况和社会态度》,《中国社会科学》2010 年第 1 期。

不同的类型。

在打工者和自主经营者两类进城农民子群体比较方面，重庆市劳务办和国家统计局重庆调查总队在 2007 年初展开了有关进城务工经商农民就业与生活状况的调查，并具体呈现了进城打工者（农民工）与自主经营者在劳动和生活两方面的差异，如自主经营者进城不仅仅是"多挣钱"，更在于"未来"的发展，其生活水平超过城市居民，并且自主经营者就业满意度、生活适应度较高于进城打工者，对政府政策安排的期望也有所不同，以此强调自主经营者是由经济实力较强的农民工向城市居民过渡的中间阶层。同时也指出自主经营者主要通过自筹资金从事生产经营，经营状况比较稳定，经营规模较小，全年收入在 5000～50000 元者居多，在城市生活和劳动中也遭遇着诸多与进城打工者不同的发展瓶颈等特点。[①] 随着研究方法的改进，特别是量化分析研究的深入，有关进城农民诸多主题的研究多建立在进城自主经营和进城打工这两种经济活动的比较基础之上，如李树苗等基于 2012 年中国流动人口动态监测调查数据的分析，对进城农民的居留城市意愿进行研究，认为进城自主经营者与进城打工者在城市居留意愿上存在显著差异，与进城打工者相比，自主经营者更倾向于居留城市[②]等。由此可见，进城农民群体的客观分化事实已经成为社会科学研究中的共识。并且，随着进城流动规模的扩大化，以及对进城农民群体研究的日益深化，有关进城农民群体的分化共识将愈益显化，特别是以劳动形式为标准将进城农民群体划分为进城自主经营者和进城打工者两类子群体。回顾当前有关进城农民的研究文献，诸多研究建立在两类经济活动差异的基础之上，或者建立在两类子群体的多维度比较基础上。这些深入的研究也进一步强化了我们对两类子群体间差异的感性认识。

---

① 陈清明：《进城务工经商农民就业与生活状况》，《重庆经济》2007 年第 9 期。
② 李树苗、王维博、悦中山：《自雇与受雇农民工城市居留意愿差异研究》，《人口与经济》2014 年第 2 期。

二 职业分化与进城务工经商的劳动差异

无论是从现实生活中的感性出发，还是从科学话语表达中的理性出发，进城农民群体内的分化作为社会客观事实已不容置疑，并且在当前人口大流动时代得以凸显。适时掌握进城农民群体的特征，需要正视进城农民群体内部的分化，归纳自主经营与打工两类经济活动的差异。基于经验分析，可以发现，实践中进城自主经营群体与打工群体的异质性表现已经从劳动形式的差异转向经济收入层面的差异，进而逐渐走向社会结构层面的差异等。

（一）劳动过程中的分工差异

进入城市之后，农民多从事着与现代工业相关的产业。与传统社会中的农业生产劳动形式相比，无论是工作地点，还是工作内容都发生了变化，农民所从事的是非农性质的工作。然而，在非农性质的劳动形式中，由于和经营实体的关系不同，自主经营者和打工者在劳动过程中出现了显著的差异，其主要表现在劳动过程中所担负的内容方面。

在劳动过程中，无论对于规模较大的经营实体而言，还是对于较小规模的经营实体来说，都存在一定的劳动分工，规定着自主经营者和打工者不同的劳动目标和任务，否则劳动生产过程中将因为缺乏必要的劳动秩序而导致工作效率低下。对于自主经营者而言，因为他们拥有经营实体的所有权及经营权等，所以他们的目标和任务是从整体层面负责经营实体的有序运行，也意味着他们需要从宏观层面入手对经营实体进行组织和管理。对于一些较小规模的经营实体而言，在经营实体的运转过程中，自主经营者既要负责经营实体的内在生产工作，也要兼顾产品的外在销售工作，即将老板、工人、销售员等身份融为一体，不仅需要负责宏观层面的生产组织工作，也需要充当劳动过程中的打工者，和打工者一起生产产品，最后将产品放入市场中销售。与之不同，不管是处于大规模经营实体之中，还是处于小型经营实体之中，打工者都只负责生产中的某一环节，或者生产，或者销售，即使负责组织生产的工作，如生产流水线旁边的线长、拉长或组长等，也仅仅是生产过程中的某一部分。如果说，在劳动分工中，自主经营者像传统社会中的家长一样安排生产过程中的各项工作，而打工者则属于家庭中的成员接受各类工作安排。就劳动过程中的角色而言，自主经营者属于主导型角色，而打工者则属于参与型角色。当在劳动过程中遇到困境时，自主经营者需要对相应的问题负责，也需要对问题解决的方案拍板，而打工者则只需听从自主经营者的安排，努力执行相应的方案即可。对于自主经营者而言，在劳动过程中，由于劳动分工的制度安排形式作用，即使再不乐意从事劳动过程中的某项工作，他们也必须认真对待。如在一些小型生产作坊中，当劳动过程中因为劳累而出现怠工现象时，需要自主经营者带头积极工作，以此产生示范效应，带动打工者积极参与劳动过程。否则，当自主经营者都带头消极怠工时，其打工者则相应出现更为严重的怠工行为。

由此可见，在劳动分工过程中，自主经营者负责主导型工作，拥有相应的自主性，但同时要担负起经营的责任，对个人、经营实体以及打工者负责。对于打工者而言，由于缺少经营实体的所有权以及必要的经营权，在劳动过程中负责参与性和配合性的工作，所担负的责任也是有限的。如果说进城打工者在劳动过程中负责部分工作，那么进城自主经营者在劳动过程中负责的是整体工作。举例来说，在现实生活中，某些进城打工者即使拥有较高的人力资本、社会资本、物质资本等资本存量，但仍然不愿意"另起炉灶"。对于其中因果机制的解释，许多进城打工者则给出了"打工者省心"的答案。相对于打工者的"省心"，仅仅处理好被安排的事务，自主经营者则需要全面"操心"，以及面对劳动过程中的一切不确定性。因此，劳动过程中劳动主体所扮演的角色不同，致使劳动过程中的分工也呈现显著的差异，进而强化了进城农民群体中两类子群体的差异。

（二）劳动收益中的分配差异

劳动过程中的分工差异决定了进城自主经营群体和打工群体

在劳动收益中的分配差异，其主要体现在两个方面。一方面，主要表现在收入的形式层面，正如前文分析所言，进城自主经营者所获得的收入被标示为"利润"，而进城打工者所获得的收入被标示为"工资"。对于两者之间差异的实质理解，利润强调收益，即在市场中的投入回报，其中包含产品的价值和劳动力所创造的剩余价值等；工资则是劳动力市场中劳动者的工作付出回报，其中并不完全包含打工者自身所创造的所有价值。从利润和工资两者的来源而言，利润的大小取决于市场，即在市场经济中，产品的销售状态及价格高低决定了利润的大小；工资则取决于雇主，即按照合约或相应的制度安排获得。在现实生活中，打工者的工资计算形式一般分为计时制，或以小时为单位，或以星期、月、年等为单位，以及计件制等，按照劳动的量来获取相应的报酬。对于自主经营者来说，他们的收入则没有相应的固定模式。因此，从收入形式层面来说，打工者的收入相对较为固定，自主经营者的收入呈现不稳定的状态。

另一方面，进城自主经营者与打工者的劳动收入分配差异主要体现在经济收入的多少方面。从诸多研究资料来看，一些学者通过对重庆、北京、广州等地区的调查证实进城自主经营与打工之间存在较为明显的差异，如万向东根据在广州的调查数据发现，进城自主经营者的毛收入是打工者的 1.53 倍（平均值是 1.53 倍，中位值是 1.5 倍）。[①] 如果说局部资料所反映的差异有大有小，整体层面进行的抽样调查数据更能证明进城自主经营与打工之间的显著收入差距，并且这种差距也在不断发生变化。如国家统计局历年的统计资料显示，2009 年自主经营人员的工资与打工者的工资差距为 448 元，2010 年的差距为 571 元，2011 年的差距为 669 元。可见，进城自主经营与进城打工两类经济活动间的差距在不断拉大。与经验材料中的比较相类似，在现实生活中，进城自主经营与打工两类经济活动收益的差异经常被夸大，认为自主经营

---

① 万向东：《农民工非正式就业的进入条件和就业效果》，《管理世界》2008 年第 1 期。

的收益远远高于打工经济活动的收益。特别是在打工经济活动的"黑箱"被揭开之后，自主经营活动更是被社会成员贴上"来钱快""来钱多"等标签。因此，从经济计算理性的角度考虑，很多社会成员在经历过打工经济活动效益较低的状态后，希望转向高收益的自主经营活动。对于进城农民群体中的新生代而言，受着金钱的诱惑——金钱作为一种象征及获取自由的工具，以及被消费主义市场的兴起带动，[1] 更是在劳动收益想象中将自主经营作为自己将来的主要经济活动形式。

由此可见，无论是基于客观经验比较，还是从现实生活中的社会想象出发，进城自主经营者与打工者间的劳动收益呈现较为显著的差异化特征，并且自主经营活动的收益明显高于打工经济活动的收益。

（三）劳动市场中的境遇差异

在劳动力市场分割理论的视域中，[2] 进城自主经营活动与进城打工经济活动间存在较为明显的界限。回顾以往的研究可以发现，诸多研究将城镇劳动力市场中的自主经营活动视为非正规就业形式，[3] 将工厂、企业等部门内的打工经济活动视为正规就业形式。对于进城农民群体而言，非正规与正规的区别主要表现在劳动过程稳定与劳动保障两个方面。在劳动过程稳定方面，由于自主经营活动的劳动及收入状态根据市场的变化而变化，如果遇到市场不景气的状态，那么自主经营的状况也将面临相应的困境。与之不同，打工经济活动虽然也受到市场的影响，但是更多地表现为一种间接关系。在社会保障方面，特别相对于体制内的正规的就业形式，自主经营活动由于缺少必要的依托单位，劳动者的各方面保障都处于"无保障"状态，比如失业保险、养老保障等。或

---

[1] 叶荫聪：《摆脱束缚的都市经验与文化：珠江三角洲农民工家庭研究》，《文化研究》（台湾）2008 年第 6 期。

[2] 王美艳：《城市劳动力市场上的就业机会与工资差异——外来劳动力就业与报酬研究》，《中国社会科学》2005 年第 5 期。

[3] 黄宗智：《中国被忽视的非正规经济：现实与理论》，《开放时代》2009 年第 2 期。

者说，对于以上各类社会保障形式及内容只能由自主经营主体个人承担。在现实生活中，在单位制传统等因素的作用下，社会成员较为重视劳动的稳定状态，尤其看重劳动保障形式及内容。当社会成员进入劳动力市场之中选择劳动形式的时候，首先选择的是体制内的正规就业形式，而自主经营活动也因此成为被动的选择。对于进城农民群体而言，在城镇劳动力市场中正式劳动部门内劳动岗位有限的状态下，一些进城农民由于自身各类资本有限而在正式劳动部门内所能获得的任职机会较少，所以只能被动地选择自主经营这种非正规的就业形式。由此可知，在劳动力市场分割状态下，自主经营活动在劳动力市场中的地位并不高，明显低于打工经济活动的市场地位。

随着情境的变换，特别是在当前城市劳动力市场变动的状态下，"民工荒"的出现意味着正式劳动力市场部门中劳动岗位供大于求，改变了以往劳动机会的分布状况。特别是对于进城农民群体而言，在市场社会中，是否选择进城自主经营，或者是否选择进城打工所依据的标准已经不再是劳动力市场分割准则。并且，根据相关研究发现，自主经营活动已经成为进城农民的一种主动选择。[1] 究其原因，关键在于当前进城农民的就业环境已经有所改善，特别是与工资收入者相比，进城自主经营者可获得更高的收入。在社会保障市场化与多样化的状态下，原有缺少单位保障依托的问题已经相应被高收入问题化解。与打工经济活动进行比较，进城农民自主经营活动中，农民虽然缺少必要的劳动稳定形式与社会保障，但是短时期的高收入仍然要优越于长时期的低收入状况，并且高收入还可以为其社会保障买单。在比较分析状态下，随着社会结构与情境的变换，自主经营活动已经转换为进城农民主动选择的一种经济活动形式。从经济活动转变的外部性效果来看，对于自主经营活动的评价也发生了相应的转变，特别是与打工经济活动相比，在劳动力市场中，自主经营活动相对处于优势的结构状态之中。

---

[1] 叶静怡、王琼：《农民工的自雇佣选择及其收入》，《财经研究》2013年第1期。

简而言之，在当前的社会结构之中，因为生产资料的占有关系以及受市场空间的塑造等因素的影响，自主经营活动与打工经济活动间的差异显化，并且导致进城自主经营者和打工者之间产生了凸显的社会差异。

三 结构分化与进城务工经商的社会差异

劳动过程中的分工差异、劳动收益的配置差异以及劳动市场中的境遇差异都证实：实践中进城自主经营者与进城打工者之间已经形成了一幅"形同质异"的社会图景。

（一）同质性的"农民工"称谓

在形式上，进城自主经营者与进城打工者两类主体在流动过程、进城劳动形式以及城市身份方面存在较高的相似性。首先，在流动过程方面，无论是进城自主经营，还是进城打工，它们归属现代市场经济活动，遵守着城乡二元结构下的流动规律，从农村进入城镇，从所谓的传统步入现代，从乡村劳动力市场转移到城市劳动力市场，从封闭的村庄生活方式转向开放的城镇生活方式，等等。其次，在劳动形式方面，从农业性质的劳动形式转换为非农性质的劳动形式。在流动之前，他们都处于较为封闭的村庄生活之中，以土地或农业为核心，从事的经济活动多与农业劳动生产或农村生活相联系。进入城镇之后，在缺少耕作用地的状态下，他们所围绕的核心因素也发生转移，从土地要素转向工业和城市等要素，多从事非农性质的劳动，如上文所分析的建筑工、流水线边的技术工人、马路摊贩等。无论进城打工者，还是进城自主经营者，他们的经济活动都服务于城市工业生活需求，满足城市建设和发展的需要。最后，在城市身份方面，劳动形式的转变引起了他们身份的改变，脱离了原有的"农民"身份。由于隶属进城农民群体，无论是进城打工者群体，还是进城自主经营者群体皆被贴上"农民工"的标签。在现实生活中，不论他们是否接受社会的建构，他们在城镇社会中都有共同的流动身份——"农民工",他们的子女也多被视为农民工子女。由此可见,从流动过程、进城之后的劳动形式以及在城镇中的身份方面评价,进城自主经营者与进城打工者间有着较高的相似性。

(二) 异质性的身份地位

在实质层面,自主经营和打工两者虽都为城市生活和生产中的某一环节,但是劳动形式的具体差异使群体内部的认识产生了相应的变化,如自主经营者并不将自己划归"农民工"群体,并强调自己较为特殊的地位。在《新生代农民工的职业分化》中,刘晴通过诸多社会事实分析了自主经营与打工等职业形式的分化,并强调虽然自主经营群体的比例较低,但在社会中已经形成相应的气候,他们这些年轻的"老板"无论是收入,还是身份、地位都发生了改变,在一定程度上已经告别甚至脱离了农民工群体,形成新的"集群"。[①] 因此,对于劳动主体而言,进城农民群体间的同质性也将因为劳动形式的差异而被打破,逐渐走向身份、地位分化的局面,具体表现在身份差异与社会地位差异两方面。

在身份差异方面,劳动形式的差异已经促成群体内部的相应身份内化,比如在实践中当某项工作难以抉择时,进城自主经营者和进城打工者的身份差异便得以体现。如果将两种劳动群体置于一个场景之中,他们的差异将更直接地表现出来。举例来说,在一个城镇社会的商铺之中,当购买者询问有关某件商品的最低价格或在讨价还价过程中遇到问题时,打工者经常会这样予以回复:"我是打工的,对于你说的价格,我要去问老板行不行。"可见,在劳动过程中,身份有别也意味着打工者处于被支配的地位,而支配打工者的主体正是对经营实体拥有经营权的自主经营者。相对于打工者来说,自主经营者则处于支配的地位,不仅可以决定产品出售的价格,也可以决定工作时间的长短、工作过程中的各项规定、工作劳动收益的分配方式等。简言之,进城自主经营者在劳动过程中扮演着统筹全局的角色,并且因为拥有充足的支

[①] 刘晴:《新生代农民工的职业分化》,《中国劳动关系学院学报》2013年第4期。

配权力而处于自主的地位。

在社会地位方面，身份的差异在社会结构的作用下形成了社会地位的差异。特别是在当前市场社会情境中，经济因素的作用更使进城自主经营者拥有相对较高的社会地位。在现实生活中，在社会主流判断价值之下，如经济收入高低、支配权力大小等致使进城自主经营活动的优势得以凸显，甚至形成一种放大效应。如在日常生活中，无论在市场经济中经营什么内容，经营实体的规模有多大、经营效益有多少，大多给经营主体冠以"老板"的称号。对于自主经营者而言，他们感觉这一称呼很有面子，也较为乐意接受。从这些社会事实中可以看出，实践中已经形成了对于自主经营的社会认同，并且在予以内化的过程中形成了社会中的一种"自主经营热"。由此可见，在客观分化的基础上以及在社会的建构过程中，进城农民群体中自主经营者的社会地位明显高于打工者的社会地位，并且在社会结构中被建构为象征中上层地位的符号。随着市场经济的发展，这种地位符号差异也越来越明显。所以，对于进城打工者而言，为了摆脱"十年打工你还是工"的局面，很多打工者将劳动力市场中的自主经营活动形式作为自己努力的方向。在理性分析之中，劳动者的生活际遇和地位取决于他们在生产体制中的位置，[1] 身份的转换也因此成为一种向上社会流动的过程。

（三）劳动形式的双向转换

在当前劳动力市场中，即使市场分割约束着进城农民的劳动形式选择，对于具有能动性和主动性的劳动主体来说，他们仍然有较大的行动空间来实现劳动形式的转变。举例来说，在最开始进入城镇劳动力市场的时候，进城农民选择进入工厂，或受雇于其他自主经营者开展打工经济活动。经过一段时间之后，打工者获取了相应的人力资本、社会资本和经济资本，他们便可以以多

---

[1] Walder, A. G. *Communist Neo-traditionalism: Work and Authority in Chinese Industry* (Berkeley: University of California Press, 1986).

样化的形式在市场中开店设坊,"自己当老板",以此实现从打工者身份向自主经营者身份的转变。① 在现实生活中,从打工者身份转换到自主经营者身份的个案较多,并且在多种因素的影响下,这种路径受到国家政策的鼓励,如国家各级政府部门对返乡创业的鼓励和扶持性政策等。② 反过来说,进城自主经营者也可以从"老板"的身份转变为"打工者"的身份,即不再从事经营活动而转向为他者打工。因此,在理论层面,进城农民的劳动形式选择有一定的自主性,并且劳动过程中的劳动形式转换也具有相应的自主空间。

在实践中,自主经营劳动形式与打工劳动形式的转换并非理论分析中那么简单。劳动形式间存在的较大异质性,也给劳动形式的双向转换带来了较为明显的差异。一方面,从身份转换难度层面分析,从自主经营者的身份转换到打工者的身份相对较为容易,因为在自我意愿的状态下只要寻找到相应的雇主即可实现,但从打工者的身份转换到自主经营者的身份则需要必要的资本,否则难以迈过"市场的门槛",也只能停留在想象层面,不能付诸实践。事实上,很多进城打工者经过工厂的生涯之后,都期望能够实现身份的转换,成为生活中的"老板",但受限于资本因素而未果。因此,劳动主体所拥有的各类资本存量的大小将影响自主经营与打工两种劳动形式间转换的难度。另一方面,从社会认同

---

① 在市场化社会中,一方面,每一成员(个体)都具有相应的理性,或社会理性,或经济理性,或实践理性,等等;另一方面,作为社会人,存在于社会之中的他们还承受着社会结构性制约,如社会分层与流动机制,等等。因此,在理性选择以及社会结构因素的作用下,为了能够实现美好生活的目标以及向上社会流动,打工者以转向自主经营为目标。在实践中,这种劳动形式转换的逻辑也形塑了进城农民务工经商的分殊机制。
② 在劳动形式方面,返乡创业属于自主经营的一种形式,都强调劳动主体在劳动过程中所具有的自主性和支配性身份与地位;在劳动空间方面,两者间存在一定的差异性,返乡创业的劳动空间有可能处于农村社会之中,进城自主经营则强调劳动空间置于城镇社会。对于两者之间的差异为何产生,我们认为则在于社会结构性因素的影响,如"劳动—生活"均衡机制等。具体参见陈文超《劳动—生活均衡:返乡创业者的选择机制》,北京:社会科学文献出版社2016年版。

的建构层面分析，从打工者身份转换到自主经营者身份较为符合社会的主流价值观，受到社会大众的认同。相反，从自主经营者身份转换到打工者身份则违背社会的主流价值观，劳动主体将被贴上带有负面影响的标签。在现实生活中，转向自主经营活动的主体多被社会视为成功者，而从自主经营劳动形式转向打工形式的劳动主体多被视为失败者。所以，在社会认同机制的作用下，劳动形式的转换也存在较大的差异性。简而言之，从自主经营劳动形式转换到打工劳动形式的技术路径较为容易，但社会路径相对较难；而从打工劳动形式转换到自主经营劳动形式的技术路径较难，但社会路径相对容易。

四　结论

"形式化"的概念来源于"他者"的努力。在"他者化"的作用下，"农民工"研究所折射出来的"新"信息越来越少，同质性不断加强，农民工群体也逐渐被建构为社会中一个"铁板一块"的群体。事实上，"他者"长期的想象性建构，对农民工群体内部异质性的遮蔽和忽略，对理论和实践工作造成较大的影响，形成了一种"混沌"的状态，这不仅使我们的学术过于乏味，似乎有着难以突破的瓶颈，诸如农民工的市民化命题难以在现实生活中得到规模性的检验，还使所提出的对策也难以付诸实践，即使已经实施，政策成效也甚微。因此，打破当前农民工研究的僵化场面需要注重农民工群体内部的异质性，重视农民工群体的主体性及其自主性，采取分类解读的形式分析和解释不同类型进城农民群体的特质。注重群体内部的差异性，则需要回归到较为复杂的社会实践中，从既定客观事实出发，在相应身份认同的基础上，进行分类研究。从实践出发，通过对自主经营劳动形式和打工劳动形式的分析，本文认为由于两种劳动形式间存在较强的异质性，并逐渐上升到群体内部差异化层面，特别是在社会认同机制的作用下，进城农民群体内部已经产生了相应的分化。将这种分化置于社会结构之中，进城自主经营主体的社会身份地位相对优越于进城打工主体的社会身份地位,并且这种分化中的优势随着市场经济的发展将越来越明显。虽然进城自主经营主体群体规模较小,但是所展现出的优势却不容置疑。因此,在政策制定过程中,要对进城自主经营群体的特殊性予以重视,如在新型城镇化战略中,要采取分类的视角,特别是在"三个1亿人"方案的实施过程中,要充分发挥自主经营群体的优势,对于有能力及有较高意愿的自主经营者要采取重点服务,不仅有助于扶持他们实现良性经营,真正实现以"以创业带动就业"的目标,而且有助于促进他们向市民的身份转化,以此提升城镇化的发展速度。

参考文献

陈清明:《进城务工经商农民就业与生活状况》,《重庆经济》2007年第9期。

陈文超:《劳动—生活均衡:返乡创业者的选择机制》,北京:社会科学文献出版社2016年版。

陈文超:《农民工群体的分化及其知识建构》,《发展研究》2013年第2期。

崔传义:《中国农民流动观察》,太原:山西经济出版社2004年版。

国家统计局:《2013年全国农民工监测调查报告》,http://www.stats.gov.cn/tjsj/zxfb/201405/t20140512_551585.html,2014。

黄宗智:《中国被忽视的非正规经济:现实与理论》,《开放时代》2009年第2期。

李培林:《村落的终结——羊城村的故事》,北京:商务印书馆2004年版。

李培林、李炜:《近年来农民工的经济状况和社会态度》,《中国社会科学》2010年第1期。

李树茁、王维博、悦中山:《自雇与受雇农民工城市居留意愿差异研究》,《人口与经济》2014年第2期。

刘晴:《新生代农民工的职业分化》,《中国劳动关系学院学报》2013年第4期。

万向东:《农民工非正式就业的进入条件和就业效果》,《管理世界》2008年第1期。

王美艳:《城市劳动力市场上的就业机会与工资差异——外来劳动力就业与报酬研究》,《中国社会科学》2005年第5期。

叶静怡、王琼:《农民工的自雇佣选择及其收入》,《财经研究》2013年第 1 期。

叶荫聪:《摆脱束缚的都市经验与文化:珠江三角洲农民工家庭研究》,《文化研究》(台湾) 2008 年第 6 期。

庄启东、张晓川、李建立:《关于贵州省盘江、水城矿务局使用农民工的调查报告》,《计划经济研究》1982 年第 1 期。

Walder, A. G. *Communist Neo-traditionalism*: *Work and Authority in Chinese Industry* (Berkeley: University of California Press, 1986).

进城自主经营现象的研究传统及其启示[*]

摘　要：现代流动话语主导着有关进城农民自主经营现象的研究。研究内容随着对流动认识的深化而变化，如在研究初期强调流出和流动的行动及其过程，在当前则根据新型城镇化战略的部署而着重讨论进城自主经营农民的市民化问题等。归纳和化约流动传统研究中的诸多问题，有关进城自主经营研究主要分别基于非正规经济视角、理性选择视角、社会网络视角分析个体和国家的关系、个体和社会的关系、个体和市场经济的关系等。面对当前有关进城自主经营现象的研究呈现"有增长无发展"的状态，本文认为应从实践出发，转换分析范畴，以进城农民自主经营发展作为核心议题和新的知识增长点。

关键词：进城农民　自主经营　流动实践

进城农民开店、设坊和兴办服务业的自主经营活动构成了20世纪80年代以来中国城镇社会中一幅独特而重要的个体经济图景。从改革早期的制度安排中准许农民进城经商等政策支持赋予了进城农民自主经营的合法性地位，到现代经济市场体系建设中强化自主经营地位，进城农民自主经营已经不仅仅有效地弥补了国有企业和集体企业在生产过程中的不足，同时还日益成为城镇经济生活中的重要支柱。随着市场经济的发展、社会流动速度的加快及新型城镇化发展战略的构建，进城农民的就业呈现多样化发展，以自主经营为就业方式的进城农民数量也呈现快速的增长。《2015

---

[*] 本文原载于《华中科技大学学报》2017年第5期，此为修订稿。

年农民工监测调查报告》统计数据显示,自营就业的进城农民所占比重为 16.6%,[1] 总规模达到 4606.002 万人。作为城乡流动人口的子群体,进城农民自主经营群体不仅因为经济行动的异质性而在有关流动人口研究之初便受到了学界的重视,而且因为勃勃生机和市民化分类推进过程中的显著优势而成为社会科学界一个较为重要的研究领域。[2] 本文旨在通过回顾进城自主经营现象的相关研究,梳理有关进城农民自主经营研究的逻辑和已经形成的共识,并反思当前该领域研究的困境及重构回应现实经验问题的研究路径,以期为后续进一步探究新时期进城农民自主经营现象提供进路。

一 进城自主经营现象的研究问题

进城自主经营现象与流动实践相关。无论是在发现和认识流动人口阶段、流动人口的城市社会适应性讨论阶段,还是在新型城镇化背景下进城农民的市民化问题讨论中,有关进城自主经营现象的研究多隐藏在有关流动话题的讨论中。

首先,在发现和认识流动人口阶段,有关进城自主经营现象的认识始于流动人口的社会调查。如在 20 世纪 90 年代,崔传义根据其在无锡及温州的调查经验指出温州农民外出就业,占主导地位的是自立经营而不是打工。他们并不单纯作为劳动力向雇主提供劳动,获得工资,而是以"劳动力+技艺+或多或少资金"的形式,向别人提供商品或劳务,取得经营利润。放在既有的社会经济环境中理解,他们实质上是走出来搞个体经营,如"农民进入无锡,不是被企业录用,而是自己寻找、开辟就业场所",并且"外地农民兴办的数千家个体工商企业、摊点,分布于乡镇各种角落,三万多建筑装修人员组成或大或小的建筑队(组),承包工

---

[1] 国家统计局:《2015 年农民工监测调查报告》,2016 年 4 月 28 日,http://www.stats.gov.cn/tjsj/zxfb/201604/t20160428_1349713.html。

[2] 国务院办公厅:《国务院办公厅关于印发推动 1 亿非户籍人口在城市落户方案的通知》(国办发〔2016〕72 号),2016 年 10 月 11 日。

程；几百条运输船、数千收集废品的劳动者，都是在自己发现就业机会，创造就业岗位，甚至是在创立新的行业等"①。在"流动"主流话语的主导下，崔传义认识到进城自主经营类型农民的存在，并将其界定为"经营型劳动力流动"，以此探讨了诸如外出经营的师徒、合伙、雇佣关系，以及生产劳动力的连带流动，外出经营者在流入地以家族和地缘关系为纽带、以市场经营和生活需要为基础形成一定的相互依赖关系和特征。② 与之相似，李培林的研究指出，进城农民已经完全分属三个不同的社会阶层，即占有相当生产资本并雇用他人的业主、占有少量资本的自我雇佣的个体工商业者和完全依赖打工的受薪者。③ 彭庆恩通过从农民工到包工头、从低级包工头到较高级包工头的具体事例说明了进城自主经营者与打工者间的异质性；④ 王汉生等通过对进城经营者的重点观察和分析认为，进城自主经营者与进城打工者的流动不同，他们是带着综合性资源的经营者的流动，进入城市的过程是不断寻找市场和开拓市场的过程，并在城市中形成了一个以聚居为基础的产业加工基地，进而形成了一种"社区型流动"⑤。中国社会科学院社会学研究所"农村外出务工女性"课题组在《农民流动与性别》中也是从流出动机与方式、在流入地的工作、流动效用、流动的代价等角度对北京地区的外来经商者进行了分析。⑥ 唐灿、冯小双通过对流动农民的分化现象研究发现该群体在参与城市经济和社会生活的实践过程中已经开始分化，形成了当老板的货场

---

① 崔传义：《中国农民流动观察》，太原：山西经济出版社2004年版，第121、192页。
② 崔传义：《中国农民流动观察》，太原：山西经济出版社2004年版，第192～201页。
③ 李培林：《流动民工的社会网络与社会地位》，《社会学研究》1996年第4期。
④ 彭庆恩：《关系资本和地位获得——以北京市建筑行业农民包工头的个案为例》，《社会学研究》1996年第4期。
⑤ 王汉生、刘世定、孙立平等：《"浙江村"：中国农民进入城市的一种独特方式》，《社会学研究》1997年第1期。
⑥ 中国社会科学院社会学研究所"农村外出务工女性"课题组：《农民流动与性别》，郑州：中原出版社2000年版。

主等群体。① 可见，在流动人口调查过程中，与进城打工经济活动相异的进城经商、置办服务业等经济活动受到许多调查者的重视。他们描述了进城自主经营的原因、状况和特征等。

其次，在流动人口的城市社会适应性讨论阶段，有关进城自主经营群体的研究主要围绕他们如何在城市社会中立足和发展等问题展开，如在社会经济层面、文化层面、心理层面等的适应状况和融入程度等。进城自主经营农民的城市认同感和城市社会融入问题具体可以化约为两个小问题。其一，处于陌生的环境之中，他们如何适应城市社会，具体有哪些策略和行动方式等。如项飚在《跨越边界的社区：北京浙江村的生活史》中以聚集在北京丰台区的以生产中低档服装为主导产品的温州农民为分析对象，采取民族志的形式详细记录了进城自主经营者来到北京、站稳脚跟及寻求发展的过程，并且分析了在这一曲折和漫长的过程中，"浙江村"的村民与周边村镇、政府部门、大中型国有商业企业等互动的逻辑和策略等。② 与之相似，王春光在《流动中的社会网络：温州人在巴黎和北京的行动方式》中分析了进城自主经营农民在异国和异乡的生活状态和行动方式；③ 张继焦的《城市的适应——迁移者的就业与创业》则在经验资料分析的基础上对进城自主经营农民的流动过程及其交往进行了分析；④ 陈清明结合重庆市劳务办和国家统计局重庆调查总队在 2007 年初展开的有关进城务工经商农民就业与生活状况调查资料，在《进城务工经商农民就业与生活状况》中，分析了进城打工者（农民工）与自主经营者间在劳动和生活两方面的差异，并指出进城自主经营者在城市生活和劳动中也遭遇着诸多与进城打工者不同的发展瓶颈；⑤ 在《农民工

---

① 唐灿、冯小双：《"河南村"流动农民的分化》，《社会学研究》2000 年第 4 期。
② 项飚：《跨越边界的社区：北京浙江村的生活史》，北京：生活·读书·新知三联书店 2000 年版。
③ 王春光：《流动中的社会网络：温州人在巴黎和北京的行动方式》，《社会学研究》2000 年第 3 期。
④ 张继焦：《城市的适应——迁移者的就业与创业》，北京：商务印书馆 2004 年版。
⑤ 陈清明：《进城务工经商农民就业与生活状况》，《重庆经济》2007 年第 9 期。

体制改革：以自雇佣的个体农民工城市社会融合的视角》中，宋国恺探究了进城自主经营者的社会关系融合、制度融合、心理融合与社区融合[1]等。其二，在结构－功能主义的整体视角下，强调互动双方的交互作用。一方面注重他们对城市社会的影响，如在针对城中村的调查中，李培林分析了"无村籍"的有资本者对村落制度变迁所产生的作用。[2] 在《石牌流动人口聚居区研究——兼与北京"浙江村"比较》中，基于对广州石牌村的调查，刘梦琴强调进城自主经营农民为流入地带来了多元化的外来产物，如随处可见的餐饮小食等。[3] 另一方面强调城市社会对进城自主经营农民行为和文化模式的塑造，如渠敬东在《生活世界中的关系强度》中通过对三个商贩的访谈，强调"社会关系网络始终罩在农村外来人口的周围，为他们提供了避风港"，但随着进入城市生活，他们的行动模式也在逐渐突破纯粹意义上的初级关系，使自己的社会网络波及那些异质性的社会关系；[4] 张乐天在上海地区的经验基础上，通过对进城经营者人生经历、经营选择以及行为策略的观察和描写，强调环境的变化以及城市的生活方式重塑了他们的人格，或认同大都市的生活方式，或更为强调传统生活方式等；[5] 夏循祥则通过对湖北省监利一个"馒头镇"的例子说明进城自主经营引起的个人与农村社会生活节奏的变化，以及经营收入与主体消费观念上的变化使整个县产生消费性经济、炫耀性经济等。[6] 可见，在流动人口的城市社会融入话题之下，有关进城自主经营群

---

[1] 宋国恺：《农民工体制改革：以自雇佣的个体农民工城市社会融合的视角》，北京：社会科学文献出版社 2014 年版。
[2] 李培林：《巨变：村落的终结——都市里的村庄研究》，《中国社会科学》2002 年第 1 期。
[3] 刘梦琴：《石牌流动人口聚居区研究——兼与北京"浙江村"比较》，载柯兰君、李汉林主编《都市里的村民——中国大城市的流动人口》，北京：中央编译出版社 2001 年版。
[4] 渠敬东：《生活世界中的关系强度》，载柯兰君、李汉林主编《都市里的村民——中国大城市的流动人口》，北京：中央编译出版社 2001 年版。
[5] 张乐天：《进城农民工文化人格的嬗变》，上海：华东理工大学出版社 2011 年版。
[6] 夏循祥：《作为酵母的社会关系——一个被馒头改变的乡镇》，《开放时代》2012 年第 2 期。

体的城市社会融入研究不断得到深化。

最后,随着国家新型城镇化战略的构建和户籍制度改革的进一步推进,流动人口的研究也主要转化为对进城农民市民化或城镇化的研究。有关进城自主经营农民的研究也因此转换为围绕对其市民化或城镇化状况及其影响因素的分析,如李树茁等在《自雇与受雇农民工城市居留意愿差异研究》中通过对2012年中国流动人口动态监测调查数据的分析认为,与进城打工农民相比,进城自主经营农民更倾向于居留城市,而影响他们居留意愿的因素主要是经济因素,其他因素还有诸如文化融合、经济融合、社会融合、心理融合、个人特征、流动特征等。[1] 陈宇琳通过对北京外来商业人口的追踪调查和深度访谈发现,进城自主经营农民具有企业家的潜质,他们是最有可能市民化的群体,[2] 等等。

简而言之,作为流动人口中的一个子群体,进城自主经营群体正在成为受到广泛关注的研究对象。并且,有关进城自主经营现象的分析与流动人口研究话题同步,诸多研究更是在流动话题中展开。如果将有关进城农民的研究视为一种研究传统,[3] 即现代性话语下的流动研究,那么有关进城自主经营的研究则是遵循流动研究的传统而展开的研究。深入解读流动话语下的进城自主经营现象研究,诸多研究将进城自主经营现象置于个体与社会框架之下,或将进城自主经营者视为社会结构形塑的产物,抑或将其视为结构的能动适应者或改造者。他们从农村进入城市,从传统走向现代,在流动过程中实现了在城市社会中就业和生活的目标。

二 进城自主经营现象的研究视角

归纳和梳理不同主题的流动研究阶段的文献,在个人与社会

---

[1] 李树茁、王维博、悦中山:《自雇与受雇农民工城市居留意愿差异研究》,《人口与经济》2014年第2期。

[2] 陈宇琳:《特大城市外来自雇经营者市民化机制研究——基于北京南湖大棚市场的调查》,《广东社会科学》2015年第2期。

[3] 劳丹:《进步及其问题》,刘新民译,北京:华夏出版社1998年版,第80、83页。

结构关系的框架之下,有关进城自主经营现象的分析形成了相异的分析视角或分析路径,即非正规经济的视角、理性选择的视角、关系网络的视角。

(一) 非正规经济视角的研究

相对就业于城镇中的正规部门而言,那些没有被纳入国家法律保护和社会保障网络的进城就业者被视为非正规就业者,"诸如贩卖服装、食品、其他日用品的小摊小店;餐饮摊、馆;各种新旧服务(木匠、五金工人、裁缝、理发、运输、保姆、娱乐等);修理工(农具、自行车、钟表、摩托车、汽车、电视和其他电器)等",[①] 所形成的经济也因此被视为非正规经济。在市场经济中,非正规经济视角的主要出发点是进城农民和国家制度安排间的关系。在进城之后,如果所获得的工作在国家法律保护范围内,并能够获得相应的劳动社会保障权益,即谓正规经济;反之,则被视为非正规经济。作为正规经济的补充,进城自主经营活动的出现在于正规经济并不能完全满足社会发展的需要,更在于国家与市场之间的缝隙。由于进城自主经营活动的功效弥补了正规经济的不足,有关非正规经济视角下的进城农民自主经营研究主要强调进城自主经营是一种独特的体制外经济活动。[②] 与特性单纯的劳动力供给不同,经营者进入城市是不断寻找市场和开拓市场的过程。[③] 站在国家与市场高度结合的立场,有关进城农民自主经营研究主要形成了两个方面的成果。其一,主要强调进城自主经营的条件,如万向东在《农民工非正式就业的进入条件与效果》中,通过比较发现,相对于正式就业的农民工而言,非正式就业者有

[①] 黄宗智:《中国的现代家庭:来自经济史和法律史的视角》,《开放时代》2011年第5期。

[②] 李强、唐壮:《进城农民工与城市中的非正规就业》,《社会学研究》2002年第6期;李培林、李炜:《近年来农民工的经济状况和社会态度》,《中国社会科学》2010年第1期。

[③] 王汉生、刘世定、孙立平等:《"浙江村":中国农民进入城市的一种独特方式》,《社会学研究》1997年第1期。

较为凸显的社会人口学特征，如年龄、受教育水平、婚姻状况等；在非正式就业进入的影响因素方面，在多重劳动力市场分割之下，非正式就业相对较为容易，进入成本较低，并且相对自由，不受管制，收入较为客观，这也导致当前由正式就业流向非正式就业的人较多，而由非正式就业流向正式就业的人较少。在就业状况方面，非正式就业的方式包括个人单独做、与配偶或家人一起做、与亲友或其他人合伙做等，规模结构之中普遍呈现小型化或小本生意状态；在就业效果方面，低水平的非正式就业只是比打工者高一点，而高水平者则是高出很多，能够有助于进城自主经营的农民逐渐实现积累和向上流动，使他们有希望获得一定的发展。[1] 从选择主体的角度进行分析，胡凤霞等在《农民工非正规就业选择研究》中，通过对 2001 年中国社会科学院的中国城市劳动力市场研究调查数据进行分析认为，进城自主经营的选择是一种高度的自我选择，受教育程度越高，选择自主经营的可能性越大，但他们也认为从事非正规就业的进城自主经营者相对具有更狭窄的社会资本和更少的工作初始投入。[2] 在选择内容研究问题中，叶静怡等根据对 2010 年北京农民工调查数据分析发现，影响进城农民选择自主经营的因素包括能力和社会资本等。其中，物资资本是影响其选择的一个关键要素，如与工资收入者相比，自主经营者具有更高的收入优势。与王美艳对中国城市劳动力市场的分析结论相反，[3] 他们认为进城自主经营已经不是因为歧视等因素作用而产生的被动选择，更多的是因为城市就业环境改变而做出的主动选择。[4] 在当前城镇劳动力市场中，进城自主经营农民的规模大幅度扩展，[5] 涉及行业较多，如制造、运输、建筑、住宿、餐饮、销售、批发和零售业等。其二，重视进城自主经营活动在经济发展

---

[1] 万向东：《农民工非正式就业的进入条件与效果》，《管理世界》2008 年第 1 期。
[2] 胡凤霞、姚先国：《农民工非正规就业选择研究》，《人口与经济》2011 年第 4 期。
[3] 王美艳：《城市劳动力市场上的就业机会与工资差异》，《中国社会科学》2005 年第 5 期。
[4] 叶静怡、王琼：《农民工的自雇佣选择及其收入》，《财经研究》2013 年第 1 期。
[5] 李实：《中国劳动力市场中的农民工状况》，《劳动经济研究》2013 年第 1 期。

过程中的意义。黄宗智从宏观层面强调全球化和打工浪潮推动了为新增城镇人口提供各种服务的大量农民个体户的兴起，并逐渐形成了一定的规模效应，在中国经济发展结构中占有较为重要的比重，如扩大了就业岗位，促进了经济发展等。[1] 从微观层面来说，李培林通过对"羊城村"经验现象的观察，认为"地下经济"类型的个体经济虽然脱离了国家的管制，但是对家庭及城市劳动力市场发挥着较为重要的作用，[2] 其中刘梦琴的研究以及夏循祥的观察给了我们更为清楚和直观的认识，能够更加深刻地认识到进城自主经营对流入地和流出地经济以及所在家庭发展的作用等。

简言之，在个体和国家的关系作用下，非正规经济视角为我们描述了进城自主经营群体的社会地位，同时也展现了进城自主经营活动的结构性经济作用。

（二）理性选择视角的研究

与国外有关自雇（self-employment）研究相似，理性选择视角下的进城自主经营研究主要侧重自主经营的功能性策略等，我们可以借此来回答流动实践中进城农民为何选择自主经营活动。归纳理性选择视角下的有关自主经营现象分析的文献，主要表现在三个方面。其一是从经济理性出发，注重自主经营的较高收入因素，张应祥在《资源获得与城市流动人口的生存状况》中将进城流动人口划分为靠出卖劳动力的农民工和小业主两种类型。其中，小业主在流动人口中所占的比重不是很大，但他们在获取资源和生存状况方面比那些单靠出卖劳动力的农民工稍微好一些。在比较优势作用下，自主经营也就成为诸多进城农民优先选择的经济活动。[3] 与之相似，叶静怡等以自主经营的高收入优势为立足点，强调进城农民主动选择自主经营活动的特征。

---

[1] 黄宗智：《中国发展经验的理论与实用含义——非正规经济实践》，《开放时代》2010 年第 10 期。

[2] 李培林：《村落的终结——羊城村的故事》，北京：商务印书馆 2004 年版。

[3] 张应祥：《资源获得与城市流动人口的生存状况》，载柯兰君、李汉林主编《都市里的村民——中国大城市的流动人口》，北京：中央编译出版社 2001 年版。

其二，与经济学所强调的精英个体创业不同，从生存理性的角度进行分析，进城农民选择自主经营活动只是一种替代打工的生存策略，并且在高崇看来是为了避免返回家乡而出现的被动式经济活动。通过对广州城乡接合部的成衣社区的田野观察，他发现，部分进城农民由于受年龄大等多种因素影响而不能在劳动力市场中寻求到必要的劳动岗位，所以只能选择异地自主经营来代替打工。在经营过程中，创业实践者通过无条件压缩生活开支、使用无偿家庭劳动力、自我剥削和"割喉式"竞争等方法获取微薄利润。[1] 在《自主创业视角的中国农民工转移就业研究》中，庄晋才从两个方面分析了进城自主经营的选择：一方面由于没有稳定工作、社会保障和正常晋升渠道，除了在城市出卖自己的劳动力换取一份不稳定的收入，没有别的途径来改善生活，他们认为"不如创业试试看"；另一方面则在于以创业替代打工的机会成本十分低。在两类因素的作用下，形成了进城农民"生存型创业"的经济活动。[2] 不难发现，在生存理性视角中，进城自主经营多被视为底层社会成员的被动性选择。

其三，与生存理性视角下相关分析不同，社会理性视角下有关进城自主经营现象的研究一方面更加突出自主经营的社会意义，另一方面更加强调作为行动选择主体的能动性。在凸显进城自主经营的社会意义方面，主要强调社会分层情境下将自主经营视为向上流动的路径。对于此类现象的描述和分析，早在进城农民研究之初，许多研究者便注意到此类问题，如冯小双在《流动的效益与代价——北京市部分外来农村女性务工经商者调查研究报告》中描述了"从给别人打工到几个人合伙经营再到单独经营直到当上小老板雇别人来干"的现象。[3] 对于此类职业变化所折射出的社

---

[1] 高崇：《生存理性主导下的创业实践——以广州城乡结合部的成衣社区为例》，《思想战线》2005年第6期。

[2] 庄晋才：《自主创业视角的中国农民工转移就业研究》，《农业经济问题》2011年第8期。

[3] 冯小双：《流动的效益与代价——北京市部分外来农村女性务工经商者调查研究报告》，《浙江学刊》1996年第6期。

会意义以及为何会有如此变化，李培林在《村落的终结——羊城村的故事》中解释为，在社会分层与流动中，相对于在工厂打工的进城农民，在街面上从事各种商业和服务业的小业主和小摊贩等拥有较高的社会经济地位，所以书中的访谈对象大多较为认同进城自主经营活动，而对于打工活动持一种排斥的态度。① 在台湾有关进城自主经营的研究中，通过对类似"黑手变头家"现象的分析，更加直接强调自主经营所产生的作用，认为其有助于提升社会个体实现向上社会流动的可能性。② 在强调个体自主行动的逻辑方面，汪和建认为自我行动是影响和决定中国人选择自主经营这一市场实践方式的根本力量。其中，源于自我主义的自治感是引导中国人偏爱以自主经营的方式参与市场实践的主观力量，而来自关系理性的亲友关系运作则是决定个体能否获取社会资源，从而决定其能否实现自主经营的客观力量。③

归纳上述分析，理性选择视角下的自主经营现象研究注重流动实践中个体的行动选择，强调自主经营活动的比较优势引导着进城农民的选择。

（三）关系网络视角的研究

关系网络视角下的进城农民自主经营研究主要分析进城农民如何在市场结构之中组织和安排经营活动。这类研究主要从社会结构视角出发，深入研究关系网络、社会资本等在自主经营选择、生产组织过程中以及对经营绩效的作用。在具体分析过程中，通过分析社会关系网络和进城自主经营活动之间的关系，建立了一系列有关自主经营的因果关系，主要表现在三个方面。其一，自主经营脱生于关系网络，在《关系资本和地位获得——以北京建筑行业农民包工头的个案为例》中，彭庆恩从社会关系视角探讨

---

① 李培林：《村落的终结——羊城村的故事》，北京：商务印书馆 2004 年版。
② 谢国雄：《黑手变头家——台湾制造业中的阶级流动》，《台湾社会研究季刊》1989 年第 2 期。
③ 汪和建：《自我行动的逻辑：当代中国人的市场实践》，北京：北京大学出版社 2013 年版。

了关系资本对于进城农民从打工者到包工头、从低级包工头到高级包工头的作用。他指出通过礼物、红包、回扣和提成四种方法获得相应的关系资本，进而有助于自我成为包工头，并且个体的其他诸如经历、能力等要素只能通过关系资本发生作用。① 在分析进城农民的职业转变过程中，赵莉认为，即使经济实力较雄厚、个人能力较强，也必须通过网络关系发生作用。在她的分析之中，搓澡工之所以可以转变为包工头关键在于对强弱关系的运用，如在弱关系方面，与浴池老板较好的关系为其提供了包浴池的可能性以及浴池老板帮助他们实现对搓澡工的"扒皮"等；在强关系方面，包工头组织的搓澡工主要来自自己的家乡等。② 通过对珠三角企业家的调查和分析，边燕杰认为创建企业所需要的商业情报、创业投资、首份订单三项资源均来自创业者的社会网络，并且深深地嵌入创业者的个人社会网络之中。基于市场—网络互动关系理论模型，他认为对于企业家阶层而言，在创业过程中，除了要有冒险精神以及商旅冲动外，他们还要具备在社会网络中掌控商机，把握资源的存在性、有价性以及可传递性的能力，并基于人际网络将其转变为现实中的商业运作能力。③

其二，关系共同体与市场的互构，特别是亲缘和地缘等关系共同体与市场的互构，如对当前的"新化现象"进行分析，郭星华认为地缘关系是信息的来源、信任的源泉，并作用于新化人的进城职业选择与经营，促成了他们在打字复印行业中的规模集中效应。无论是在技术的传递过程中，还是在经营运作过程中，在来自地缘共同体中的亲戚、朋友、老乡等关系作用下，一方面中国文化中的"伦"或"差序格局"的观念凝聚着群体内的成员，与之相关的利益共享由内而外，如经营过程中地缘连带关系使大

---

① 彭庆恩：《关系资本和地位获得——以北京建筑行业农民包工头的个案为例》，《社会学研究》1996 年第 4 期。
② 赵莉：《都市里的搓澡工——农民工迁移与城市适应研究》，北京：中国社会科学出版社 2012 年版。
③ 边燕杰：《网络脱生：创业过程的社会学分析》，《社会学研究》2006 年第 6 期。

家相互照应,共享经营资源等;另一方面群体的边界与规范促成了一种对外群体的排斥机制,如对于非地缘关系的成员而言,缺少必要的连带而处于新化人经营过程中的对立面等。① 针对同样的现象,谭同学在经验观察中发现,从事数码快印业的新化人以亲缘、地缘关系网络为基础,加上技术的优势,在市场中占据了主导地位,经营实体以内卷化方式发展。同时,由于市场因素的作用,关系网络之中也存在同行竞争、"弱肉强食"的现象。② 在强调"城市中心—乡村边缘"格局的翻转状态下,吴重庆通过对"界外"的孙村和埕头村等所出现的打金业现象进行历史梳理和现实观察,指出打金业的存在及制胜端在于"同乡同业",并且在乡土社会网络机制作用下,"界外"的金银首饰加工业者遍及全国。对一个想加入打金业的孙村年轻人来说,只要他紧紧依托于熟人社会及亲缘关系网络,便很容易走上自主创业的道路。通过紧紧依托家族网络、乡土社会网络等纽带形成经济活动,他们创造出了有别于今天流行的市场经济的经济形态。③

其三,以核心家庭等作为活动单位的"同行同业"经营形式。在精细的分析中,社会关系网络的作用机制逐渐聚焦于家庭层面,在《差序格局:从"乡村版"到"城市版"——以迁移者的城市就业为例》中,张继焦在描述了当前进城自主经营过程中的各类社会关系后,强调家庭关系和家族关系作为基本的关系网络和社会资本,其利用主体并不是就业者,而是那些创业者和经营者,并且对于这类资本的运用也在不断地发生相应的变化,如"摆脱自己的小圈子"和"在变动的关系中求生存和发展"等。④ 与之相似,黄宗智在经验研究基础上更是将进城自主经营的逻辑定格

---

① 郭星华:《漂泊与寻根——流动人口的社会认同研究》,北京:中国人民大学出版社 2011 年版。
② 谭同学:《亲缘、地缘与市场的互嵌——社会经济视角下的新化数码快印业研究》,《开放时代》2012 年第 6 期。
③ 吴重庆:《"界外":中国乡村"空心化"的反向运动》,《开放时代》2014 年第 1 期。
④ 张继焦:《差序格局:从"乡村版"到"城市版"——以迁移者的城市就业为例》,《民族研究》2004 年第 6 期。

于家庭单位之中。① 刘成斌根据对浙江义乌经验的分析指出，义乌经验的关键在于农民兴商，并且农民经商的效率远远高于乡办、村办、乡村联办三类经营单位。究其内在机制，则在于"家庭本位"。农民家庭本位合作制中的"亲和性"为经济的发展与社会的变迁提供了动力。② 在《进城创业：包工头家庭经济的实践逻辑》中，程士强强调从实践出发，将进城包工头的具体行动放入具体情境中展开分析，以此展现背后的真实逻辑。在具体分析中，他通过对包工头经济活动的深描，如经营方式和融资方面等，强调家庭组织在经济实践中具有重要的作用，如他们的行动嵌入亲属关系之中，并超越原有的关系等，并以此形成了与"理论逻辑"相对应的经济行动的"实践逻辑"。③

与上述两个视角不同，关系网络视角下的进城自主经营研究为我们展现了流动实践中进城农民经营的过程，即通过关系网络组织生产要素以及应对市场中的不确定性等。深入比较三种视角间的异同，它们依托进城自主经营活动形式，分别处理进城自主经营者与国家、市场、社会间的关系，如非正规经济视角强调的是在市场经济中进城自主经营个体和国家间的关系；理性选择视角突出的是进城自主经营个体与市场经济以及社会间的关系；关系网络视角重视的是进城自主经营个体处理市场和关系网络之间的关系。

三 进城自主经营现象研究的新议题

在流动实践中多样化的研究进路丰富了我们对进城农民自主经营现象的认识，不仅明确了进城自主经营与进城打工之间形同

---

① 黄宗智：《中国的现代家庭：来自经济史和法律史的视角》，《开放时代》2011年第5期。
② 刘成斌：《农民经商与市场分化——浙江义乌经验的表达》，《社会学研究》2011年第5期。
③ 程士强：《进城创业：包工头家庭经济的实践逻辑》，《社会学评论》2014年第2期。

质异，而且了解到在国家、市场、社会和个体关系的相互作用下，进城自主经营活动稳步发展。随着"大众创业、万众创新"的制度安排推进，①进城自主经营活动的空间将进一步扩大，并且从事自主经营活动的进城农民在此过程中将扮演城镇化主体的角色（人的城镇化）。然而，流动实践已转变为流动人口市民化主题，既有对自主经营现象的认识则处于一种"不饱和"的状态，致使在具体工作中存在诸多矛盾和困境。这相应要求我们必须有目的地对进城自主经营现象进行深入调查和分析，在原有的认识基础上，以进城自主经营活动为主题，重塑国家、社会、市场与个体间的系统认识。这也相应成为我们深入研究的新议题和知识生长点。

其一，突破现代流动研究传统，从流动话语转向迁移表达。在流动话语中，进城自主经营主体被视为城市的"过客"，到一定时候便会返乡。与之不同，迁移表达强调迁移主体"落户"于迁入地的行动过程。结合当前社会结构和情境，实现进城经营主体的城镇化目标和加快推进他们的市民化进程，势必不能再以流动话语考量进城自主经营活动，而要考虑如何迁移和迁移的过程、迁移的结果，②具体为进城自主经营的影响因素，如个体能力、家庭结构等。在研究实施过程中，不仅分析这些因素对进城自主经营的影响，而且探究其中存在的作用机制等。

其二，突破现代流动研究传统，直面进城自主经营。以往的研究运用比较的分析方法间接展现了进城自主经营现象。在当前社会结构和情境中，我们的研究要塑造进城自主经营研究的主体地位，凸显进城自主经营者在研究过程中的主体性。在具体实施过程中，摆脱与进城打工者比较的初始研究状态，在国家、市场、社会与经营主体的系统关系之中，将进城自主经营主体及其实体的发展视为核心问题。一方面，以经济活动为分析对象，辨析自

---

① 国务院：《国务院关于大力推进大众创业万众创新若干政策措施的意见》（国发〔2015〕32号），2015年6月16日。
② Vargas-Silva, C. (ed). *Handbook of Research Methods in Migration* (Edward Elgar Publishing, 2012).

雇、自主经营与创业之间的关系，在从劳动密集型经济向知识密集型经济转变的过程中，提出切实可行的方案，促进城自主经营的转型升级；另一方面，将自主经营主体的发展研究提上日程，强调自主经营者如何实现转变，如从经营者向具有创新精神的创业者转变。同时，结合城镇化背景，促进进城自主经营者向市民转变也是有关自主经营主体发展过程中较为重要的一个环节。

其三，突破现代流动研究传统，重视进城自主经营过程。在实践中，进城自主经营活动不仅有着自身的独特性，如生产要素的聚集与配置[1]等，而且进城自主经营的效益决定着他们市民化的可能性和进程。在研究进城自主经营现象的过程中，一方面要从实践出发，进行深入调查，明确进城自主经营的规模和类型等，以此深入分析小农文化与经济行动间的关系；另一方面，通过分析进城自主经营的结果，明确劳动状况与生活秩序维持间的关系。

此外，当前有关进城自主经营的研究颇丰，特别是西方文献中有关自主经营的文献较多，并已经达成了许多共识。在研究过程中，我们需要借鉴他者研究，在研究问题以及研究方法方面进行反思，立足于本土进城经营现象，把握有关进城自主经营的关键话语，形成对进城农民自主经营活动的共识，如当前对自主经营组织现象中的"同乡同业"机制的提炼等。

四 结语

随着社会流动速度的加快，进城自主经营现象越来越凸显，成为社会经济发展过程中一幅重要的经济图景。在社会科学领域内，有关进城自主经营现象的讨论也愈益愈烈。从上述分析可以发现，现代流动话语长期主导着进城农民自主经营现象的研究，致使进城自主经营研究呈现"有增长无发展"的状态，即内在内容没有多大变化，而更多随着外界形式的变化而变化等。在研究

---

[1] 陈文超：《形同质异：进城农民务工经商的分殊》，《华中科技大学学报》（社会科学版）2015年第5期。

过程中，有关进城自主经营研究要突破此类瓶颈，必须从实践出发，转换研究范畴，正视进城自主经营现象，将进城自主经营发展作为研究的核心问题，在国家、市场、社会与个人的系统关系中再塑对进城自主经营活动的认识。结合国家重大战略需求，深化有关进城自主经营发展的认识将快速推进人口城镇化战略，尤其是为人口城镇化战略明确优先推进对象。因此，以进城自主经营活动作为研究本体，研究进城自主经营者及经营实体的发展将成为当前进城自主经营研究的新命题和新的知识增长点。

参考文献

边燕杰：《网络脱生：创业过程的社会学分析》，《社会学研究》2006年第6期。

陈清明：《进城务工经商农民就业与生活状况》，《重庆经济》2007年第9期。

陈宇琳：《特大城市外来自雇经营者市民化机制研究——基于北京南湖大棚市场的调查》，《广东社会科学》2015年第2期。

程士强：《进城创业：包工头家庭经济的实践逻辑》，《社会学评论》2014年第2期。

崔传义：《中国农民流动观察》，太原：山西经济出版社2004年版。

冯小双：《流动的效益与代价——北京市部分外来农村女性务工经商者调查研究报告》，《浙江学刊》1996年第6期。

高崇：《生存理性主导下的创业实践——以广州城乡结合部的成衣社区为例》，《思想战线》2005年第6期。

国家统计局：《2015年农民工监测调查报告》，2016年4月28日，http://www.stats.gov.cn/tjsj/zxfb/201604/t20160428_1349713.html。

郭星华：《漂泊与寻根——流动人口的社会认同研究》，北京：中国人民大学出版社2011年版。

国务院：《国务院关于大力推进大众创业万众创新若干政策措施的意见》（国发〔2015〕32号），2015年6月16日。

国务院办公厅：《国务院办公厅关于印发推动1亿非户籍人口在城市落户方案的通知》（国办发〔2016〕72号），2016年10月11日。

胡凤霞、姚先：《农民工非正规就业选择研究》，《人口与经济》2011年第4期。

黄宗智：《中国发展经验的理论与实用含义——非正规经济实践》，《开放时代》2010年第10期。

黄宗智：《中国的现代家庭：来自经济史和法律史的视角》，《开放时代》2011年第5期。

劳丹：《进步及其问题》，刘新民译，北京：华夏出版社1998年版。

李培林：《流动民工的社会网络与社会地位》，《社会学研究》1996年第4期。

李培林：《巨变：村落的终结——都市里的村庄研究》，《中国社会科学》2002年第1期。

李培林：《村落的终结——羊城村的故事》，北京：商务印书馆2004年版。

李实：《中国劳动力市场中的农民工状况》，《劳动经济研究》2013年第1期。

李强、唐壮：《进城农民工与城市中的非正规就业》，《社会学研究》2002年第6期。

李培林、李炜：《近年来农民工的经济状况和社会态度》，《中国社会科学》2010年第1期。

李树茁、王维博、悦中山：《自雇与受雇农民工城市居留意愿差异研究》，《人口与经济》2014年第2期。

刘成斌：《农民经商与市场分化——浙江义乌经验的表达》，《社会学研究》2011年第5期。

刘梦琴：《石牌流动人口聚居区研究——兼与北京"浙江村"比较》，载柯兰君、李汉林主编《都市里的村民——中国大城市的流动人口》，北京：中央编译出版社2001年版。

彭庆恩：《关系资本和地位获得——以北京市建筑行业农民包工头的个案为例》，《社会学研究》1996年第4期。

渠敬东：《生活世界中的关系强度》，载柯兰君、李汉林主编《都市里的村民——中国大城市的流动人口》，北京：中央编译出版社2001年版。

宋国恺：《农民工体制改革：以自雇佣的个体农民工城市社会融合的视角》，北京：社会科学文献出版社2014年版。

谭同学：《亲缘、地缘与市场的互嵌——社会经济视角下的新化数码快印业研究》，《开放时代》2012年第6期。

唐灿、冯小双：《"河南村"流动农民的分化》，《社会学研究》2000年第4期。

万向东：《农民工非正式就业的进入条件与效果》，《管理世界》2008年第1期。

王春光：《流动中的社会网络：温州人在巴黎和北京的行动方式》，《社会学研究》2000年第3期。

汪和建：《自我行动的逻辑：当代中国人的市场实践》，北京：北京大学出版社2013年版。

王美艳：《城市劳动力市场上的就业机会与工资差异》，《中国社会科学》2005 年第 5 期。

王汉生、刘世定、孙立平等：《"浙江村"：中国农民进入城市的一种独特方式》，《社会学研究》1997 年第 1 期。

吴重庆：《"界外"：中国乡村"空心化"的反向运动》，《开放时代》2014 年第 1 期。

夏循祥：《作为酵母的社会关系——一个被馒头改变的乡镇》，《开放时代》2012 年第 2 期。

项飙：《跨越边界的社区：北京浙江村的生活史》，北京：生活·读书·新知三联书店 2000 年版。

谢国雄：《黑手变头家——台湾制造业中的阶级流动》，《台湾社会研究季刊》1989 年第 2 期。

叶静怡、王琼：《农民工的自雇佣选择及其收入》，《财经研究》2013 年第 1 期。

张乐天：《进城农民工文化人格的嬗变》，上海：华东理工大学出版社 2011 年版。

张继焦：《城市的适应——迁移者的就业与创业》，北京：商务印书馆 2004 年版。

张继焦：《差序格局：从"乡村版"到"城市版"——以迁移者的城市就业为例》，《民族研究》2004 年第 6 期。

张应祥：《资源获得与城市流动人口的生存状况》，载柯兰君、李汉林主编《都市里的村民——中国大城市的流动人口》，北京：中央编译出版社 2001 年版。

赵莉：《都市里的搓澡工——农民工迁移与城市适应研究》，北京：中国社会科学出版社 2012 年版。

中国社会科学院社会学研究所"农村外出务工女性"课题组：《农民流动与性别》，郑州：中原出版社 2000 年版。

庄晋才：《自主创业视角的中国农民工转移就业研究》，《农业经济问题》2011 年第 8 期。

Vargas-Silva, C. (ed). *Handbook of Research Methods in Migration* (Edward Elgar Publishing, 2012).

概念辨析：自雇、自主经营与创业[*]
——基于进城经商现象分析

摘　要：抽象的概念展示了社会现象的丰富内涵。自雇、自主经营与创业概念共同揭示了市场经济中的个体经济活动特征，但研究过程中的互换使用、不统一等模糊了它们之间的异质性。同作为经济行动的表现形式，它们在行动的内容、边界、文化蕴含等方面存在巨大的差异。在当前"大众创业、万众创新"的社会情境中，深入认识进城个体经济活动的本质内涵，无论基于当前的制度安排目标，还是从实践中经济活动的单位和文化蕴含等出发，我们在以后的研究中都有必要采取进城创业的表述形式，以此挖掘进城个体经济活动的社会经济价值，促进个体经济活动走向社会经济活动等，如在经济行动主体的身份方面，他们是创业者；在经济行动的内容方面，他们重视经济组织运转过程和经济效用等；在经济行动的文化蕴含方面，富含个体、组织和社会等多维度的文化元素。

关键词：自雇　自主经营　创业　个体经济

一　问题的提出

随着制度安排对进城经商、开店、设坊、兴办服务业的逐步

---

[*] 本文原载于《中共福建省委党校学报》2017年第8期，此为修订稿。

认同和支持①，农民在城镇劳动力市场中从事个体经济的活动日益活跃。从日常生活中的吃穿住用到工业生产中的产品制造行业等，到处都可见他们忙碌的身影，如流动的商贩、固定的工商个体户、规模稍大的企业主等。受多种文化思潮的影响，在社会科学研究中，具象的个体经济活动未能构建成统一的抽象概念，如在城中村的调查中，李培林将"无村籍"的有资本者指代"个体户"，即在街面上从事各种商业和服务业的小业主，他们多从事小本生意，很多是家庭自雇人员②；在有关城市新移民的研究中，周大鸣等将城市新移民群体划分为三大类，即劳力型移民、智力型移民和经营型移民。其中，经营型移民主要指有自己的投资和产业（如小企业、小作坊、商铺、饭馆等）的一部分人，他们依靠资金或者技能来运作自己的产业③；在关于支持农民工等人员返乡创业的国家政策文件中将"把小门面、小作坊升级为特色店、连锁店、品牌店"的经济活动视为创业活动等④。综观有关进城农民的研究，对于具有共性的进城经商、办服务业等个体经济活动的表述呈现较大的差异性。

与实践相联系，不一致的表达致使我们对既有现象的理解和认识产生了偏差，甚至阻碍了我们对进城经商、办服务业等经济活动的深入认识。例如，在对于进城经商、办服务业等经济活动群体规模认识方面，不仅没有该群体较为准确的统计数据，而且

---

① 在1984年1月1日的《中共中央关于一九八四年农村工作的通知》中"允许务工、经商、办服务业的农民自理口粮到集镇落户"；在1984年10月13日的《国务院关于农民进入集镇落户问题的通知》中明确"农民进入集镇务工、经商、办服务业，对促进集镇的发展，繁荣城乡经济，具有重要的作用，对此应积极支持"；在1985年1月1日的《中共中央国务院关于进一步活跃农村经济的十项政策》中要求"在各级政府统一管理下，允许农民进城开店设坊，兴办服务业，提供各种劳务，城市要在用地和服务设施方面提供便利条件"。
② 李培林：《巨变：村落的终结——都市里的村庄研究》，《中国社会科学》2002年第1期。
③ 周大鸣等：《城市新移民问题及其对策研究》，北京：经济科学出版社2014年版，第15、127页。
④ 国务院办公厅：《国务院办公厅关于支持农民工等人员返乡创业的意见》（国办发〔2015〕47号），2015年6月17日。

对于该群体规模的变动的认识也较不一致。李实认为农民工中进城从事个体经营活动的人数有大幅度增加，而国家统计局农民工监测数据显示外出就业农民工中自雇人员所占比例比较低，而且近几年有所下降等①。在我们看来，抽样设计的不同导致对进城个体经营者规模变动的差异性认识，而有关进城经商、办服务业等经济活动的差异化表达更影响我们的整体判断。综观关于经商、办服务业等个体经济活动的研究文献，目前主要存在自雇、自主经营和创业三种表达形式。辨析哪一种表达形式能够更好地描述现实生活中的经验，或者说哪一种表达形式能够更贴切地展现进城个体经济活动的内容和特征，则也因此成为我们深入认知该群体的基础性工作。此外，在现有制度安排中，有关创业的鼓励和政策扶持常见于各类正式和非正式表达之中，进城经商、置办服务业等经济活动是否属于创业经济活动？相对来说，明确进城经商、办服务业等个体经济活动的性质则是为其提供必要的政策扶持的前提和基础，也是为它们获得支持寻求合法性和正当性的依据。

在本研究中，我们主要通过回顾已有相关文献和当前国内存在的大型社会调查的问卷等，分析自雇、自主经营和创业三种表达形式的建构过程以及辨析其间存在的差异，明确不同概念运用的范围等，旨在基于社会事实，寻求适合展现进城从事经商、置办服务业等经济活动的抽象性概念，力求保障表达性概念与行动经验相一致，为后续有关此群体的深入研究打下良好的基础。

二　自雇、自主经营和创业概念的建构

不同的概念有着不同的来源和内涵。在探析自雇、自主经营和创业概念与进城经商、办服务业等个体经济活动的匹配度问题之前，我们有必要首先明确三个概念的基本内涵及其特征，如概念的来源、概念的侧重点、运用的范围（概念的边界）等。以下

---

① 李实：《中国劳动力市场中的农民工状况》，《劳动经济研究》2013 年第 1 期。

将根据上述几个方面分别对三个概念进行阐释和解读。

(一) 自雇概念的建构

在当前有关劳动力市场研究的文献中，自雇（self-employment）概念较为常见，一方面常见于各类社会调查中，如在中国劳动力动态调查（China Labor-force Dynamic Survey，CLDS）中将工作性质划分为雇员、雇主和自雇等，在 2005 年全国 1% 人口调查表中将就业身份划分为雇员、雇主、自营劳动者和家庭帮工等；另一方面经常见诸中外研究性的文章中，如移民自雇[1]、自雇就业[2]等。在劳动力市场中，按照从属和支配的劳动关系标准可以将劳动者划分为雇员、雇主和自雇等身份。反观之，雇员、雇主和自雇等主要展现了劳动过程中的劳动雇佣关系。所谓雇佣关系，主要指在劳动力市场中劳动者与生产资料所有者或者生产组织者之间的劳动关系状态。如果劳动者受生产资料的所有者或生产组织者支配，并依据自身劳动量从支配者处获得相应的劳动报酬，则说明此劳动者受雇于该支配者，其身份是雇员，即我们日常生活中所讲的打工者；如果劳动者本人是生产资料的所有者或生产组织者，则说明此劳动者受雇于自己，受到自身的支配，是雇主，即我们口头表达中的老板等。雇主的基本特征是雇用其他人为自己工作并向被雇佣人支付工资[3]。如果此劳动者在劳动过程中没有雇用其他人为其劳动，即不向他人支付工资，其收入取决于自身生产和经营的业绩等，则说明该劳动者是自雇型的雇主。由此可见，在既有表述中，自雇既是一种行动，也是一种劳动身份。作为行动概念，其意在强调自己雇用自己的行动，即自己为自己打工，或者自己是自己的老板。在自雇行动中，行动的主体是劳动者个体，

---

[1] Sanders, J. M., & Nee, V. "Immigrant Self-employment: The Family as Social Capital and the Value of Human Capital." *American Sociological Review* 2 (1996): 231-249.

[2] 万向东：《非正式自雇就业农民工的社会网络特征与差异——兼对波斯特"市场化悖论"的回应》，《学术研究》2012 年第 12 期。

[3] 国家卫生和计划生育委员会：《流动人口动态监测问卷（A）填写说明》，2013 年。

他承担并决定了劳动的内容；行动的指向是自我，特别对指向他者的雇主行动予以区别对待；行动的内容是雇用。将行动的内容置于劳动力市场中进行理解，在劳动力商品化的情景中，自我雇佣表示劳动者自行支配劳动者个体，自我安排劳动内容，并支付自我劳动报酬等。作为劳动身份概念，其主要表示没有雇员的雇主。中国劳动力动态调查（CLDS）的问卷调查手册将自雇界定为其工作的雇主就是自己，同时也不雇用他人工作。自雇包括各类没有雇佣人的个体店主（包括没有申报营业牌照的个体店主），还包括自由工作者（自由职业者、零散工、摊贩、无派遣单位的保姆、自营运司机、手工工匠等）[1]。就自雇身份而言，它描述了劳动者在劳动力市场中受雇于自己的一种关系状态，特别强调了与受雇于他者不同，也不同于有其他雇员的雇主，处于两者的中间状态。与雇主的经济行动内容相比，市场经济中的自雇行动经常用来形容一些从事小规模组织和生产的经济活动，尤其指在个人劳动能力范围内进行的经济活动，如流动摊贩的经营、家庭作坊的经营等。自雇经济活动属于个体经济性质的经济活动，在组织规模层面类似于个体工商户，但不完全等同于个体工商户，因为其中包含了一些非正规的经济组织，如城市中无营业执照的流动摊贩等，他们之中有些经济活动个体并不向政府缴纳相应的税收等。

概而言之，自雇概念具体展现了劳动者在劳动过程中的关系状况。无论从行动层面分析，还是从劳动身份的角度来说，自雇概念的运用主要在于区别于受雇，以及凸显自我雇佣的行动特征，如经济活动的组织规模较小、拥有正规或非正规经济发展的特性等。从自雇概念的运用范围来看，自雇概念在学术中运用得越来越广泛。在西方研究文献中，它通常被用来形容移民群体在劳动力市场中的经济活动；在本土社会科学研究中，它被用来描述进城流动人口、城市下岗工人的经济活动等。并且受西方学术思潮

---

[1] 中山大学社会科学调查中心：《中国劳动力动态调查（CLDS2014）调查手册》，2014年6月，第14页。

的影响，以及随着我们对个体经济活动的认识深入，有关自雇概念表述的经济活动研究将越来越多。

（二）自主经营概念的建构

在当前诸多文献中，自主经营或者自营概念也常用于有关经商、置办服务业等经济活动的调查和研究过程中。从该概念运用的机构和群体来说，自主经营概念主要为国内学术机构和学者所运用。如在中国人民大学人口与发展研究中心所组织的"北京市1%流动人口调查"中将流动劳动力的就业身份划分为四种形式，即雇员、自营劳动者、雇主和家庭帮工；[1] 在历年中国流动人口动态监测调查中，被调查者就业身份分为雇员、雇主和自营劳动者等。其中，中国流动人口动态监测调查对于"自营劳动者"的界定是"自负盈亏或与合伙人共负盈亏，具有经营决策权的人员。自营劳动者的特征是既不被雇用也不雇用他人。如果有亲属帮忙但不支付工资，经营者本人仍属自营劳动者"[2]。对于自主经营概念的具体阐述，黄绍伦在《移民企业家——香港的上海工业家》中将经营视为管理企业的行动，而将脱离被雇用地位并独立拥有某一企业的自主经营者视为"老板"[3]。受黄绍伦的影响，汪和建在《自我行动的逻辑——当代中国人的市场实践》中也采用了自主经营的表达形式，将自主经营视为参与市场实践的一种方式，并且是和与他人合伙经营以及给他人打工等不同的一种经济活动。从其调查问卷内容可知，自主经营者也即"自己当老板者"[4]。老板的经营行动主要涉及企业生产要素的筹集、生产过程的组织、市场的竞争和利润的分配与再生产等。在黄绍伦与汪和建的研究

---

[1] 翟振武、段成荣、毕秋灵：《北京市流动人口的最新状况与分析》，《人口研究》2007年第2期。

[2] 国家卫生和计划生育委员会：《流动人口动态监测问卷（A）填写说明》，2013年。

[3] 黄绍伦：《移民企业家——香港的上海工业家》，上海：上海古籍出版社2003年版，第86～116页。

[4] 汪和建：《自我行动的逻辑——当代中国人的市场实践》，北京：北京大学出版社2013年版，第52、53、81、281页。

中，他们运用自主经营概念意在展现行动主体在企业经营中的自治感。对于经营的理解，他们的表述向我们展示了经营概念是管理企业的行动，行动的对象是企业，行动的内容是保障企业的生产秩序，如筹集生产要素、组织生产、产品销售、利润分配等，既涉及生产力方面的内容，也与生产关系相关。与黄绍伦的表达中所指代的经营对象稍有不同，汪和建的表达中所指代的经营对象是规模相对较小的企业。与中国流动人口动态监测调查问卷中指代的自主经营对象不同，汪和建的研究中所指代的自主经营者群体不包含与他人合伙经营者。

比较上述有关自主经营概念的阐述，可以进行归纳，自主经营概念主要涵盖三方面的内容。其一强调行动的主体，即负责生成行动的个体。其二强调行动的内容，即以市场为背景，与企业运转相关的经济行动。经营行动的内容包含范围较为广泛，涉及生产和分配两个维度，从筹集生产要素开办企业到企业组织生产过程中各种关系的处理，再到市场竞争和利益资源分配等。其三重视行动的过程，将经营视作持续的过程，或是某一复杂的经济行动系统，不仅仅是某一行动策略的描述，更是企业组织和管理过程的抽象表达。深入理解自主经营行动概念，即可表述为，在企业组织和管理过程中，基于一定的行动目标，老板保障企业生产秩序的复杂经济行动系统，如应对市场风险的经济行动策略等。当前，自主经营概念已经影响了一部分社会群体。从自主经营概念的运用范围来看，自主经营概念已经在社会科学研究中得到一定的认同，如《理性主导下自主经营的社会认同——读黄绍伦的〈移民企业家——香港的上海工业家〉》等。随着人口流动调研数据的放开以及有关研究的深入推进，自主经营概念的影响范围将进一步扩大。

（三）创业概念的建构

相较于自雇和自主经营概念，创业是当前社会中出现频率最高的概念，不仅频繁出现在日常生活的表达中，而且经常见于政府出台的文件之中，如大众创业、农民工创业、大学生创业等。

作为一个社会热频词,创业主要指开办自己的企业,与英语表达中的"entrepreneurship"和"venture"相对应。在社会科学研究中,目前尚未对创业概念达成较为统一的认识。诸多研究对其理解停留在以下几个方面,比如强调其是创建新组织的过程[1]、市场机会的识别、开发与利用的过程[2],一种思考和实践的过程[3],等等。在本土社会科学界,有关创业概念的表述主要为创办一个企业,包括"从零开始创建新企业"和"从一个有问题的企业开始创建出一个重焕升级的企业"[4]。具体而言,创业则是在风险及不确定情况下,进行创新与创造活动,经由发掘、评估、利用创业机会,建立新的经济组织,并为企业家带来利润[5]。在经验表述中,创业概念的工作定义最多可见于农民工回乡(返乡)创业表述等方面,其主要指在家乡所在的区域建工厂、开商店、办农场等[6]。在新时期,创业与就业相联系,其主要表现为一种能够提供劳动岗位的经济活动,如在CLDS中创业主要是指商业行为者在一定的创业环境中识别并利用机会、动员资源、创建新组织,发起、维持和开展以利润为导向的有目的的业务活动,比如开商店、办公司、做生意等[7]。

作为一种社会经济行动,创业行动的主体主要指向创业者。在《创新与创业精神》中,德鲁克将创业行动者界定为"企业家",他们是能够大胆决策的人,总是在搜寻变革,对它做出反

---

[1] Gartner, W. B. "A Conceptual Framework for Describing the Phenomenon of New Venture Creation." *Academy of Management Review* 4 (1985).

[2] Shane, S., & Venkataraman, S. "The Promise of Entrepreneurship as a Field of Research." *Academy of Management Review* 1 (2000).

[3] Timmons, J. A. *New Venture Creation: A Guide to Entrepreneurship* (IL: Irwin, 1994).

[4] 林强、姜彦福、张健:《创业理论及其架构分析》,《经济研究》2001年第9期。

[5] 刘常勇、谢如梅:《创业管理研究之回顾与展望:理论与模式探讨》,《创业管理研究》2006年第1期。

[6] 陈文超:《劳动—生活均衡:返乡创业者的选择机制》,北京:社会科学文献出版社2016年版。

[7] 中山大学社会科学调查中心:《中国劳动力动态调查(CLDS2014)调查手册》,2014年6月,第14页。

应，并将它视作机遇而加以利用①。在德鲁克看来，企业家也并非雇主，但可以是（雇主）②。言下之意，创业可以是个体行动，也可以是个体主导的行动。从行动主体的身份角度来说，创业行动主体的身份和雇主之间并没有必然的联系。在已有认识中，创业行动主要有两个指向，一个与创新有关，另一个与就业相关。这也是创业行动的主要内容。所谓创新，主要是指通过运用管理观念和管理技术等，提高资源的产出和效益③。与就业相联系，关键在于开办一个企业组织并提供相应的劳动岗位等。比较创新与提供劳动岗位之间的关系，两者可以说是如出一辙，一方面，无论是在创新的指向中，还是在提供劳动岗位的过程中，创业行动的对象都是与企业组织相关的事和物等，如商业情报、创业资金、首份订单④。另一方面，有创新意味着创业实践成功，相对也就提供了劳动力市场中的劳动岗位。两者之间的不同之处在于创新关注点是组织的产品（产出），而提供就业岗位则重视劳动力市场中的岗位数量（副产品）等。

鉴于创业经济行动的指向内容，在经济新常态发展背景下，本土社会中有关创业行动的提倡和传播越来越多，适用的人群越来越广泛，甚至在全社会中逐渐形成全民创业的浪潮（社会运动）。究其内在原因，无论是在社会制度安排文件之中，还是在日常表达之中，其意在强调创业行动的效用。如对于进城农民、返乡农民工来说，鼓励他们创业则是为了解决他们的就业问题。在实践过程中，创业行动的出现不仅解决了个人就业问题，而且为社会中的他者提供了一定数量的劳动岗位等，即以创业带动就业等。对于当前大学生的鼓励则是一方面运用他们的创新能力，另

---

① 彼得·F. 德鲁克：《创新与创业精神》，上海：上海人民出版社 2002 年版，第 33 页。
② 彼得·F. 德鲁克：《创新与创业精神》，上海：上海人民出版社 2002 年版，第 30 页。
③ 彼得·F. 德鲁克：《创新与创业精神》，上海：上海人民出版社 2002 年版，第 26 页。
④ 边燕杰：《网络脱生：创业过程的社会学分析》，《社会学研究》2006 年第 6 期。

一方面解决当前劳动力市场中岗位不足的问题。

由此可见，创业行动所存在的效用造成了当前创业概念的广泛使用。然而，在实践中，当前表达主要是从积极性的一面肯定创业行动，却更多忽视了创业所隐藏的风险。在市场经济中，创业意味着要面对市场中的不确定性，应对多样化的风险等。言下之意，创业行动的效用客观上存在一种连续统的状态。在连续统的一端是积极的效用，即正向的效用，能够提供符合期望的产出和提供对应的劳动岗位等；在连续统的另一端是消极的效用，即负向的效用，比如不仅不能满足期望，而且原有的投入还难以收回等。当然，随着创业行动越来越多，社会中有关创业行动的经验材料也不断得到积累，对于创业概念的构建也会随之更加深入和全面①。

三 自雇、自主经营和创业概念的异同

通过上述分析，我们可以知道，自雇、自主经营和创业等概念有着不同的来源、本质特征和侧重点等。追本溯源，它们共同描述市场经济中的人类经济活动，相互之间既存在相通性，也存在差异性。

（一）自雇、自主经营和创业概念的同质性

自雇、自主经营和创业之间的相通意味着三者之间在一定的社会结构和情境中可以互换使用。这也表示它们之间存在同质性。综观既有研究文献，它们之间的共同点主要体现在以下几个方面。

第一，三个概念都是基于市场经济中的经济活动进行表述。用韦伯的经济行动概念进行衡量，皆属于具有相应经济取向的社会行动②。在劳动过程中，或强调自我雇佣关系，或强调自我决

---

① 陈文超：《进城经商是创业吗？》，《江汉大学学报》（社会科学版）2019年第4期。
② 马克斯·韦伯：《社会学的基本概念：经济行动与社会团体》，桂林：广西师范大学出版社2011年版，第117页。

策，或强调创新和提供劳动岗位等，三者都有相应的社会指向，并且都有相应的经济产出，或是自治感、工作岗位，或是经济货币等。相对而言，三个概念描述的内容有一定的相似性，如针对市场经济中自负盈亏的就业活动的描述，都将其界定为行动范畴。

第二，在劳动力市场中，三个概念都强调经济行动的主体为劳动主体，即劳动者个体在劳动过程中具有相应的支配权，不仅对劳动内容本身有着决定的权力，而且对劳动力本身有着决定权等。在劳动过程中，劳动者个体能够展现自身的意志，自行安排劳动内容和劳动进度等。在劳动收益分配中，劳动者个体决定了劳动收益的分配模式和去向等。对于劳动收益的理解，其中既有负的经济收益，同时也有正的经济收益。通俗地表达，无论经济行动结果是好是坏，都由经济行动者独立承担。简单而言，自雇、自主经营和创业等概念在使用过程中都力图展现经济行动个体的独立性（支配性地位），或言主体性和能动性等。

第三，在市场经济中，无论是自雇、自主经营，还是创业等概念，都强调了经济行动的边界。在市场实践过程中，由于三者都属于个体行动，并皆在个体有限能力基础上开展经济活动。这也导致经济行动的活动规模和范围极其有限，即经济行动的对象多是一些规模较小的经济组织等。

在研究过程中，鉴于三个概念的相似性特征，这也就决定了它们在某些情境之中可以互换或者相互搭配使用。如在中国综合社会调查（CGSS）中对于被调查对象工作状况的描述采取"自己是老板（或者是合伙人）、个体工商户、受雇于他人"等形式；在中国家庭追踪调查（CFPS）中将工作划分为受雇、非农自雇和为家庭经营帮工、不领工资为家庭经营活动帮工等；在中国社会状况综合调查（CSS）中将非农就业中的身份划分为"雇员或工薪收入者、雇主/老板（即企业的所有者/出资人/合伙人）、自营劳动者（没有雇用他人的个体工商户和自由职业者）、家庭帮工（为自己家庭/家族的企业工作，但不是老板）等"；在中国劳动力动态调查（CLDS）中将工作划分为雇员、雇主和自雇等。在中国流动人口动态监测调查流动人口问卷中将就业身份划分为"雇员、雇主、自营劳动者"等①。

(二) 自雇、自主经营和创业概念的异质性

在注意到三个概念共有特征的时候，还要注意到它们之间存在的差异性特征，并且它们之间的差异性是凸显各自特征的有力表现。这也决定了哪个概念的表述更加适合我们所研究的对象。归纳我们熟知的研究文献，在异质性方面，自雇、自主经营和创业三个概念间的差异主要体现在行动的实质方面，即行动的内容、行动的边界、行动的文化蕴含等，具体可见表1。

表1 自雇、自主经营和创业概念的异质性比较

	自雇	自主经营	创业
行动内容	雇佣关系	策略与手段	效用
行动边界	小	中	大
文化蕴含	自我	组织	社会发展

从表1可知，自雇、自主经营和创业概念的差异表现在三个方面。首先，在行动内容方面，虽然同属于经济行动，但是相互间强调的重点不一致，如自雇概念重点在于突出劳动力市场中的雇佣关系，区别于受雇于他者的打工者，具有自我支配权力等；自主经营概念强调在市场经济中经济行动者对于某一经济组织按照自我的意愿进行决策和组织管理，主要侧重突出经营过程中的策略和手段等；创业概念着重于市场经济情境中的经济行动效用等。简单来说，三者有相同或相似的社会经济产出，但在细致比较之中具体内容不一致。这也导致它们在某些情境之中不能互换使用。

其次，虽然同属于经济行动，但是三个概念的边界有着相应的不同，具体表现在概念的抽象程度方面。根据上述分析可知，自雇强调的是自我雇佣的劳动关系和行动，它指代的内容非常具体和明确。与现实生活相联系，对于自我雇佣的实践表现，我们

---

① 皆来自各类调查的问卷内容。

可以找到非常丰富的例子,如马路经济中的小摊贩、家庭作坊中的小业主等都存在自雇经济行动。相对于自雇经济行动内容的明确性,自主经营经济行动具有了一定的模糊性,它主要指对经济组织的运作过程进行管理等。在管理之中,经营包含许多环节和行动内容①。但是,经营概念并不能将其一一展现,只能笼统化约。这足以证明自主经营概念具有较大的抽象性。与以上两者相比较,创业是更加抽象的经济行动,包含多方面的行动内容,如自我雇佣的经济行动、管理企业组织的行动、应对经济市场中不确定性的行动等。面对抽象程度较高的创业概念,我们在实践中有时候只能意会,明确理解该经济行动涵盖自雇、自主经营等方面的内容。可见,同样作为经济行动的具体表现概念,相互之间的内涵却不一致。

最后,虽然同属于经济行动,但是三个概念所蕴含的意义却有着较大的不同。在以上分析之中,我们知道三个概念所指向的企业组织都有可能属于较小规模的经济组织,但是与自雇和自主经营不同,创业行动指向的经济组织则有可能是大型经济组织,并寓意着不断扩大化的发展趋势。相对来说,自雇和自主经营则属于面对小型经济组织的经济行动。这也反映了三种经济行动所存在的文化内涵不同。在我们的理解中,自雇强调的是以自我为核心的文化,自主经营强调的是组织的文化,创业则强调的是社会发展的文化等。并且,在社会经济结构的作用下,创业被当前的情境赋予了更具有积极意义的内涵,即创业概念从一个具有价值中立色彩的学术概念,逐渐走向具有褒义色彩的社会性术语。

四 自雇、自主经营和创业概念的调适

经过上述辨析,我们能够明确自雇、自主经营和创业概念统一指称经济行动者在市场经济中的经济活动,但其侧重点并不相

---

① 柯志明:《台湾都市小型制造业的创业、经营与生产组织——以五分埔成衣制造业为案例的分析》,台北:台湾中研院民族学研究所1993年版。

同。与进城农民从事的个体经济活动相联系，复杂的经验之中透视着每一个概念的内容和侧重点，如进城农民不进入工厂受雇于他者，而自己在城市社区中开一个小店做老板，其经济行动则相对来说是自雇型经济行动；对其自雇经济行动过程进行分析，运营和管理该小店则是自主经营型经济行动；从经济行动的效用层面进行思考，该小店整合了既有的资源，并且在经营行动者的作用下提高了资源利用率，并获得了相应的社会经济效益，例如不仅解决了个人在城镇劳动力市场中的工作问题，而且创造了一定的经济效益，满足了经济行动者的需求等；从创业概念的表达形式来说，该经济行动属于创业行动。可见，从经济行动的内容、边界和效用以及文化蕴含等方面来说，三个概念都能较好地展示进城农民的个体经济活动。但是哪一个概念能够更好地拟合现实中的经验，也即在研究中我们该采取哪种表述形式，需要遵循以下原则。

第一，主要根据研究者的目的进行运用。在以经济行动为分析单位的研究中，研究的目的决定了研究的内容，若在研究过程中意欲凸显进城劳动者的劳动状态和劳动关系，则采取自雇的表达形式；若在研究过程中意欲展现进城劳动者对经济组织的管理过程等，则采取自主经营的表达形式；若在研究过程中意欲凸显进城劳动者在经营经济组织过程中的社会文化属性等，则采用创业概念。在当前有关进城个体经济活动的研究中，我们已经明确进城个体经济活动与受雇就业方式相对，属于自雇型就业，但是对于他们如何在城镇经济中存活和发展则不甚明了，特别对于他们自身的文化如何与市场经济文化相融合也处于缺少既有认识的状态。因此，揭开这些黑箱，则要求我们采用自主经营和创业概念。

第二，主要根据研究中的分析单位。在现实生活中，进城从事个体经济活动的劳动者多以家庭为单位，而非某一个体的经济行动。与自雇、自主经营和创业概念相联系，自主经营和创业概念能够更好地展现实践中的个体经济活动，而自雇强调的多是个体经济行动。此外，从效果层面而言，运用自主经营和创业概念也能扩大个体经济活动的边界，如将合伙经营、入股经营等形式纳入进来。事实上，在城镇劳动力市场中，由于资金、技术、劳动力等生产要素的限制，很多经营者采取合作的形式进行个体经济活动。为了更为全面地研究进城个体经济活动，我们有必要将这类合作经营形式包含在内。

第三，主要根据实践中经济行动的目的。在城镇劳动力市场中，自主经营者进城除了希望多挣钱外，更看重未来的发展[①]。无论是基于生存理性的行动，还是出于社会理性的目的，无论是对于上一代进城自主经营者来说，还是就新生代进城自主经营者而言，他们的经营行动之中都包含诸多文化要素，不仅仅在经营之中呈现相应的文化理念，而且在经营的目标中还展现出一定的文化元素等，如市民化、创新文化等。因此，我们在研究中要从更为宽泛的视角审视进城农民的个体经济活动，即经营只是他们经济行动的一个方面，而经营行动的文化蕴含则覆盖了较为丰富的内容。对于这种经营行动中文化的理解，其中也包含社会发展的文化理念，一方面强调他们的经济组织从小到大的发展，另一方面强调经济行动的社会经济效用对他们的影响等。

第四，面向社会重大战略需求，个体经济行动的逻辑要符合社会经济行动的逻辑。在"大众创业、万众创新"的情境之中，不仅是扶持政策的诱惑和激励使我们倾向于创业表述的概念，也在于进城的个体经济活动存在巨大的社会经济价值，有利于促进社会的变迁与发展等。因此，我们的研究要挖掘进城个体经济活动的潜力和价值，促进他们从个体经济行动走向社会经济行动。

针对进城个体经济活动的研究，我们应从大处着眼、小处着手。所谓大处着眼，即用较为宏大的视角检视进城农民的经济行动，将他们的经济行动置于社会结构与情境之中进行分析，赋予他们的经济行动更深层次的文化内涵。我们在研究中应该以当前的创业概念进行表达。所谓小处着手，是在具体的研究之中，以宏观视野为导向，注重较为细致的行动内容，如经济组织的管理、

[①] 陈清明：《进城务工经商农民就业与生活状况》，《重庆经济》2007年第9期。

市场的竞争等。我们在研究中应该采用自主经营的表达。整合两种表达形式，对于进城农民经商（做老板）现象的研究，要采取进城创业者的经营行动表达形式，创业者也是经济组织经营者，是研究中的经济行动主体，以此强调对进城创业的深入细致研究。

五　结论与讨论

抽象的概念向我们展示了社会现象的内涵和本质。在有关市场经济中个体经济活动的表述中，自雇、自主经营和创业概念分别从不同的维度表述了有关经济行动的内容和特征等。由于未能达成统一认识，已有研究经常互换使用三个概念。与进城经商、办服务业等个体经济活动相联系，三个概念都能表述既有的经济行动表征和现象，但为了避免混淆而遮蔽进城的个体经济活动的本质特征，以及深入认识和理解他们经济行动的特征，本研究旨在辨析自雇、自主经营和创业三个概念的构造与差异等。通过细致的分析，我们发现三个概念所凸显的重点有所不同。在描述进城个体经济活动时，我们从经济行动的内容、边界和文化蕴含以及当前的社会结构和情境出发，认为深入的研究过程中应该采用创业和自主经营行动的表述概念。在宏观的社会视野下，自主经营和创业概念并不冲突，两者各有重点。将两者进行整合，进城个体经济活动则变成进城创业者的经营行动等。在经济行动的主体方面，经济行动者的身份是进城创业者；在经济行动的内容方面，不仅重视经济行动本身，而且重视经济行动的效用等；在经济行动的边界方面，侧重于经济组织的生产运作、市场竞争、利润分配等；在经济行动的文化蕴含方面，既包含个体文化、组织文化，也包含当前的社会文化等。简单而言，在今后的研究中有必要运用进城创业者的经营行动来强调个体经济行动与社会结构的统一，以此促进进城个体经济活动效益的最大化和社会经济的发展。

参考文献

彼得·F. 德鲁克：《创新与创业精神》，上海：上海人民出版社 2002 年版。

边燕杰：《网络脱生：创业过程的社会学分析》，《社会学研究》2006 年第 6 期。

陈清明：《进城务工经商农民就业与生活状况》，《重庆经济》2007 年第 9 期。

陈文超：《劳动—生活均衡：返乡创业者的选择机制》，北京：社会科学文献出版社 2016 年版。

黄绍伦：《移民企业家——香港的上海工业家》，上海：上海古籍出版社 2003 年版。

柯志明：《台湾都市小型制造业的创业、经营与生产组织——以五分埔成衣制造业为案例的分析》，台北：台湾中研院民族学研究所 1993 年版。

李培林：《巨变：村落的终结——都市里的村庄研究》，《中国社会科学》2002 年第 1 期。

李实：《中国劳动力市场中的农民工状况》，《劳动经济研究》2013 年第 1 期。

林强、姜彦福、张健：《创业理论及其架构分析》，《经济研究》2001 年第 9 期。

刘常勇、谢如梅：《创业管理研究之回顾与展望：理论与模式探讨》，《创业管理研究》2006 年第 1 期。

马克斯·韦伯：《社会学的基本概念：经济行动与社会团体》，桂林：广西师范大学出版社 2011 年版。

万向东：《非正式自雇就业农民工的社会网络特征与差异——兼对波斯特"市场化悖论"的回应》，《学术研究》2012 年第 12 期。

汪和建：《自我行动的逻辑——当代中国人的市场实践》，北京：北京大学出版社 2013 年版。

翟振武、段成荣、毕秋灵：《北京市流动人口的最新状况与分析》，《人口研究》2007 年第 2 期。

中山大学社会科学调查中心：《中国劳动力动态调查（CLDS2014）调查手册》，2014 年 6 月。

周大鸣等：《城市新移民问题及其对策研究》，北京：经济科学出版社 2014 年版。

Gartner, W. B. "A Conceptual Framework for Describing the Phenomenon of New Venture Creation." *Academy of Management Review* 4（1985）.

Sanders, J. M., & Nee, V. "Immigrant Self-employment: The Family as

Ssocial Capital and the Value of Human Capital. " American Sociological Review 2 (1996).

Shane, S. , & Venkataraman, S. "The Promise of Entrepreneurship as a Field of Research. " *Academy of Management Review* 1 (2000).

Timmons, J. A. *New Venture Creation: A Guide to Entrepreneurship* (IL: Irwin, 1994).

经济—关系—地位：市场化社会中经济行动的逻辑*

摘　要：分析市场化社会中经济行动的逻辑已经成为我们理解和把握当前社会运行机制的重要维度。归纳诸多学科知识表达，有关经济行动的逻辑主要有三种解释。市场逻辑与社会逻辑都与社会实践存在割裂之嫌。在"联系的生活"观视角启发下，本文认为理解经济行动的逻辑要从整体视野出发，综合把握市场和社会因素的双向作用。联系经济行动相关理论，并在实践的基础上，本文建构了分析经济行动的三种取向形式，即经济行动—经济效益、经济行动—社会关系与经济行动—身份地位，以此探究支配社会成员经济行动的具体机制及其逻辑。

关键词：市场化社会　社会成员　经济行动　支配机制

市场经济的兴盛不仅引致了中国经济"奇迹"的出现，而且改变着社会成员的生活形态和劳动方式。在市场化社会（marketization of society）中，"创造经济效益"已经成为社会成员的行动目标和准则，"如何创造经济效益"或者"提高经济效益"相应成为社会成员的行动逻辑，"一切向钱看""用钱摆平一切"等则成为社会成员行动的支配机制。面对纷繁复杂的社会以及丰富多彩的经济行动[①]形式，以传统理念来反观个体的经济活动，我们认为

---

*　本文原载于《中共福建省委党校学报》2016年第2期，并全文转载于《人大复印报刊资料·社会学》2016年第5期，此为修订稿。

①　马克斯·韦伯：《社会学的基本概念：经济行动与社会团体》，桂林：广西师范大学出版社2010年版，第117页。

其难以符合社会的道德标准,经常斥之为"荒谬"等;以市场理性进行思索,我们总是判定其为"吊诡"。从经验事实上升到社会科学知识层面,支配经济行动的法则已经化约为经济理性、社会理性等,社会成员的经济行动逻辑无非在于市场的逻辑,或社会的逻辑,或社会—经济的逻辑等。置放本土市场化社会之中,对于有别于西方社会的经济行动逻辑的分析,是究竟难以脱离新自由主义经济思想的奴役,还是深受传统社会文化思想的影响,也相应成为社会科学知识体系中颇具争议的焦点。联系理论与实践,我们将首先厘清在现实生活中市场化社会经济行动的生成、表现以及相应特征,然后回到理论之中,归纳和构建有关经济行动逻辑分析的既有知识体系,最后在汲取既有理论资源以及本土经验事实的基础上建构有关经济行动逻辑分析的维度等,以此深入分析本土市场化社会中经济行动的逻辑。

一 市场化社会中的经济行动

市场化的过程不仅表示资源配置形式的转变,也意味着市场中社会成员的经济行动将发生变化,从被动的选择形式走向主动的选择形式,从单一的样式转变为多样化的状态,等等。影响社会成员的经济行动变化的因素可归纳为主客观两个方面。在客观方面,一方面,制度转型为社会成员的经济行动提供了必要的活动空间,特别在赋予选择性经济行动的合法性与正当性的过程中,[①] 促成了社会成员多样化的行动选择。如在计划经济时代,私自从事副业与倒买倒卖行为将被贴上"投机倒把"的标签。在"割资本主义尾巴"的制度安排中,私自的市场交易行为轻则会受到被没收相关产品的处罚,重则要接受法律的制裁。随着市场机制被引入再分配过程中,社会成员在市场中的合法交易行为受到制度的保护,并不断得到政策的鼓励。如 1983 年中共中央印发的《当前农村经济政策的若干问题》明确规定"允许资金、技术、劳

[①] 陈文超:《制度转型与农民工自雇行动的选择空间》,《发展研究》2013 年第 8 期。

力一定程度的流动和多种方式的结合","农村个体商业和各种服务业,应当适当加以发展,并给予必要扶持。农民个人或合伙进行长途贩运,有利于扩大农副产品销售,有利于解决产地积压、销地缺货的矛盾,也应当允许"[①]。随着市场制度的建立与完善,市场中经济行动的合法性也不断被稳固,并且从制度安排层面对社会成员的行动选择进行保护。破坏经济行动选择行为及剥夺社会成员经济行动选择权利的行为,在政策法规层面被视为非法行为,并将受到法律的制裁。如在当前职业选择过程中,对于因性别差异而歧视女性劳动者以及剥夺她们的就业选择机会都被视为违法行为。由此可见,国家从社会生活安排中退出以及市场机制的作用改变了社会成员以往的经济行动形式,并且市场化社会中的经济形式受到制度认同。另一方面,市场在资源配置过程中所发挥的决定性作用为社会成员的经济行动提供了丰富的选择。在市场化社会中,强调市场机制的作用关键在于市场中的竞争要素和价格要素等,并致使原有的供求关系在市场机制中发生改变。在供给主体方面,与非市场化社会时期的供求进行比较,特别是相较于计划经济时期的供求关系,市场化社会中的供给主体将由国家及单位转变为国家、市场及社会组织等多元主体,如在劳动职业岗位的提供过程中,以往社会成员的选择被限制在国家供给范围之内,但当前则不仅仅有国家及政府部门所提供的行政工作岗位、事业单位工作岗位,更有外资企业等提供的多种形式的劳动岗位。前者提供的劳动岗位数量较为有限,给予社会成员的选择机会较少;后者提供的劳动岗位数量较多,给予社会成员的经济行动选择空间较大。从经验事实可知,在劳动形式方面,计划经济时期的农业户籍人口多被限制在农业生产空间之中,市场化社会则打破了这种限制,农业户籍人口不仅可以经营土地,而且可以"进城开店设坊、兴办服务业、提供各种劳务"[②]。通过比较

[①] 中共中央:《当前农村经济政策的若干问题》,《人民日报》1983年4月10日。
[②] 中共中央、国务院:《中共中央国务院关于进一步活跃农村经济的十项政策》,《人民日报》1985年3月25日。

分析可以发现,供给主体的变化为需求者提供了较多的劳动形式及劳动岗位,为社会成员的行动选择增添了多种形式的客观对象。简而言之,社会经济制度的转型以及市场在资源配置过程中所发挥的决定性作用使市场化社会中的经济行动呈现多样化的特征,为社会成员的行动选择提供了客观条件。

在主观方面,社会成员所拥有的主体性和能动性则将有关市场化社会中的经济行动选择从想象走向事实。对于经济行动主体来说,他们的行动嵌入社会结构之中,虽然难以走出"结构—行动"的困境,可他们也并不会因此放弃自身的选择权利而"束手就擒"。相反,在现实生活中,他们会积极主动参与到日常经济活动之中,更加理性地进行行动选择,以期最大化地实现目标。如在计划经济时期,"事实上许多农民远非如许多人想象的那样是一个制度的被动接受者,他们有着自己的期望、思想和要求。他们一直有着'反道而行'的'对应'行为,从而以不易察觉的方式改变、修正,或是消解着上级的政策和制度"。[①] 对于生活在市场化社会之中的社会成员而言,虽然他们的经济行动目标已经不再是"填饱肚子",但是经济行动主体的利益的、价值的追求一直作为人类社会发展的动力机制存在。[②] 如在当前的劳动力市场中,实践中的经济行动主体都在积极利用多样化的策略和技术实现自身的经济行动目标。对于农村流动人口而言,在面对劳动力市场中的歧视或结构性限制条件时,他们会采取各种策略"趋利避害",或选择受雇于他者的打工经济活动,或选择自己做"老板"的自主经营活动,等等。质言之,在具有经济行动选择的条件下,行动主体会进行必要的选择。事实上,也正是他们的能动性选择丰富了市场化社会中的经济活动形式。由此可见,经济行动者的能动性坐实了经济行动选择,促使经济行动从想象走向现实。

回到现实生活中,在资源配置制度转型与经济行动者能动性

[①] 高王凌:《人民公社时期中国农民"反行为"调查》,北京:中共党史出版社2006年版,第192页。

[②] 肖瑛:《从"国家与社会"到"制度与生活":中国社会变迁研究的视角转换》,《中国社会科学》2014年第9期。

的共同作用下，市场化社会的经济活动形式丰富多样。随着市场化进程的加快，在社会成员的自主性得到不断释放的结构之中，经济行动形式呈现愈益多样性的局面。并且，社会成员的诸多经济行动的"商品化"痕迹越来越明显，如"劳动力的使用，可以在一种称为工资之价格下普遍地被买卖"①，婚姻对象的选择以及婚姻的实现与经济实力有着较密切的关系。特别是在经济活动遭遇困境或遇到瓶颈的情景下，经济因素的介入似乎又总能"摆平一切"。对于现实生活中的社会成员而言，这无疑更加促使他们在实践中"向钱看"，习惯在市场化社会中"用钱解决问题"。市场化的影响已经覆盖社会成员的劳动形式和生活方式，社会成员的经济行动逻辑之中处处呈现"市场逻辑"的影子。在日常生活中，社会成员也习惯于用各种形式评价经济行动的逻辑，如道德习俗、工具策略等，尤其习惯用"势力""功利"等"绑架"社会成员的经济行动，将一些非经济行动类型的社会行动逐渐导向经济行动类型。审视市场化社会中经济行动的逻辑，不仅仅需要走向客观真实的经济行动，更需要从大众话语走向科学话语。

二 市场化社会中经济行动的三种解释

作为市场化社会中的实践活动，经济行动的不同特性受到诸多学科的关注，分别被不同学科以不同的视角加以阐明。其中，对于"哪些因素影响社会成员的经济活动安排"的问题，社会因素和经济因素一直被视为核心要素，围绕两者在经济活动安排中的作用，在社会科学话语表达中业已形成三种解释传统。

第一种解释来源于经济学家的分析。他们以个体主义作为研究的起点，强调经济利益驱动。作为有目的的行动，行动主体不断选择、决策、努力达到某个目标。② 在经济活动安排的过程中，

---

① 卡尔·波兰尼:《巨变——当代政治与经济的起源》，北京：社会科学文献出版社2003年版，第239页。
② 路德维希·冯·米塞斯:《人的行动——关于经济学的论文》，余晖译，上海：上海人民出版社2009年版，第5~9页。

行动目标也因此成为行动主体安排经济活动的影响因素。其中，在米塞斯看来：

> 在选择的时候，人们不仅仅在各种物质产品和服务之间，而是在所有人类价值之间进行取舍。所有的目的与手段，无论是现实的还是理想的，崇高的或低下的，光荣的或卑鄙的，皆构成供人取舍的序列，人们择其一而舍其余。人们之所以所趋或所避，无一遗漏地在此排列之中，这个排列，也即独一无二的等级偏好表。①

作为人类行为的基本规则，偏好的等级序列决定了行动主体的经济活动安排的内容和形式。对于建构在"经济人"假设下的等级偏好，米塞斯将价值等级填充其中。他认为行动与需求价值相关联，而需求价值则在于提高物质生活水平，② 并提出行动效用与行为主体利益间关联性的命题。对应于经济学科的分析范畴，米塞斯对行动手段和目的的经济认知为我们理解经济活动安排的影响因素提供了经济逻辑的思路。延续经济逻辑的分析思路，贝克尔以最大化行为、市场均衡和偏好稳定的综合假定为核心，建构了能用于解释全部人类行为的经济分析方法。在他看来，人类一切行动皆可作为经济活动对待。在经济活动安排过程中，通过积累适量信息和其他市场投入要素，行动者将源于一组稳定偏好的效用达至最大。③ 例如，在生育行为方面，作为经济活动安排一种形式的生育行为，它主要受到收入因素的影响，收入的增加既会增加所希望的子女数量，又会增加所希望的子女质量等。④ 与之

---

① 路德维希·冯·米塞斯：《人的行动——关于经济学的论文》，余晖译，上海：上海人民出版社2009年版，第5、6页。
② 路德维希·冯·米塞斯：《人的行动——关于经济学的论文》，余晖译，上海：上海人民出版社2009年版，第5、6页。
③ 加里·S. 贝克尔：《人类行为的经济分析》，王业宇、陈琪译，上海：上海三联书店1995年版，第19页。
④ 加里·S. 贝克尔：《人类行为的经济分析》，王业宇、陈琪译，上海：上海三联书店1995年版，第218页。

相似，舒尔茨在讨论改造传统农业的过程中强调理性的农民在利益刺激过程中将选择创新农业发展的方式。① 回到经济学体系之中，无论是米塞斯的分析，还是贝克尔的分析以及舒尔茨的分析，都已经成为对个体经济活动安排进行分析的经典之作，为研究现实生活中社会成员的经济活动安排现象提供了思路。

回到本土实践中，经济活动的安排与经济因素难以割舍，如从进城农民的视角分析"农村劳动力大规模进入城镇打工"的现象，认为其原因在于城市劳动力市场提供了较高报酬的劳动就业机会。在利益驱动之下，比较利益驱动着农村人口向城市流动，并演绎出离土不离乡、离土又离乡等流动历程。观察改革开放40年来农民进城的轨迹，不难发现，进城务工、经商的经济行动中贯穿着市场经济逻辑。当城市劳动力市场中所提供的利益较低的时候，或者低于农村社会的劳动报酬时，农民向城市流动的可能性较小；当城市提供的劳动报酬较多时，许多农民则宁愿"抛荒"土地，也要向城市流动。因此，在经济分析框架之中，"经济人"假设及效用最大化原则使我们相信行动主体"趋利而动"。特别是将经济活动中的其他影响因素化约为利益要素时，行动的经济逻辑则为我们理解市场化社会中成员的经济活动安排提供了支撑点。虽然许多人明白问题的剖析绝对不能单纯奉行"市场原教旨主义"，可是通过现象的观察来看，人们又难以脱离经济范畴，并且在经济全球化的资本扩张期，金钱、货币所流露出的魅力和发挥的作用以及它们所承载的"经济利益价值"刺激着每一个人的神经，重塑了社会成员的行动逻辑。在实践中，社会成员的经济行动逻辑习惯性地遵循市场规则，体现出较为明显的经济取向。基于对这种现象的观察，黄宗智从整体层面出发，认为当前"新自由主义"在中国社会中处于"霸权"地位，作用着社会的运行，其影响度远远超过其对美国的影响。②

---

① 西奥多·W. 舒尔茨：《改造传统农业》，梁小民译，北京：商务印书馆1987年版。
② 黄宗智：《我们要做什么样的学术？国内十年教学回顾》，《开放时代》2012年第1期。

第二种解释主要来源于非经济分析视角的阐释，如社会学、文化研究等视角。与经济分析逻辑不同，非经济分析主要从金钱在社会经济活动中的影响出发，以反思性的态度强调传统文化、社会关系等在经济行动过程中的作用，建构了市场化社会中经济行动的社会逻辑。如对于农民进城现象的分析，社会学的诸多研究认为，农民进城就业并非一个纯经济现象，而与社会历史文化有着较为密切的关系，并强调外出流动与社会化中的身份、个人经历以及社会结构性因素间的关系，以此提出农民进城的社会逻辑。① 事实上，对于经济行动的社会逻辑早在经典社会学理论中已有深入的讨论，如齐美尔（又译"西美尔"）对于货币不断渗透到经济活动之中的现象评论道：

> 大多数的现代人在他们生命的大部分时间里都必须把赚钱当作首要的追求目标，由此他们产生了这样的想法，认为生活中的所有幸福和所有最终满足，都与一定数量的金钱紧密地联系在一起。在内心中，货币从一种纯粹的手段和前提条件成长为最终的目的……在促使价值意识集中在金钱身上的那些环境不再存在之后，金钱自己就暴露出作为纯粹手段的特征，即一旦生活只关注金钱，这种手段就变得没有用处和不能令人满意——金钱只是通向最终价值的桥梁，而人是无法栖居在桥上的。②

经济活动中行动主体与货币之间的关系越来越密切，甚至在生活之中形成了以货币为核心的活动支配机制。在齐美尔看来，货币因素的介入使社会成员混淆了行动过程中的手段和目的，以致将货币作为手段的目标，围绕货币的数量进行活动。这无疑削减了行动的效用和生活的意义。因此，在重新审视经济和社会的

---

① 李培林主编《农民工：中国进城农民工的经济社会分析》，北京：社会科学文献出版社2003年版。
② 西美尔：《金钱、性别、现代生活风格》，南京：学林出版社2000年版，第10页。

关系时，齐美尔认为：

> 如果说经济似乎是自觉决定其他一切文化领域的，那么，这个颇有诱惑性的假象的实际情况是，经济本身是由社会的演绎来决定的，社会的演绎同样也决定其他一切文化形态。经济形式仅仅是一个建立在单纯社会结构的关系和转变之上的"上层建筑"，社会结构构成了历史的终审，其他一切生活无疑都是与经济平行的。[①]

经济行动的目的在于社会意义，而货币只是作为达到经济行动目的的手段。如果扭曲两者之间的关系，那么生活的秩序将受到严重的影响，出现当前市场化社会中严重的"异化"现象。与齐美尔的文化分析视角相似，本土的儒家学者梁漱溟则从社会本位的情境与结构出发进行分析，强调"人情为重，财物斯轻"，"经济上皆彼此顾恤，互相负责；有不然者，群指目以为不义"[②]。在梁漱溟看来，文化消解着经济活动安排中的经济理性，要求社会成员注重情谊伦理，不能因为钱财而违背社会之"理"。质言之，社会成员在经济活动安排中的行动逻辑必须符合社会文化的要求。从日常生活的经验出发，费孝通也认为，人的行动动机经过文化的陶冶才能符合生存条件，行动的形式与内容由文化决定。[③] 与经济分析视角相比较，对于经济活动安排影响因素的分析，非经济分析视角已经从形式层面转向实质层面，重视经济行动的结果及其社会意义，并且较为重视社会文化因素对经济活动安排所呈现出来的约束和限制性作用。

第三种解释主要来自经济与社会文化综合分析的维度，主要强调经济因素与社会因素相互交织作用，共同影响经济活动的安排。

---

① 齐美尔：《桥与门——齐美尔随笔集》，涯鸿、宇声等译，上海：上海三联书店1991年版，第248页。
② 梁漱溟：《中国文化要义》，上海：上海人民出版社2005年版，第74页。
③ 费孝通：《乡土中国　生育制度》，北京：北京大学出版社1998年版，第83、85页。

在市场化社会中,"理性"的社会成员自然会"趋利而动",为了金钱而采取各种手段,甚至有时候将获得更多数量的金钱作为目标。与此同时,社会成员生活在群体之中,不仅与群体内其他社会成员发生联系,也受到社会群体结构性因素的影响,如社会文化因素的制约等。如果分析过程中忽视行动的经济影响因素,那么会陷入一种"掩耳盗铃"的滑稽状态。如果一味地强调经济行动中的经济理性,对社会文化等影响因素"视而不见",将社会成员与社会割裂开来,以"原子化"的方式孤立对待,则势必又会走向另一极端。审视这两种方式,无论哪一种方式,都难以真实地展现经济活动安排中社会成员的经济行动逻辑。反思和批判这两种研究思路,泽利泽将其分别总结为"分离领域"观和"敌对世界"观。

> "分离领域"教条或学说设定了两个独特的社会生活领域,一个以理性效率为导向,另一个以情感与团结为导向。根据这种学说或教条,每个领域各自独立存在,并或多或少和谐地独自运行。"敌对世界"模型则断言,如果这两个领域发生密切的交叉或接触,就会相互侵蚀、玷污;如果理性计算渗透到情感领域,就会腐蚀、消解团结,而如果情感渗透到理性领域,就会损害、降低效率。①

无论是"分离领域"观,还是"敌对世界"观,都与现实生活中经济活动的经验不相符合,成为一种"虚构或神话"。为此,摒弃"分离领域"观和"敌对世界"观,泽利泽提出了一种"联系的生活"(connected lives)观。一方面,强调经济活动的安排以社会为基础,社会文化与关系的介入能够创造出更好的经济安排。另一方面,强调在分析经济过程时有必要从整体出发,避免割裂的分析形式。② 质言之,"联系的生活"观在实质层面强调经济与

---

① 薇薇安娜·A. 泽利泽:《亲密关系的购买》,上海:上海人民出版社2009年版,序言第2、3页。
② 薇薇安娜·A. 泽利泽:《亲密关系的购买》,上海:上海人民出版社2009年版,第3页。

社会的融合关系，尤其重视社会在经济活动安排中的正向功能发挥，在形式层面重视整体分析方法及社会结构论与文化论的均衡分析方法。

与"联系的生活"观分析思路相似，布迪厄（又译"布尔迪厄"）也试图整合经济的分析路径与社会的分析路径，提出经济活动安排中行动的"实践逻辑"，即经济逻辑与非经济逻辑的统一，并以此化约经济主义还原论和社会集团中心主义还原论。在他看来，在关系型社会场域中，经济与非经济并未分离，经济主义有特定的合理性，但纯粹的经济利益的追求可能被一些明确的规范和默示的指令打消，经济活动的安排也并不按照作为追求最大利润（货币）的利益规律运转。① 反思经济逻辑的形式，并不意味着要隐瞒经济行为的真实性，关键在于从实践中把握经济活动的主体性，超越和反功利主义，以此重视人类行为的多义性和多功能性。② 与布迪厄所强调的把握实践中经济活动的主体性相似，萨林斯强调：

> 经济理性或物质理性根植于一个庞大的文化体系，这一体系由事物的逻辑——意义属性与人们之间的文化构成。③

作为文化的一种表述，经济理性与文化实践之间不仅没有存在深刻的对立，事实上，日常生活中各种社会经济事实也需要运用文化背景或文化因素予以解释。相对于经济的形式论分析而言，经济的实质论分析则摒弃了形式层面的或者资本主义的用金钱理性解释日常生活中的经济行动，相应也消除了有关经济理解的"错误观念"。在经济实质论分析者看来，社会成员的经济行动的

---

① 皮埃尔·布尔迪厄：《实践理性——关于行为理论》，谭立德译，北京：生活·读书·新知三联书店 2007 年版，第 141、154 页。
② 皮埃尔·布迪厄：《实践感》，蒋梓骅译，南京：译林出版社 2003 年版，第 180 页。
③ 马歇尔·萨林斯：《石器时代经济学》，张经纬、郑少雄、张帆译，北京：生活·读书·新知三联书店 2009 年版，前言。

生成并非在于客观的技术，而在于文化因素的作用，并且经济理性相对来说也是文化实践的形式与结果。简而言之，多样化的经济行动则是不同时空背景之中的文化实践。

相较于其他两种分析形式，"联系的生活"观、"实践逻辑"视角及"物质实践的文化构成"观将我们对有关经济活动安排影响因素的理解及其经济行动的逻辑向前推进了一步。在理解市场化社会中的经济行动时，如果仅仅从经济效益维度进行思考和分析，社会成员的行动必定将被定格在"经济属性"，社会成员也将仅仅被看作善于计算的经济理性人。虽然此类视角也能给予我们一种较为圆满的解释，但相对于客观社会的真实而言，则相去甚远，甚至产生了一类"错误观念"，如在婚姻选择行动中仅仅沦落为功利主义的配对。相反，如果仅仅从文化视角进行考虑，忽视经济因素，那么相对走入了另一种极端形式，成为盲目的文化崇拜者。因此，在注重经济行动中经济要素的同时，也要看到经济行动背后的文化要素。从经济行动选择的生成角度而言，其影响因素则在于经济行动背后的"社会属性"，或言经济行动选择的社会指向，如社会地位、关系网络等。概括而言，经济与社会文化综合分析的维度更加趋近社会事实的客观真实性。然而，在强调经济与社会文化综合分析维度的同时，也要看到其所存在的一些未予以重视之处。以往的研究仅仅重视经济因素的形式作用受制于社会因素的实践，而对于在经济活动安排中经济因素如何作用于社会因素则未予以足够的重视，以及经济因素如何影响经济行动未能予以展现，致使我们的理解仍然处于单向逻辑的理解状态之中。回到实践之中，作为经济行动的构件，经济因素和社会因素两者"盘根错节"，共同作用着经济行动的生成，同时共同构成了经济行动逻辑的复杂性。在复杂的经济行动中，经验显示经济因素也在影响非经济因素，两者之间呈现一种"博弈"的关系状态。质言之，经济因素与社会因素互为影响因子，并在共同作用下形成了一种合力，进而影响和支配社会成员的经济行动选择。因此，在探究市场化社会中经济行动规律及其因果关系的过程中，既要考虑到经济行动的经济效益，也要分析社会文化等因素对经济行动的影响，还要注重经济因素与社会文化因素两者之间的关系。否则，对经济行动的理解仍然失之偏颇。对于本土市场化社会中经济行动的探究而言，不能采取孤立的视角进行分析，要打破以往割裂的分析状态，采取更全面的视角，综合经济与社会两类因素对社会成员经济活动的影响，并将经济行动中经济因素与社会因素间的关系予以具体化，以此展现市场化社会中支配社会成员经济行动的机制。

三　经济行动实践形式的考量取向

深入分析市场化社会中经济行动的逻辑，具象经济行动的支配机制，首先需要将经济行动的社会文化综合视角予以具体化，即在"联系的生活"观解释路径下构建测量经济行动影响因素的指标体系。综合和延续既有理论知识可以发现，"联系的生活"观在本土社会中既有外在形式的经济效益，也有社会指向的内涵。因此，考量本土社会中经济行动的逻辑，需要重点从两个方面展开：一方面，在经济因素维度，可以从行动的经济效益入手；另一方面，在社会因素维度，具体表现为两个层面，一是社会结构作用的社会关系，二是社会文化和意义系统的身份地位方面。因此，综合考虑经济活动中社会与市场因素的作用，可以将现实生活中经济行动的考量形式操作化为三个方面，即"经济行动—经济效益"取向、"经济行动—社会关系"取向、"经济行动—身份地位"取向等。

其一是"经济行动—经济效益"取向。作为经济行动的外在形式或经济行动的显性结果，经济效益是衡量经济行动成效的有效指标之一。细致分析经济效益作为必要指标的原因，首先，从概念的理论层面进行分析，缺少必要的经济取向，那么社会成员的行动难以被称为"经济行动"。从概念的构造意义来说，深入行动内部进行分析，经济利益则可谓是经济行动不可或缺的部分。其次，在市场化社会中，一方面，物质财富是各类经济活动的基础，是社会结构性分层的客观指标。与日常生活相联系，商品化的社会因素驱使着社会成员"趋利",或者说经济因素刺激着社会行动者,或激励,或约束。另一方面,在经济行动过程中,理性的经济行动者在比较中选择优化的行动策略,如对经济行动的成本、效益等方面的考虑等。当经济行动的成本超过社会成员的负担之时,这类经济行动自然不在社会成员的考虑范围之内,或者说处于"有心无力"的状态而难以实现;当缺少必要的效益之时,经济行动也难以生成。由此可知,作为经济行动过程中具有刺激性的变量,经济因素影响我们的经济活动安排,经济行动的逻辑之中充盈着经济要素。在考量经济行动时,经济因素必将是一个难以越过去的指标,并且需要将其予以具体化,如经济利益、经济效益等。

其二是"经济行动—社会关系"取向。作为社会结构要素,社会关系影响社会行动的特例——经济行动,主要表现在两个方面,一是强调社会关系作为经济行动的条件,二是将经济行动的目标重点锁定在社会关系层面。既有研究文献指出,社会成员的经济行动嵌入社会结构之中,通过社会关系网络产生结果。[1] 与强调社会关系作为经济行动的策略或手段不同,本研究的"经济行动—社会关系"取向主要强调社会关系作为经济行动的目标指向,支配着经济行动的形式选择,即经济行动的生成关键在于行动背后的社会含义。与西方个人本位社会特征不同,本土社会注重伦理本位,强调"人生实存于各种关系之上",其中家人父子,是其天然基本关系,故伦理首重家庭。[2] 对于本土经济行动主体而言,在注重经济行动理性的同时,更要遵从"人情为重,财物斯轻"[3]的原则,重视和维系完整的家庭关系。否则,缺少必要的成长土壤和环境,经济行动难以生成,或者只能是"投机主义"。由此可见,经济行动的生成受制于关系因素。在市场化社会中,无论强调当前的社会性质是熟人社会,还是半熟人社会,抑或无主体熟

---

[1] 马克·格兰诺维特:《镶嵌:社会网与经济行动》,罗家德译,北京:社会科学文献出版社2007年版,第1~33页。

[2] 梁漱溟:《中国文化要义》,上海:上海人民出版社2005年版,第72页。

[3] 梁漱溟:《中国文化要义》,上海:上海人民出版社2005年版,第74页。

人社会，经济行动主体都生活在一定的社会关系网中，如亲属关系网、地缘关系网等。不仅他们的经济行动嵌入社会关系网络之中，而且社会关系网络将影响他们经济行动的选择，主要表现在情感等方面。对于情感与经济行动关系的讨论，最早可追溯到亚当·斯密的《道德情操论》，后经韦伯等学者的发展，现在已经成为社会学及经济学中的一类重要分析框架，如马布尔·别列津（Mabel Berezin）认为，情感嵌入经济行动之中，并对经济及经济行动产生重要的影响。[1] 因此，在分析经济行动的社会逻辑中，情感关系因素则是需要重点考虑的维度。由于差序格局的存在，不同的情感关系对经济行动的影响也有着较大的不同，如核心圈层的情感关系则直接影响经济行动形式的选择，而离自我中心较远的情感关系的影响力相对较弱等。因此，"经济行动—社会关系"的取向则具体操作化为情感关系等方面，考察不同的情感关系对经济行动选择的影响。

其三是"经济行动—身份地位"取向，主要强调经济行动的社会效益或者社会效果，偏重于经济行动的社会意义文化体系。一方面，在阶层化的社会结构体系中，社会身份与地位划分了社会成员的阶层属性。不同的身份与地位又以生活方式和生活品位予以区隔。[2] 与经济行动相联系，阶层所赋予的身份地位影响经济行动主体的选择。在经济行动选择过程中，不同阶层中的经济行动主体有着较为不同的选择标准和形式，如在消费实践中，不同的阶层群体有着不同的消费规范。[3] 若违背所在阶层群体的文化规范，则有可能被所在阶层群体边缘化。另一方面，对于具有理性的经济行动主体而言，社会文化规范的影响将引导他们追寻必要的社会阶层地位。在日常生活中，身份地位已经成为社会成员的

---

[1] 马布尔·别列津：《情感与经济》，载斯梅尔瑟、斯威德伯格主编《经济社会学手册》（第2版），罗教讲、张永宏等译，华夏出版社2009年版，第128页。

[2] Bourdieu, P. *Distinction: A Social Critique of the Judgement of Taste* (London: Routledge and Kegan, 1984).

[3] 陈文超：《从社会学视角看农民生活消费的现状与特点——以湖北省某村庄为例》，《调研世界》2005年第1期。

经济行动目标，或者是维持自身的社会地位，或者是通过各种策略提升自身的社会地位。在具体实施过程中，经济行动主体习惯性地按照自身的身份地位选择相适应的经济行动形式，或者在多样化的经济行动形式之中选择较为有"口碑"的经济行动形式，或者尽最大可能选择有利于向上社会流动的经济行动形式，即使自身的能力与经济行动标准有一定的差距，如礼尚往来中的"做人情"等。就经济行动的客体而言，当某种经济行动形式能够实现社会成员向上流动的目标时，就会获得社会成员的认同。反之，则相应成为社会成员排斥的经济行动形式。以往一些经验研究已经指出，在商品化时期，当社会分层机制与经济指标相联系的时候，赚钱则成了农村家庭/农村居民（包括干部）减少他们不利社会经济地位的唯一途径，[①] 并通过增加和积累物质财富的形式实现向上社会流动。在现实生活之中，身份地位的具体呈现则是"面子"，与面子相关的经济行动更是涉及日常生活的方方面面，从劳动形式选择到生活中的"建房热"等。言下之意，对于经济行动主体而言，与身份地位相关的经济行动不仅仅是追求物质财富类经济行动，更多地体现在与"面子"相关的一类经济行动和经济活动中，或者通过对物质财富的追求来实现自己的"面子"等。在市场化社会中，身份与地位已经成为经济行动选择的条件，影响经济行动的选择，具体表现为，不同的身份地位选择不同的经济行动，或者为了追求更高的身份地位以及实现向上社会流动，经济行动主体则倾向于选择能够提升自身社会地位的经济行动形式。因此，这也构成了市场化社会中经济行动逻辑的"经济行动—身份地位"取向。

从上述分析可知，经济效益、社会关系以及身份地位三种取向作用着经济行动的选择，并呈现一种复合的形式，即三种力量在相互作用过程中达至均衡，进而形成一种复合力量作用着经济行动及其主体。具体可见图1。

---

① 吴晓刚：《"下海"：中国城乡劳动力市场中的自雇活动与社会分层（1978 - 1996）》，《社会学研究》2006 年第 6 期。

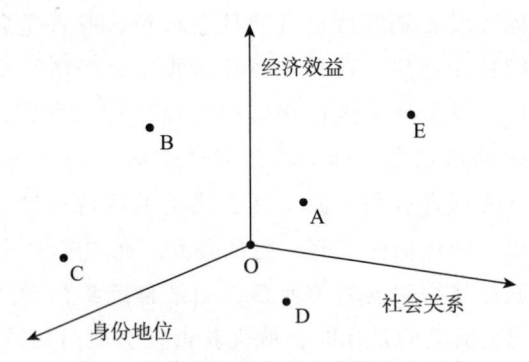

图 1　经济行动实践形式考量取向示意

由图 1 可知，三维坐标系中不同的坐标轴分别代表三种不同的考量形式，意味着每一经济行动结构之中包含三种成分，即经济效益成分、身份地位成分、社会关系成分。三种成分以不同的比例相互调和之后便形成了空间中的 A、B、C、D、E 点。每一个点代表实践中某一经济行动的具体形式。在不同的情境和结构作用下，不同的经济行动主体有不同比例构成的经济行动逻辑，也相应构成了三维空间中不同的点，并嵌入立体的三维空间中。在三维空间中，三种考量形式处于相互制约和统一的关系之中，每一个点也正是在三种力量相互作用下而达至均衡状态的结果。

简言之，在市场化社会情境中，经济效益的大小直接关系到身份地位的高低，而社会关系取向则直接影响经济效益的取舍及其大小，并且身份地位也有相似的作用，不仅将对经济效益有所影响，也将对社会关系产生作用。当三者之间达到必要的均衡状态时，则生成经济行动。

四　结论与讨论

现实生活中的社会经济活动纷繁复杂。一方面，经济活动变化诡异，形式多种多样；另一方面，经济活动的内在千头万绪，难以明确与厘清，不同的立场之中有不同的说法和观点，众说不一。社会成员作为经济活动的载体，其经济行动构成了社会经济活动的最基础构件。缺少社会成员的参与，缺少必要的行动支撑，日常生活中的经济活动便难以存在。也正是众多经济行动的参与，构成了实践中的具体事件或社会现象，制约和支配日常经济生活的正式制度和非正式制度才得以形成，如习俗、规则、惯例等。因此，从经济行动角度切入，将为把握客观而真实的社会经济活动提供相应的可能性。通过归纳诸多学科有关经济行动的研究，社会因素和市场因素被视为影响社会成员经济行动的主要因素。在市场化社会中，社会成员的经济行动逻辑因此被化约为"市场的逻辑"与"社会的逻辑"。反思这两种解释逻辑，相对来说都与社会实践有相应的割裂之嫌，难以真实展现社会成员的经济行动逻辑。在"联系的生活"观视角启发下，本文认为理解社会成员的经济行动逻辑有必要从整体视野出发，综合理解市场因素和社会因素在经济活动中的作用。延续这条思路进行思考，从经验出发，并联系有关经济行动的理论指向，本文建构了分析经济行动机制的三种取向，即"经济行动—经济效益"取向、"经济行动—社会关系"取向、"经济行动—身份地位"取向，以此探究支配社会成员经济行动的具体机制。

参考文献

陈文超：《从社会学视角看农民生活消费的现状与特点——以湖北省某村庄为例》，《调研世界》2005年第1期。

陈文超：《制度转型与农民工自雇行动的选择空间》，《发展研究》2013年第8期。

费孝通：《乡土中国 生育制度》，北京：北京大学出版社1998年版。

高王凌：《人民公社时期中国农民"反行为"调查》，北京：中共党史出版社2006年版。

黄宗智：《我们要做什么样的学术？国内十年教学回顾》，《开放时代》2012年第1期。

加里·S.贝克尔：《人类行为的经济分析》，王业宇、陈琪译，上海：上海三联书店1995年版。

卡尔·波兰尼：《巨变——当代政治与经济的起源》，北京：社会科学文献出版社2003年版。

李培林主编《农民工：中国进城农民工的经济社会分析》，北京：社会科学文献出版社2003年版。

梁漱溟：《中国文化要义》，上海：上海人民出版社 2005 年版。

路德维希·冯·米塞斯：《人的行动——关于经济学的论文》，余晖译，上海：上海人民出版社 2009 年版。

马布尔·别列津：《情感与经济》，载斯梅尔瑟、斯威德伯格主编《经济社会学手册》（第 2 版），罗教讲、张永宏等译，华夏出版社 2009 年版。

马克·格兰诺维特：《镶嵌：社会网与经济行动》，罗家德译，北京：社会科学文献出版社 2007 年版。

马歇尔·萨林斯：《石器时代经济学》，张经纬、郑少雄、张帆译，北京：生活·读书·新知三联书店 2009 年版。

皮埃尔·布迪厄：《实践感》，蒋梓骅译，南京：译林出版社 2003 年版。

皮埃尔·布尔迪厄：《实践理性——关于行为理论》，谭立德译，北京：生活·读书·新知三联书店 2007 年版。

齐美尔：《桥与门——齐美尔随笔集》，涯鸿、宇声等译，上海：上海三联书店 1991 年版。

中共中央：《当前农村经济政策的若干问题》，《人民日报》1983 年 4 月 10 日。

中共中央、国务院：《中共中央国务院关于进一步活跃农村经济的十项政策》，《人民日报》1985 年 3 月 25 日。

马克斯·韦伯：《社会学的基本概念：经济行动与社会团体》，桂林：广西师范大学出版社 2010 年版。

薇薇安娜·A. 泽利泽：《亲密关系的购买》，上海：上海人民出版社 2009 年版。

吴晓刚：《"下海"：中国城乡劳动力市场中的自雇活动与社会分层（1978 – 1996）》，《社会学研究》2006 年第 6 期。

西奥多·W. 舒尔茨：《改造传统农业》，梁小民译，北京：商务印书馆 1987 年版。

西美尔：《金钱、性别、现代生活风格》，南京：学林出版社 2000 年版。

肖瑛：《从"国家与社会"到"制度与生活"：中国社会变迁研究的视角转换》，《中国社会科学》2014 年第 9 期。

Bourdieu, P. *Distinction*: *A Social Critique of the Judgement of Taste*（London：Routledge and Kegan, 1984）.

第二部分　研究主体：剖析进城创业者的经营过程

承接研究设计要求,本部分将已有问题置于经验之中,紧贴真实世界的经验,[①] 进行从实践出发的社会科学研究,全面深入展现进城创业者的经营过程。从整体研究而言,本部分内容定位于有关进城创业经济活动的经验分析。在经验描述之中分析农民和市场的关系,以此阐明经济实践中进城创业组织运转问题,并为后面研究的理论升华提供必要的经验材料支撑。因此,掌握经济实践中进城创业组织运转状况是我们分析问题的基础。与已有关于经济组织的形式分析侧重点不同,本研究较为注重进城创业组织的结构、运转状况和发展过程等。在具体操作过程中,针对具有本土特质的进城创业现象,我们主要从"进城创业组织的形式和基础"、"进城创业组织的行动原则和策略"和"进城创业组织的再生产"等方面展开描述和分析。

在进城创业组织的形式和基础方面,通过深入经验之中,运用结构分析视角,归纳日常经济实践中进城创业组织的形式和类别,分析进城创业组织建立的基础以及相关特征等,并以此形成对进城创业组织的整体认识。

在进城创业组织的行动原则和策略方面,借助细致的经验材料,说明进城创业组织的运作问题,大致分为经营原则、经营策略和过程等几方面,以此从动态视角把握进城创业组织的日常运转状况。

在进城创业组织的再生产方面,在社会—经济的维度中,通过对进城创业者经营过程的深入分析和对经营事件的把握,全面认识创业组织的变化和发展过程(如从无到有、从小到大),以此获知进城创业者如何维持经济组织的存续,如何在经济场域之中获取社会经济利益、如何实现个体经济的繁盛等。

从上述阐述可知,与已有的经济学和管理学研究不同,他们习惯于从生产要素获得、配置等角度思考经济组织的运转,本研究对于进城创业组织运转问题的分析从组织结构切入,侧重探究

[①] 黄宗智:《实践与理论:中国社会、经济与法律的历史与现实研究》,北京:法律出版社2015年版,第660页。

社会结构性因素对进城创业组织运转的影响。通过对经验的深入分析，本研究努力展现进城创业组织的全貌和运转细节，并从经济行动上升到经济秩序的高度。与纯粹的经济分析和单向度的社会分析不同，本研究重视进城创业组织运转过程中经济与社会互动互补（互构）的关系。在具体分析过程中，本研究的策略是从外到内剖析进城创业组织的结构，从结构分析转向行动分析探究进城创业者的经营逻辑和行动策略，从情境性分析切换到历时性分析展现进城创业组织的变动过程等，力图在宏观和微观、静态和动态、整体和局部之中展现进城创业组织的运转图景。具体研究主要体现在以下文章中。

- 进城创业组织的类型与差异
- 家户为体：进城创业组织的经营基础
- 行商与坐商：进城创业组织的经营形式
- 进城创业中经营效益最大化的社会建构
- 情境化行动：进城创业者的组织经营策略
- 家户经营：进城创业经济的再生产机制
- 个体经济秩序与进城创业者的经营进程

进城创业组织的类型与差异[*]

摘 要：摊贩、个体工商户、私营企业主等构成了进城创业群体，并丰富了城镇个体经济。受市场机制的作用，三个子群体在所有权、经营权和收益权等方面具有较高的同质性。但是，由于经济组织规模的不同，三个子群体在创业投入、经营理念和实践效应方面有着显著的不同，并构成了群体中的组间差异。跨越群体中的组间差异也意味着实现向上社会流动，如从摊贩向个体户转变，抑或向下社会流动，如从私营企业主向摊贩转变。与经济实践中的"双创"以及城镇化情境相联系，当前应采取经营能力提升与风险认知强化等多种措施促进进城创业群体的升阶活动，实现向上社会流动。

关键词：进城创业 经济组织 经营 经济行动

一 问题的提出

从允许农民进城经营，[①] 到明确允许农民进入城镇经商、办服务业等，[②] 再到强调个体经济对本土社会发展的作用[③]等，进城农

---

[*] 本文原载于《社会建设》2019年第1期，此为修订稿。
[①] 中共中央：《中共中央关于印发〈当前农村经济政策的若干问题〉的通知》（中发〔1983〕1号），1983年1月2日。
[②] 中共中央：《中共中央关于一九八四年农村工作的通知》（中发〔1984〕1号），1984年1月1日。
[③] 在《国务院关于城镇非农业个体经济若干政策性规定》中明确强（转下页注）

民在城镇从事个体经济活动的合法性与正当性得到进一步增强。并且，随着"市场在资源配置中起决定性作用"的认识强化，激发包含进城创业者在内的各类市场主体的活力已经成为新时代城镇社会经济发展的必然要求。尤其在"大众创业、万众创新"的情境之中，进城创业经济活动已在经济系统之中被置于较高的地位。理由如下。其一，在日常经济实践中，进城创业与城镇经济发展相联系。由于进城创业型个体经济的存在，城镇经济的发展获得了助推力，经济总量得以快速增长。从整体审视进城创业蕴藏的力量，相关统计数据显示，1988年全国2304.9万个体劳动者中，农业人口为1726.5万人，占75%，[①]时至今日，进城创业规模更是有增无减。[②]可见，分散的个体力量虽小，但整合之后的规模化力量不容忽视。其二，在日常生活中，进城创业与城镇社会运行相联系。作为城镇第三产业——服务业的主体框架，[③]进城创业型个体经济的存在满足了城镇居民的基本生活需求，如日常生活中的市场服务等，有效维护了城镇社会的基本生活秩序。其三，在国家战略发展之中，进城创业与城镇社会发展相联系。一方面，进城创业为城镇化居民提供了必要的物质资料支撑，有序推动城镇化稳步前进。否则仅有"物"的城镇化，"人"的基本生活需求无法满足，最终也会因生活便利程度不高而出现"逆城镇化"的

（接上页注③）调，遵守国家的政策和法律、为社会主义建设服务、不剥削他人劳动的个体经济，是国营经济和集体经济的必要补充。在我们看来，虽然此政策文件针对的对象是城镇非农业人口，但是，当允许农民进入城镇经商、办服务业等以及自理口粮到集镇落户之后，该政策法规也将覆盖他们。这也势必将更加强化农民进城从事个体经济的合法性与正当性。

① 岳颂东、戴国庆、郑力捷、任兴洲：《我国个体私营经济调查报告》，《管理世界》1990年第2期。
② 对于当前进城创业者的具体数据可参考"中国个体私营经济与就业关系研究"课题组的数据，但是由于该研究并非针对进城创业者的调查以及统计口径不一致，该数据只能作为一个辅助资料来证明进城创业者规模的扩大化等。具体参见"中国个体私营经济与就业关系研究"课题组《中国个体私营经济与就业关系研究报告》，《中国工商管理研究》2015年第11期。
③ 时宪民：《个体户发展的社会学思考》，《中国社会科学》1993年第2期。

现象。另一方面，与其他即将市民化群体相比，进城创业群体有资本优势。在《国家新型城镇化规划（2014—2020 年）》中，差别化以及分类推进农业转移人口市民化的原则使进城创业者能够成为优先市民化的群体。作为优势群体，进城创业群体的存在与发展能够加速城镇化的推进。综上所述，无论从经济的角度进行思考，还是从社会的视角以及国家的立场进行分析，经济实践中都需要正视进城创业型个体经济以及充分研究进城创业经济活动。在以往研究之中，有关进城创业型个体经济活动的研究并不多。时宪民曾以北京个体户为研究对象，将个体户界定为个体所有形式的小型经济经营者。在调查中，他发现，与城镇居民出身的个体户不同，进城个体户经营的内容多和自身的社会结构性特征相关，如作为集贸市场个体户主体的进城创业者，因为生存关系以及货源关系等，他们才进入京城做菜贩等。[1] 项飚通过对在北京的浙江生意人的描述，展现了他们的流动经营网络。[2] 张鹂专门以流动人口中的企业主为分析对象，探讨了温州流动人口的经济与空间实践。[3] 黄耿志从非正规经济和非正规就业视角探究了城市摊贩的社会经济根源。[4] 李培林也在《村落的终结——羊城的故事》中对进城创业的经营者进行了有关描述，如羊城村外来的小老板[5]等。与之相似的研究还有张乐天等的《进城农民工文化人格的嬗变》[6] 等。

反观以往的研究，许多研究者注意到了进城创业经济活动的存在，并认为在自主性和国家政策的导向性作用下，进城创业者

---

[1] 时宪民：《北京市个体户的发展历程及类别化——北京西城区个体户研究》，《中国社会科学》1992 年第 5 期。
[2] 项飚：《跨越边界的社区：北京"浙江村"的生活史》，北京：生活·读书·新知三联书店 2000 年版。
[3] 张鹂：《城市里的陌生人：中国流动人口的空间、权力与社会网络的重构》，南京：江苏人民出版社 2013 年版，第 23 页。
[4] 黄耿志：《城市摊贩的社会经济根源与空间政治》，北京：商务印书馆 2015 年版。
[5] 李培林：《村落的终结——羊城的故事》，北京：商务印书馆 2004 年版。
[6] 张乐天、徐连明、陶建杰：《进城农民工文化人格的嬗变》，上海：华东理工大学出版社 2011 年版。

的规模不断扩大。然而,许多研究对进城创业并未采取直接而深入的系统分析,未能注意到进城创业群体的整体性与复杂性,如进城创业者并不全是个体户,也有其他形式。并且,进城创业形式也在不断变化,如随着经济组织规模的扩大,从摊贩转变成了个体户。可见,随着市场经济的发展,进城创业群体内部已经产生分化,成为特征鲜明的不同经营类型子群体。在基于实践的分析之中,我们应走出以个体户或摊贩等代替进城创业群体的认知怪圈,将个体户与周遭群体进行比较,展现进城创业者的社会经济属性。从系统分析层面而言,在强调和凸显进城创业者在社会发展中的位置时,若要最大化发挥进城创业的诸项功能,势必要正视和直视进城创业者,深入了解群体的内在结构及其差异。

为了能够把握进城创业者的社会经济属性及经济组织的运转特征,我们曾在全国各地进行相关社会调查,[①]并获得了较为翔实的一手资料。在本研究中,我们将结合经验资料,借助经济组织规模变量,对当前城镇市场中的进城创业者进行类型化分析,并探寻进城创业者群体内的差异化表现,以此揭示他们之间的关联性和发展趋势。

二 进城创业者的构成与类型

与丰丹所描述的欧洲社会中的商贩概念相似,[②] 本土社会中的进城创业者也处于难以界定的状态。在经济实践中,自我以及"他者"习惯于以"生意人"或"老板"相称。从司空见惯的现象之中,我们能够知道,进城创业者是在城市之中从事各类商业服务的农村劳动者,他们出售的产品是商品,收获的是经济利益,如货币等。他们的群体构成包含个体工商户,但是其群体范围超过个体工商户的边界。为了能够清晰地描述和展现我们的研究对

[①] 主要调查集中在云南的溪镇、湖北的汉市、广东的羊城等地域。调查对象主要为进城的创业者,包括商贩、店主、工厂老板等。

[②] 罗朗斯·丰丹:《欧洲商贩史》,殷亚迪译,北京:北京大学出版社 2011 年版。

象，我们以经济组织的规模为标准，同时将已知的个体工商户作为参照对象，①将进城创业者划分为三大类：摊贩、个体工商户和私营企业主。其中，低于个体工商户经济组织水平的属于摊贩，高于个体工商户经济组织水平的属于私营企业主，具体情况见表1。

表1　进城创业者的类型

经营类型	经营内容	经营表现
摊贩	居民服务、零售、餐饮等	路边摊、地摊等
个体工商户	批发零售、加工制造、住宿餐饮、居民服务等	小超市、餐馆、杂货铺、旅馆、鞋帽商铺、集贸商摊等
私营企业主	加工制造、批发零售、住宿餐饮、居民服务等	微型企业、小型企业、中大型企业等

多样化的进城创业形式丰富了城镇社会中的市场经济。虽然难以具体概括进城创业现象，但通过对纷繁复杂的资料进行归纳整理，仍然可以发现其中的类别属性。并且多样化的进城创业形式所凸显的共通性塑造了进城创业者的特征，具体表现在以下几个方面。

首先，在投入方面，有一定的资本投资，并构成了实体经济组织。在日常经济实践中，进城创业需要有一定的投资，如作为流动的摊贩，需要购置经营工具，并且要有一定的生产原料。这些投资构成了实践中的开办（创办）资本。投资有大有小，小的如进城摊贩投资的小吃流动摊；中间水平的如个体工商户投资的商铺；大的如私营企业主投资的工厂等。从投资结果来说，无论投资大小，投资的小吃流动摊、商铺、工厂等构成了产业运作的

---

① 个体工商户拥有相应的营业执照。在执照上面，具体规定了经营者的字号名称、经营者姓名、组成形式、经营场所、经营范围和方式以及执照有效期。对于其群体特征，陆学艺强调个体工商户阶层是指拥有少量私人资本，从事小规模生产、流通、服务业等经营活动，并以此为生的人。个体工商户自己参加劳动和经营，有些还有专业的技术和手艺，带些徒弟，雇请少量帮工（不超过7人）。具体可参见陆学艺《当代中国社会阶层的分化与流动》，《江苏社会科学》2003年第4期。

基础，即形成了进城创业的经济组织。作为投资人，在所有权方面，他们对所投资的经济组织有充分的所有权，在经营过程中决定经济组织的存续与发展。与进城打工等经济活动相比，所有权决定了进城创业者在劳动力市场以及城镇社会中的身份和地位。[1]由此可见，进城创业的基础在于经济组织的投入。[2] 这也是明确进城创业概念的关键。

其次，在经营方面，他们的经营形式可以是以个体为基础，完全依靠个人能力进行；可以是以家庭为基础，以户为单位展开经营；也可以是以合伙的形式展开经营，即以参与人员达成协议的方式，共同出资。在溪镇的调查经验中，有一理发店即是多人出资共同经营。不过，从我们所掌握的经验资料来看，一般情况下，主要以家庭经营为基础，个人经营的组织形式相对较多。在经济组织的具体运转过程中，有序的运行主要通过具体分工予以保障，如在溪镇的一裁缝店中，丈夫主要负责采购原材料以及打下手，妻子负责加工以及面对顾客（经营商品）等。对于进城创业者而言，经营所投资的经济组织是他们的主要劳动内容。在调查过程中，我们经常看到或听到的情况是进城创业者所有的时间和精力都集中在经营活动之中，如一定点经营的菜贩，从早上4点多开始，先去批发蔬菜，然后回到店面之后进行精细整理，接着在接待顾客的同时打理店铺，一直持续到晚上8点多店面关门。对于城镇社会之中的外来者，市场经济中的夹缝为其提供了存在的空间。[3] 然而虽有存在与发展的空间，但由于经营不善，亏损倒闭的现象时有发生。只有当经营有效益时，经济组织才能维持运转，才能在城镇市场之中立足和发展。作为城镇社会中的市场主体，

---

[1] 在同样的条件下，拥有相应经济资源的群体处于较高的阶层地位。具体可参见陆学艺《当代中国社会阶层研究报告》，北京：社会科学文献出版社2002年版，第8、9、10页。

[2] 郑志鹏：《外生的中国资本主义形成：以珠江三角洲私营企业主创业过程为例》，《台湾社会学》2016年第31期。

[3] 在改革开放之初，夹缝的空间主要指国营经济、集体经济的供给与城镇居民的需求难以对接的空白地带；在当前，夹缝的空间主要指大型经济实体、规模化经济体等难以满足城镇社会需求的空白地带。

进城创业者的经营呈现小型化、分散化、非正规性[①]等特点。并且，在陌生的市场经济情境中，进城创业者拥有的生产要素禀赋并不限于个体，他们更多通过亲属关系以及家户单位链接生产资源，以此集中力量应对市场经济中的风险。

最后，在收益方面，所有权与经营权的统一决定了进城创业者自负盈亏的特征，即依靠经济组织的运转获取相应的收入。在进城创业经济活动的收益构成中，并非纯粹的经济收益，也包含社会收益，如身份、地位等。其中，经济收益处于核心位置，并支撑着其他方面的收益。若缺少必要的经济收益，剩下的收益也无从谈起。从经济行动的工具理性而言，无论进城创业者的选择逻辑何在，为了什么样的目标而选择进城创业，处于市场经济中的他们的首要目标都是维持经济组织的存续以及通过相应的经营策略促使经济组织产生最大化的经济效益，如提升产品质量、扩大消费者（顾客）群体规模、提高商品价格等。在市场经济中，进城创业者的经济收入状况受到多种因素的影响，如市场中的供求关系、竞争关系、社会文化等。为了能够获得多样化的收益，以及最大化的经济收益，进城创业者更加强化了对经济组织的支配。由此可见，收益权的明确更加凸显了进城创业经济活动的特征以及进城创业者的身份特性。

所有权、经营权和收益权的统一不仅厘清了进城创业者群体的边界，而且明确了进城创业者在城镇社会中的关系。在群体边界方面，一方面强调他们与进城打工的劳动者、散工群体有所不同，如在收入方面，进城创业者群体之中，无论是摊贩、个体工商户，还是私营企业主，他们的收入都主要来自盈利，而非工资性收入等；另一方面将他们与那些在城镇社会之中有投资，但不参与经营的群体予以区别，例如将在城镇之中购买的商铺进行出租的个体等。在城镇社会关系方面，在既定的场域之中，进城创

[①] 他们处于体制之外，其社会保障难以等同于单位中成员的社会保障。即使他们拥有社会保障，也是通过市场购买保险的方式获得的。对于"非正规经济"的定义可参见黄宗智《中国被忽视的非正规经济：现实与理论》，《开放时代》2009年第2期。

业者的行动目标在于获取一定（最大化）的经济效益。经济行动目标确定的同时也限定了他们的行动框架，在城镇社会之中要处理好互动关系，如经营者与政府（城镇管理者）的关系、经营者与市场（竞争者、消费者）的关系、经营者与社会（自我与家庭）的关系。简而言之，所有权、经营权和收益权的确立使我们能够清晰地界定进城创业的概念，明确进城创业群体的边界以及相应的经济活动属性等。

三 进城创业者群体的组间差异

作为存在于城镇空间中的三类进城创业者，摊贩、个体工商户和私营企业主之间有较高的同质性，也存在一定的异质性，具体表现在进城创业的条件（门槛）、经营理念以及自我认同三个方面。

在进城创业门槛方面，进城创业的经济组织规模不同，进城创业需要的条件也有较大的差异。摊贩的经济组织在三者之中较为简单，或许仅仅几百元的资金投入便可成为马路摊贩。根据溪镇的经验资料来看，马路摊贩的经济组织资产是他们的经营工具，以及生产商品的原材料，或者所进购（批发）的商品等。对于进城个体户而言，他们的门槛相对较高。要想成为一名个体工商户，首先要有充足的经济资本，其次要有一定的物理空间作为支撑，[①]再次需要处理好与相关部门之间的关系，如卫生部门、城管部门、税务部门等。若这些条件不全具备，则根本无法将个体工商户的目标做实。举例来说，一进城劳动者准备在城镇中开一间早餐店，在多方的努力下筹措了开办（启动）资金，并在城镇中找到了合适的门面，可是如果个体工商营业执照尚未办下来，那么仍然无法正常营业，因为随时有被查处的危险。只有当他将营业执照办

[①] 在当前的本土化情境下，个体工商户一般采取的是坐商的形式，即固定在某一物理空间之中定点经营。在我们所掌握的经验之中，尚未出现流动形式的个体工商户等。

理完成后才能是一名副其实的个体工商户。根据前文分析可知，摊贩只要有一定的资金投入，即使没有找到合适的门面，没有得到相关政府部门的批示，也可以照常经营。在比较之中可以发现，经济组织规模的扩大化导致所需处理的关系较多元化，由此导致个体工商户的门槛相对高于摊贩。

与前两者相比，私营企业主的门槛更高，实践中要成为一名企业主，需要具备的条件更为复杂，不仅要达到成为工商户的条件，还要满足其他一些工业生产的条件，如空间位置中的用地问题、厂房设置问题、生产机器等设备问题、工业生产招工问题等。以用电问题为例，摊贩、个体工商户以及私营企业主在生产经营过程中都涉及用电问题，摊贩可以通过自带发电机、电瓶等设备予以解决，而个体工商户和私营企业主则需要通过和供电部门达成协议。对于个体工商户来说，由于他们经营的内容多和日常生活中居民的有关消费相关，一般的商业区或居民区的电力设施就可以满足。对于进城的私营企业主而言，他们生产的内容已经超越日常生活范围，多被划分为工业生产用电。在经验材料之中，东部沿海（羊城）的新诚制衣厂则因为用电问题多次搬迁。由此可知，进城企业组织在空间地理位置的选择等方面要求更高。

通过比较，我们可以发现，进城创业门槛会因为经济组织规模的不同而呈现较大的差异，具体归纳可如表 2 所示。

表 2 进城创业的门槛

创业类型	资质	空间	条例	规格
摊贩	+			
个体工商户	+ +	+	+	
私营企业主	+ + +	+ +	+ +	+

注：1. 这里的规格主要强调组织性质，个体工商户是自然人组织，企业，即使是小微企业都是法人性质的经济组织。
2. "+" 指难易程度，"+" 号越多表示门槛越多。

从表 2 内容可以看出，摊贩、个体工商户和私营企业主在进城创业组织的开办过程中需要不同的条件，具体表现在资质、空间、注册条例以及规格等方面。从系统层面而言,在相同的制度环境下,进城劳动者成为摊贩较容易,只要拥有对应的物资条件和经营能力即可,而若要成为个体工商户以及私营企业主则需要复杂的条件和手续等,如要有合适的空间环境、需要到相关部门注册、与多部门互动等。其中在创业组织的开办过程中,还需要满足更高规格的条件,如更充足的物资、更精准的空间、更烦琐的条例等。从关系角度进行考评,进城摊贩的存在需要依靠自身的经营能力,个体工商户和私营企业主则需要和政府部门互动,尤其是私营企业主,作为法人性质的经济组织,在开办之初需要和城镇管理部门进行多方面的互动。

在经营理念方面,摊贩、个体工商户和私营企业主的差异主要表现在经济收益的计算法则、劳动过程等方面。首先,在经济收益的计算法则方面,根据经验资料来看,进城摊贩对于经济收益的计算习惯用"累计制"的形式,以天为单位进行计算,然后累加至月,由月累加至年等。与进城摊贩的"累计制"不同,个体工商户对于经济收益的计算法则多以月为单位。用进城摊贩的话进行表达,只要在一个月内能够达到收支平衡就行,要是略有结余则更好。对于私营企业主来说,他们的计算单位多是季度或者年,如在某一季度之中能够收获一个订单或出售一个订单的商品就能够维持经济组织的存续。对于经济收益计算单位的理解,关键在于成本—收益。"小本生意"的经济形式要求进城摊贩每天务必要有足够的收益,若某天的收益不足,意味着没有收回单位内的投资,这势必影响下一时间单位(第二天)的投入。从经济组织的运转来看,资金周转问题决定了经济收益的计算规则。对于资质较高的个体工商户来说,相对较好的资金基础决定了他们并不以天为单位,而是以更长时间段为计算单位。与之相似,进城的私营企业主的经济收益计算原则也强调资金周转的范围。从差别化分析之中可以看出,进城创业的资质决定了他们计算经济效益方式的不同。在劳动过程中,进城创业者的经营策略有所不同。基于经验资料的分析,许多进城摊贩的经营侧重于一次性交易。在交易过程中,也时常会出现一些负面的社会影响,如短斤少两、以次充好等欺诈行为。因为进城摊贩的流动性特征，不良的经营行动对他们的经营难以产生太大的影响。以进城经营米糕的摊贩为例，他们在经营过程中经常采取坑蒙拐骗的手段。在他们看来"骗"可以带来更高的经济收益，且由于不会经常出现在同一个地方，欺骗行为不会受到惩罚。与之不同，同样追求经济收益的最大化，但个体工商户的经营理念强调的是长期交易，重视的是口碑。深入分析进城个体工商户的经济行动，表面原因在于坐商的属性，即"跑了和尚跑不了庙"，但实质原因在于在市场经济的交易之中，为了能够赢得回头客，通过自身的经营信誉带来更多的顾客，以此增加经济收益等。对于私营企业主而言，他们对于信誉的追求更胜于个体工商户。在日常经济实践之中，他们的产品生产以及质量受到多方面的监管，如政府的质检部门、市场中的客户等。并且，为了能够获得更多的订单，他们多以信誉作为策略。以我们调查的新诚制衣厂为例，作为城镇市场经济中的外来者，它缺少必要的关系网络，只有当所提供的产品质量过硬的时候才能获得更多的客户，也只有拥有良好的信誉时，其产品才能够销售得更广。简而言之，摊贩、个体工商户、私营企业主在经营理念方面存在较大的差异。从摊贩到私营企业主，随着经济组织规模的扩大，他们的经营理念逐渐走向现代化，更加符合市场"优胜劣汰"的发展趋势。

在自我认同方面，进城创业者群体内部的自我认同也存在相应的差异。随着经济组织规模的扩大，进城创业者的自我认同度在不断增加。相对于进城打工者来说，摊贩的自我认同度较高，但与进城个体户相比，他们的自我认同度较低。将个体工商户与私营企业主相比较，私营企业主的自我认同度明显较高。经验资料告诉我们，表面的关联在于经济组织规模，实质在于所处的社会结构性位置等。具体进行分析，相对于进城打工者来说，虽然进城创业者的经济收入并不高，但其中有一点至关重要，即相对不受约束。在进城创业者群体内部，摊贩、个体工商户和私营企业主都有相对的支配权，即前文所分析的所有权、经营权和收益权的统一，以及所型构的社会地位。不同的子群体在经济组织中的地位不同，自我认同度会出现差异，如摊贩属于自我管理者，个体工商户属于既要管理自我也要管理他者的范畴，私营企业主需要管理他者的规模更大，即处于管理者的阶层地位。所以，在日常经济实践之中，他们的自我认同呈现显著的差异化。在这里，我们还应注意到一点，自我认同度高的同时所要承担的风险相对较高，毕竟他们作为支配者需要对被支配者以及经济组织等负责。

简而言之，摊贩、个体工商户和私营企业主在创业门槛、经营理念和自我认同度方面存在显著的差异。通过上述分析，可以明确差异的出现和经济组织规模有较为紧密的联系。

四 进城创业群体间的转换

进城创业者的存在丰富了城镇市场经济中的个体经济。进城创业群体间的差异化事实也意味着摊贩、个体工商户以及私营企业主之间存在一个等级序列。从单线进化论的角度来看，不断寻求经济组织规模的扩大化则是进城创业者的行动目标。事实上，在逐渐开放的政治经济环境中，客观社会制度也允许和鼓励他们不断转型和升级。因此，在主动性和结构性条件的作用下，日常经济实践中的进城创业者不断实现着群体间的身份变动。根据对经验资料的整理可知，进城创业者群体间的转换按照转变方向可以分为两种维度，即从摊贩到私营企业主的转变和从私营企业主到摊贩的转变。

从摊贩到私营企业主的转变是一种积极的转变。[1] 由于资质、空间等一种或多种因素的限制，初进入城镇社会中的劳动者，只能从相对简单、投资较少的摊贩做起。当发展到一定程度，在一段时间内积累了充足的资本，如人力资本、经济资本、物质资本等，摊贩可以转向个体工商户，即在城镇社会之中寻找到合适的地理位置以及置办相应的营业执照等，成为城镇社会中的坐商。

---

[1] 谢国雄：《黑手变头家——台湾制造业中的阶级流动》，《台湾社会研究季刊》1989年第2期。

与之相似，随着经营实效的增长，当个体工商户的资本及经营能力得以发展之时，尤其累计资本达到私营企业主的程度时，其可以转而开办企业，纵向扩大经济组织等，如从杂货店转换成某一产品的制造商或大型批发商等。作为进城个体经济的连续统的构成部分，摊贩、个体工商户和私营企业主处于连续统中的不同位置。从前面的分析可知，在日常经济实践之中，摊贩处于个体经济的底端，个体工商户处于中间层次，私营企业主处于个体经济的顶端。从摊贩向私营企业主的转变，可以说是一种积极的转变，受到社会的认同。如随着经济组织规模的变化，他们的身份也随之发生较大的变化，如从"小商小贩"的身份转换到"大老板"的身份，甚至有时会被社会贴上"成功人士"的标签。对于私营企业主而言，如果继续发展，将所拥有的企业做大做强，他们的企业在资本累积状态下，规模会不断扩大。对于他们而言，他们自身也会被贴上成功"企业家"的标签。对于这类现象，我们经常在一些媒体报道中见到。他们的经济行动逻辑实质上是从简单再生产过渡到资本扩大化的再生产逻辑。①

与上一种转变的逻辑不同，从私营企业主到摊贩的转变是一种另类的转变，其主要表现为从个体经济中的高端层次向低端层次转变，如从私营企业主转变为个体工商户，从个体工商户转变为摊贩，从摊贩转变为受雇用的打工者，甚至有的进城创业者直接从私营企业主转变为摊贩或打工者等。在进城创业的过程中，面对市场经济中的诸多不确定性，多伴随经营不善的风险，降阶也成为时常有的现象。② 在我们的经验之中，曾调查了多位从经营理发店的个体工商户转变为受雇于他者的理发师等。与升阶的身份转变相对应，降阶也对应着身份的转变，并且他们经常会被认为是"失败者"，被贴上负面的标签。在现实生活中，降阶可能性的存在使进城创业者进一步扩张的可能性受到相应的影响。在我

---

① 弗兰克·艾利思:《农民经济学——农民家庭农业和农业发展》，上海：上海人民出版社 2006 年版。
② 贺雪峰:《"全民创业"要慎重》，《中国老区建设》2013 年第 11 期。

们看来，进城创业者自身还具有一定的小农习性，虽然长时间在市场中摸爬滚打，积累了丰富的市场经商经验，但面对不确定的市场时，小农理性总是让他们难以转型升级。如一些经营者理性思考的起点是生存，当转型升级占用其较多的资源，甚至挤占生存资源时，失败的可能性使他们习惯于"小富即安"，维持现有的收入状况和稳定的生活。在经济实践中，我们能够经常看到一些经营者长期从事摊贩，或者个体工商户，或者私营企业主等行业，没有相应的突破和发展。当和他们谈起进一步的发展时，他们总是习惯性地将自身的能力和风险相联系，以此凸显转型升级的成本。面对此现象，一些学者将他们概括为"长不大的个体户"[1]。

简而言之，无论是从摊贩向私营企业主的转变，还是从私营企业主向摊贩的转变，一方面展现了进城创业者的经营发展趋势，另一方面也反映了小农在面对市场时的经济行动逻辑等。深入分析进城创业者转变的逻辑，其关键在于小农文化和市场经济间的关系。在"双创"时代，根据国家战略的需求以及具体的制度安排，要大力促进进城创业者的转型升级。根据前文分析可知，从转变的逻辑而言，如何有效地强化进城小农的市场风险意识将是促进他们转变的关键环节。或许进行创业训练将是有效的突破方式。

五　结论与讨论

进城创业者的存在与发展丰富了城镇社会中的个体经济。深入进城创业者所构成的个体经济结构之中，我们可以发现，进城创业者是对进城自主经营者的一个笼统性表达，他们的群体间存在分化和显著性差异。从经济组织规模等层面进行思考，从摊贩到个体工商户，再到私营企业主，其间变动的是经济组织的规模，以及经营形式和经营理念、自我认同。他们构成了进城创业型个体经济的连续统，摊贩处于连续统的低端层，个体工商户处于中

---

[1] 孙立平：《总体性资本与转型期精英形成》，《浙江学刊》2002年第3期。

间水平,私营企业主处于高端层次。在日常经济实践中,他们的阶序状态并非一成不变,随着经营的变动和发展,他们的阶序位置也相应发生变化,如从摊贩向私营企业主的升阶,从私营企业主向摊贩的降阶等。并且,阶序位置的变化带来的是自我认同和社会身份的变化等。从现实需求而言,如何推动进城创业者的转型升级,我们认为要从既有的小农身份和社会位置出发,以有效的风险理性认识加促他们的发展。简而言之,本文通过对当前进城创业者的结构分析,加深了我们对进城创业者的认识。实质上,通过对进城创业者的细致深描,我们希望能够引起社会对他们的重视,深化对他们生存与发展状况的理论化分析等。在我们看来,进城创业者有显著的社会结构性特征,如他们拥有农业户籍身份,虽然今天的城镇社会之中对于户籍制度的衡量标准已经模糊化,但是我们强调的是进城创业者的文化:他们在城镇创业过程中,将流出地的文化和社会习性带到了流入地,如我们现在所熟知的杂粮煎饼、襄阳牛肉面等,即使并非流出地的特色产品,其本人长期与城镇居民接触,也传播了相应的文化。与城镇居民相比,进城创业者属于城镇社会中的陌生人。在陌生的世界,如何应对市场风险,尤其作为农民的他们如何与市场对接,原有的农业文化在其中扮演着什么角色等问题都值得进一步研究。在当前,随着互联网的兴起,进城创业者的经营环境也在发生变化:他们有的已经投入微商、电商等领域,有的则因虚拟经济的存在导致实体店的关闭或转型等。但这仍然难以摆脱我们之前所强调的问题,其中最为重要的问题是,他们如何维持经济组织的存在与发展。简而言之,直视并重视进城创业的个体经济现象不仅是对国家重大发展战略需求的应对,也有利于从理论层次方面思考农民和市场、创业和城镇化之间的关系。

参考文献

弗兰克·艾利思:《农民经济学——农民家庭农业和农业发展》,上海:上海人民出版社2006年版。

贺雪峰:《"全民创业"要慎重》,《中国老区建设》2013年第11期。

黄耿志：《城市摊贩的社会经济根源与空间政治》，北京：商务印书馆 2015 年版。

黄宗智：《中国被忽视的非正规经济：现实与理论》，《开放时代》2009 年第 2 期。

李培林：《村落的终结——羊城村的故事》，北京：商务印书馆 2004 年版。

陆学艺：《当代中国社会阶层研究报告》，北京：社会科学文献出版社 2002 年版。

陆学艺：《当代中国社会阶层的分化与流动》，《江苏社会科学》2003 年第 4 期。

时宪民：《北京市个体户的发展历程及类别化——北京西城区个体户研究》，《中国社会科学》1992 年第 5 期。

时宪民：《个体户发展的社会学思考》，《中国社会科学》1993 年第 2 期。

孙立平：《总体性资本与转型期精英形成》，《浙江学刊》2002 年第 3 期。

项飚：《跨越边界的社区：北京"浙江村"的生活史》，北京：生活·读书·新知三联书店 2000 年版。

谢国雄：《黑手变头家——台湾制造业中的阶级流动》，《台湾社会研究季刊》1989 年第 2 期。

岳颂东、戴国庆、郑力捷、任兴洲：《我国个体私营经济调查报告》，《管理世界》1990 年第 2 期。

张乐天、徐连明、陶建杰：《进城农民工文化人格的嬗变》，上海：华东理工大学出版社 2011 年版。

张鹏：《城市里的陌生人：中国流动人口的空间、权力与社会网络的重构》，南京：江苏人民出版社 2013 年版。

郑志鹏：《外生的中国资本主义形成：以珠江三角洲私营企业主创业过程为例》，《台湾社会学》2016 年第 31 期。

"中国个体私营经济与就业关系研究"课题组：《中国个体私营经济与就业关系研究报告》，《中国工商管理研究》2015 年第 11 期。

家户为体：进城创业组织的经营基础*
——基于云南溪镇的经验分析

摘　要：家庭关系影响进城创业组织的构建和运作。根据溪镇经验资料分析，本文以家庭关系为标准将进城创业组织形式划分为核心家庭经济组织、扩展家庭经济组织和拟家庭化经济组织。在不同形式的经济组织中，核心家庭关系处于主导，作用于经济组织分工和劳动过程。作为小农经济体的延续，以家户为体的进城创业组织运作实质在于家庭关系的连带。随着经济组织规模的扩大，从核心家庭经济组织向虚拟家庭经济组织的转变意味着进城创业组织的构成已经从血缘关系、姻缘关系走向业缘关系，从传统家户关系走向市场契约关系等。

关键词：家户为体　进城创业　组织形式　经营　家庭关系

一　问题的提出

作为一个社会结构性单位，家庭组织不仅承载着人口再生产的功能，而且肩负着劳动生产的职能。在《农民经济组织》中，恰亚诺夫强调家庭组织统一于劳动与消费的均衡原则中，家庭农场的劳动生产与家庭规模和家庭劳动力之间密不可分，如家庭劳动力决定家庭农业活动量，农场内部的基本均衡决定家庭经济活

---

*　本文原载于《武汉科技大学学报》2019 年第 1 期，此为修订稿。

动量等。① 与恰亚诺夫所论证的在沉重人口压力下的家庭经济组织特征和逻辑相似,在黄宗智的研究中,他通过回顾明清以来的中国经济史,认为在中国经济史上,最基本的经济单位一直都是农户家庭,也正是因为家庭经济单位的竞争力和柔韧性等,确保了家庭农业生产的独特优势和中国经济的发展。② 直面社会现实,家庭联产承包责任制恢复了以往以家庭为单位的劳动生产形式。经过实践检验,以家庭为生产单位安排农业生产有效提高了农业生产效率,不仅解决了集体化过程中的"磨洋工"现象,而且解决了温饱问题。与农业生产安排中以家庭为组织单位相似,在现代工业生产中,诸多手工作坊、小型制造业和大型企业等也以家庭为单位组织劳动生产。在《客厅即工厂》中,熊秉纯描述了台湾地区经济奇迹中的卫星工厂劳动生产状况。通过田野观察,她发现,卫星工厂建立在父权制家庭体系基础之上,多以血缘、姻亲等关系组织劳动生产。在卫星工厂里,大部分工人跟老板或多或少有血缘、姻亲的关系。将这些卫星工厂中的工人进行分类,主要可以分为两类:一类是跟老板有亲属关系的工人,对他们支薪或者不支薪;另一类是跟老板非亲非故的普通工人。在生产线上,生产力的提高主要是通过前一类工人对后一类工人的监控和管理。③ 与之相似,在《台湾都市小型制造业的创业、经营与生产组织——以五分埔成衣制造业为案例的分析》中,柯志明也通过经验资料详细向我们展示了在台湾地区的工业生产中,小型制造业多以家庭为单位进行生产的状况。④ 同样,在现代企业的组织经营中,以父系及夫系的亲属关系机构为生产组织单位是诸多家族企业维系经营的重要形式。从经营效果而言,家族制度的管理形式

---

① A. 恰亚诺夫:《农民经济组织》,萧正洪译,北京:中央编译出版社1996年版,第43页。
② 黄宗智:《中国过去和现在的基本经济单位:家庭还是个人?》,《人民论坛·学术前沿》2012年第1期。
③ 熊秉纯:《客厅即工厂》,蔡一平、张玉萍、柳子剑译,重庆:重庆大学出版社2010年版,第125页。
④ 柯志明:《台湾都市小型制造业的创业、经营与生产组织——以五分埔成衣制造业为案例的分析》,台北:台湾中研院民族学研究所1993年版。

不仅对企业组织生产的效率有提升的功效,而且对家庭组织的发展也有积极影响,如增加家庭财富等。① 基于对诸多经验现象的观察,一些学者深入认识到家庭组织与企业组织间的联系,认为家庭或家族制度形式有利于企业经济资源的组织和管理,尤其在中国的家文化中,家庭组织(家庭结构、家庭文化等)在企业组织经营过程中处于重要的位置。② 解读已有的文献,我们可以明确家庭单位与经济组织之间有较为密切的关系,不仅家庭单位需要必要的生活资料予以维持家庭的存续与发展,而且家庭单位具有组织的特性和功能。特别是在父权制的作用下,家庭单位的管理也较大释放了组织的效率,能够通过结构与关系有效调动单位内的物质资源和人力资源等。若与劳动生产事件相结合,通过家庭结构、家庭关系和家庭文化等作用便可以配置家庭组织内的各类资源,使劳动生产实践得以实现。在此社会情境中,家庭单位便从单一的生活消费单位转换为同时担负劳动生产功能的组织。由此可知,家庭单位可以成为具有劳动生产能力的组织。在本土社会中,当国家退出劳动生产安排时,家庭单位便成为日常劳动的组织者和安排者等。相对于人民公社时期的家庭单位功能而言,当前的家庭再一次回归到传统的经济功能单位中。从经验资料中可知,当前以家庭为生产组织单位的经济现象越来越多。不仅农村社会中的家庭联产承包责任制中明确包产到户、包干到户的组织形式,强调以户为单位组织生产等,而且进城的农民在从事个体经济活动时也以家庭为单位组织生产。在已有研究中,许多研究文献向我们展示了以家庭为生产单位的独特个体经济图景,并强调亲缘与市场机制的互嵌形式。③ 深入回顾以往研究,大多以市场化中的个体作为分析单位和分析进路;忽视了进城创业经营组织

---

① 李新春、张书军:《家族企业:组织、行为与中国经济》,上海:格致出版社、上海人民出版社 2008 年版,第 14 页。
② 储小平:《家族企业研究:一个具有现代意义的话题》,《中国社会科学》2000 年第 5 期。
③ 谭同学:《亲缘、地缘与市场的互嵌——社会经济视角下的新化数码快印业研究》,《开放时代》2012 年第 6 期。

的基础。既然以家庭为单位进城创业,那么分析进城创业者的经营现状就需要从家庭单位入手,而非就表象化的个体雇工形式做文章。在进城创业组织运转过程中,笔者相信家庭单位影响进城创业活动,而探究两者之间的具体关系即作用机制则是本研究的重点所在,并且分析进城创业者经营组织的形式也是理解他们经营活动的基础。

笔者于 2015 年 8 月在我国云南溪镇进行了为期半个月的调查①。以调查所获得的经验资料为分析蓝本,通过详细描述溪镇中进城创业者的经营组织形式,探究家庭单位与进城创业组织间的关系,即家庭单位如何作用于进城创业组织等,以此明确进城创业组织的基础,深入理解进城创业者的经营机制。

二 溪镇商贸市场中的街居经济

溪镇位于中国云南地区,是一个具有 600 余年历史的集镇。在工业化和城镇化的进程中,溪镇早已从农村社区转变为城镇社区。在当前,虽然距离市区大约 5 公里,但溪镇行政管辖范围内有许多工厂和企业,如滤嘴棒厂、水松纸厂、酒厂和制药企业等,俨然成为一个快速发展的工业化城镇。高效的经济发展不仅给当地居民提供了充足的劳动岗位,而且富裕了当地居民,并带动了当地商业经济发展。从溪镇经济发展历史而言,早在 20 世纪 80 年代,集镇中便形成了一条商业街。② 随着市场经济的发展,在原有商业街道的基础上,当前的溪镇已经有了较为发达的商贸市场,主要表现为:一是每逢节日在路边举行的传统街市贸易,二是日常经营的综合农贸市场,三是街边门面的灵活买卖,四是企业的销售业务往来。在笔者的实地观察中,除新建的商贸区刚刚开张外,原有的商贸市场仍然较为发达,以农贸市场为核心,临街门店沿

---

① 围绕"进城创业者的经营机制"问题,笔者进行了为期半个月的集体调查,调查组由笔者和 5 位经过专业训练的社会学专业本科生组成。
② 马翀炜、孙信茹等:《云南第一村——红塔区大营街的人类学考察》,北京:民族出版社 2009 年版,前言。

着各条街道分布。随着房地产的开发，商贸市场的空间也在不断扩大，许多新的居民小区周围也开始存在各类经营店，可谓有居民生活的空间中必然存在市场，也就存在各类经营者。并且，当前社会中便利的交通促使周边的农村居民多在溪镇购物消费等。这也促进了溪镇商贸市场的发展。纵观溪镇的商贸市场，其包含马路市场等形式，不仅有流动商贩，而且有许多临街门店等，既有传统的小店，也有现代的大型超市。这些沿街而设的各类商铺、店面等便形成了溪镇商贸市场中的"街居经济"。

在笔者的观察中，溪镇商贸市场中的街居经济经营内容以居民日常生活消费为主，包括居民的吃穿住用行等，如奶茶店、毛线店、饭店、理发店、自行车店和轮胎店等。有的店面挂着较为显眼的招牌，如理发店、饭店等，有的店面则没有挂招牌，如服装店等。通常经营相似内容的店面很少相邻，至少中间相错一个店面。并且，各自规模大小不一，除却连摊位都没有的流动商贩，如马路边经营冰粥的摊贩，仅有一个推车。比冰粥摊贩的店面稍微大些的经营者拥有半个店面，如奶茶店的经营者等，再大些的则是一个店面或商铺。最大的是拥有三个以上的店面或拥有两层小楼等，如理发店和餐馆等。从笔者调查所掌握的数据来看，在他们租住的店面布局中，大约30平方米的店面包括销售以及生产的区域，如笔者所观察的鞋店、裁缝店等，店面的后面是他们的生活空间。

在溪镇商贸市场的街居经济中，经营者群体构成较为复杂，来源广泛，既有来自本集镇的非农业户口居民，也有来自相邻市区的非农业户口居民，既有来自本镇管辖范围内的进城农民，也有来自非本镇管辖范围的进城农民，如湖南、江西和河南等地的进城农民等。在调查过程中，根据研究的需要，笔者重点了解了进城创业者的经营状况，调查主要集中在汇溪公园到玉泉湖小区这片区域。我们所调查的进城创业者的分布状况可见图1。

从图1所显示出的信息可知，从汇溪公园到玉泉湖小区区域是溪镇最为繁华的地带。其中，兴福路多以老店为主，比如农贸市场小摊、理发店、裁缝店、金银加工店和窗帘店等。南北路和公

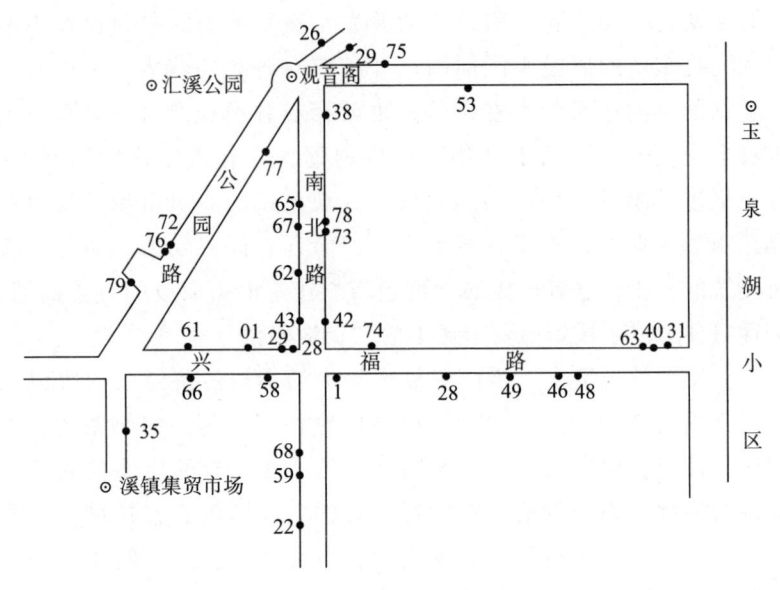

图 1　溪镇商贸市场空间结构

说明：图中数字编号为调查人员标示的受访经营代码。

园路的新店较兴福路更多，比如奶茶店、网络商城和流行时装店等。与溪镇商贸市场中的其他区域相比，该区域是溪镇较为兴盛的商业街，集中了溪镇商贸市场中的多数店铺等。据当地向导介绍，在未兴建其他街之前，所有的商业都集中在这一条街。虽然当前其他商业街的存在分散了该区域的商户和客流，但相对来说，该区域仍然有大量的经营户，以商贸中的生活用品为主。对于进入溪镇的流动商贩而言，他们随着市场的需求而流动，人流量较大的区域是他们经营活动存在的空间。在笔者所展开调查的区域中，流动商贩较多，多为一些走街串巷的进城经营者，经营的内容同样为居民和临街店面经营者所需要的商品，如火把、菌类食品和塑料袋等。

在笔者调查的个案中，79 个案例多分布在南北路和兴福路两条道路上，其中包括裁缝店、农贸市场小摊、理发店、窗帘店、金银加工店和杂货铺等。在被调查群体中，进城经营者所占比重为 80%。笔者的访谈对象中也包含一些少数民族进城经营者，主要是彝族人。

在进城经营者中，既有男性主导的经济组织，也有女性主导的经济组织。按照社会习惯，在一个创业组织中，通常男性被称作"老板"，女性被称作"老板娘"，有时也会被称作"老板"。在调查中，笔者尽最大可能访问经济组织内的所有成员，包括老板、老板娘和打工者等，以此希望能更为全面地了解创业组织的经营状况。在条件不具备的情况下，笔者仅仅通过访谈组织内的打工者来侧面了解相关情况等。

三 进城创业者的经济组织形式

在以往有关家庭单位和经济组织间关系的分析中，笔者习惯用夫妻店、父子店和师徒店等来形容经济组织形式，并以此展现经营组织的结构。已有形式的描述凸显了经济组织结构中的关系，但未能凸显家庭单位与经济组织间的关系，并且，随着家庭结构的变迁以及经济的快速发展，既有的表达形式并不能完全涵盖所有的经济组织形式，或者不能较为准确地表达经济组织的形式。在原有研究的基础上，笔者借用当前的家庭结构形式展现溪镇的进城创业组织状况。

（一）核心家庭的经济组织形式

由于婚姻、生育和流动等因素的影响，家庭户同住人口规模已经降至3人或以下，户内代数以1代为主，家庭同住成员结构以核心家庭为主。[①] 与之协同变化的则是进城创业的经济组织形式，多呈现小型化，且以核心家庭为主，如日常生活中的夫妻店、代际店（如父子店和母子店）等。

1. 夫妻店的经济组织形式

夫妻店的经济组织形式主要强调该经济组织由家庭中的夫妻两人共同经营。在笔者调研的溪镇79个案例中近30个案例采取的

[①] 李培林、陈光金、张翼：《社会蓝皮书：2016年中国社会形势分析与预测》，北京：社会科学文献出版社2015年版，第152页。

是夫妻店的经济组织形式，主要集中在以技艺支持的裁缝店和窗帘店、普通的小型商贸店和农贸市场小摊。其中，裁缝店和窗帘店更为典型，共9家，小型商贸店10家、农贸市场小摊4家、餐饮店4家，他们的经营规模都限制在一个摊位或者一家店铺（一个门面）。

在经济组织的构成过程中，夫妻或是共同开店，或是一方先在工厂打工，之后自己创业，然后另一方加入；又或是夫妻一方跟随自己的亲戚学手艺，之后自立门户，结婚之后另一方再学习手艺，然后帮忙打理铺子。在实践中，无论是家庭中的丈夫创建该经济组织（先涉入），还是妻子创业，我们习惯把该店的男性经营者（家庭中的丈夫）称呼为"老板"，女性经营者（家庭中的妻子）称呼为"老板娘"。在经营过程中，老板和老板娘的分工一方面受到社会父权结构的影响，强调"男主外、女主内"的分工形式，如在老段裁缝铺中，店铺来客人都是老段招呼，关于店铺未来发展方向也以老段的想法为主。对于老段的妻子的定位和评价，在老段看来，她"什么都不做，正宗的家庭妇女啊，她能做到打下手就是了"。一方面，在传统文化（父权制及夫权制）影响下，核心家庭中的男性（丈夫）主导着经济组织的劳动分工；另一方面，受社会情境的影响，主要包括社会性别差异、家庭中男女力量对比的因素等。在社会性别差异方面，笔者观察到老邓家裁缝店的经济组织形式则较为典型，老邓为人老实耐心，踏实做好衣服，妻子为人机灵开朗，很自然地招揽客人，与到店里来的客人攀谈。在女性较为强势的情境中，有时分工的角色也发生转换，如女性主导经济组织的发展，男性处于辅助的劳动地位。当然，经济组织无论由老板主导，还是由老板娘主导，遇到相关问题时，双方之间都会进行商讨。如果遇到某些意见分歧，严重的时候也会影响家庭单位。

这就如同窗帘店的老板所说的那样："没办法啊，为了生活嘛。吵归吵，但是还是要做（生意）啊。不让她也不行啊，不然吵得不可开交，到最后家庭分裂这也是不好的事情啊。只能自己忍忍，为了家庭，为了健康，为了生活，就算你有再多的理由，但是她不高兴的时候,你还是得让她。"可见,家庭单位与进城创业组织相统一,家庭中的生活关系延展到了进城创业组织中,并影响经济组织的发展。

2. 代际店的经济组织形式

与夫妻店的同一代人经济组织形式不同,代际店的经济组织形式主要强调由家庭中两代人共同经营的店铺或门面等。在溪镇的经验中,代际店较为常见,主要表现为母子店、父子店、父辈与子女共同经营店等。在 79 个案例中,代际店大约有 15 家,如福庭饭店、照相馆、流动卖花摊位等。在具体组织形式方面,这些店多数以父子店为主,其中以饭店、小型商贸店最为典型,各有两家。在组织规模方面,代际店与夫妻店不相上下,多保持在两个门面以内或者一个摊位。在代际店的经营组织形式中,生产资料的所有权相对较为明晰,一般属于核心家庭。在调查过程中,当问起调查对象为谁劳动时,差不多所有调查对象都指向他们所在的核心家庭。在组织管理方面,在代际店的经营过程中,如果父母较为年轻,则父母拥有相应的支配权,如福庭饭店等。若父母年龄较大,子女较为成熟,则子女拥有较大的支配权。在这种状况下,父母相对有较大的建议权(不领工资的家庭雇工等)。对于代际店中的经营分工具体可见表 1。

表 1 代际店的组织分工

店铺名称	家庭成员	经营分工
福庭饭店	父母和儿子	父母负责买菜进货、收银,儿子炒菜
调味品店	母亲和女儿	女儿进货,销售;母亲看店
乍甸乳业	父母和两个儿子、大儿媳	一家人共同经营看店,儿媳管账
照相馆	母亲和女儿	母亲主要拍摄,女儿打下手
舟雨小吃店	母亲和子女	母亲开店,收盘子;儿子炒菜;女儿管账

由表 1 可知,在代际店的经营过程中,依靠各自的能力和特长进行较为细致的分工。以福庭饭店为例,在以父母为核心的经营过程中,父母分别是他者(顾客以及店内员工)称呼中的"老板"

和"老板娘",他们负责店铺的核心工作,如招聘、进货和财务等,有时候也兼任一些体力劳动。在访谈中,福庭饭店的老板娘介绍:他们店里有一个厨师、两个小工,厨师由大儿子担任,主要负责烧菜,每个月发定量工资,两个小工负责端菜、倒水、洗碗和打扫卫生。饭店生意一天有四五桌,人多的时候自己也做,主要派菜。"原来嘛,买菜、洗碗都要做,老板什么都要做。当老板比小工还累,小工可以休息,老板就没有休息时间,我们就是这样的。"相对而言,代际店中的劳动分工在较为细致和明确的分工状态中也兼具一定的模糊性,无论是经营者,还是家庭雇工,都存在相互帮衬,当某一家庭成员完成自己的劳动量之后,会主动承担其他成员未完成的劳动任务。

在劳动成果分配方面,代际店的经营所得流向整个家庭,即劳动所得属于家庭财产,用于满足代际店再生产以及家庭发展的需要。在福庭饭店的经营所得分配过程中,老板娘一开始不给做厨师的儿子开工资,只是当儿子需要用钱的时候才给,儿子有了小家庭后所给的工资也明显低于市场价。在访谈中,老板和老板娘明确表示现在都是给儿子干的,最后的钱都是他的。

(二) 扩展家庭的经济组织形式

扩展家庭的经济组织形式是核心家庭的经营组织形式的扩展版,即以核心家庭关系为基础,融合了核心家庭成员的其他关系,如叔侄关系、舅甥关系等。与核心家庭的经济组织相比,扩展家庭的经济组织规模较大,其劳动量一般超过了核心家庭成员的劳动能力范围,必须寻找一定的合伙人及帮工,如经营面包店、客栈等,需要一定的人力物力作为运营前提,尤其是相关的专业技能支持。

在实践中,随着经营规模的扩大以及消费市场的需求壮大,需要更多的劳动力予以支撑。在这种状态下,当参与经济组织的劳动力属于扩展家庭中的成员时,意味着核心家庭的经济组织形式开始走向扩展家庭的经济组织形式。从形式上划分扩展家庭的经济组织形式,可以将其划分为合伙制与单干制等。合伙制强调参与经济组织的成员以"入股""分红"的形式加入,而单干制则强调加入经济组织的成员在劳动过程中是打工者的身份。与核心家庭经济组织形式中的打工者不同,在劳动身份上,他们不属于占有生产资料的成员,并且通过领取工资的方式享受劳动成果。与纯粹的打工者又不相同,他们与老板或老板娘之间有较为紧密的连带关系,并以此产生了特殊的利益关系,如在劳动力选择的过程中属于优先考虑的对象等。由此可见,就单干制而言,它是一种规模较大的个体工商户形式,而非核心家庭经济组织所能承载的形式。在溪镇的进城经营者群体中,扩展家庭的经济组织形式占较大比重,并且以单干制的形式为主。在笔者掌握的资料中,存在 11 例扩展家庭的经济组织形式,主要集中在面包店、餐饮店、理发店和客栈等店铺类型。对于扩展家庭的经济组织结构具体可见表 2。

表 2 扩展家庭的经济组织结构

店铺名称	组织人员	经营分工
老二烧烤店	夫妻,老板的姐姐、弟弟等亲戚,约 10 名小工	夫妻两个收账,老板的姐姐端盘、洗碗;弟弟等做烧烤
浦记美食店	夫妻、侄女和 1 名小工	夫妻炒菜做饭,收银;侄女和小工端盘、洗碗
玲华理发店	夫妻、侄女、儿子和 5 名小工	家庭成员理发,小工洗头
汇鑫面包店	老板娘、老板娘的表妹等	老板娘统筹并做面包,表妹等做面包
流动花摊	姨夫、姨妈和外甥	姨夫、姨妈种花经营店铺,外甥跑市场

由表 2 可见,扩展家庭的经济组织形式受到经济组织规模的影响,经济组织规模越大,则采取扩展家庭的经济组织形式的可能性越大。就笔者访谈的浦记美食店而言,它有三层楼的店铺面积,能够同时容纳三四十人就餐。如果仅仅依靠核心家庭成员,则夫妻两个很难应付如此大的工作量,既要炒菜做饭,又要收银,还要端盘洗碗等。因此,他们突破核心家庭经济组织的形式,走向扩展家庭经济组织的形式。

在劳动过程中，扩展家庭的经济组织形式有着明确的分工。在产权相对清晰的市场经济情境中，劳动分工安排由家庭中的核心成员完成，如掌握生产资料的夫妻等。在具体劳动过程中，从扩展家庭成员的角度进行理解，他们加入经济组织的形式可以划分为三种，即通过合作的形式加入经济组织、通过打工的形式加入经济组织以及通过学习的形式加入经济组织。不同的形式和途径加入经济组织使他们在经济组织中的分工角色也各不相同：通过合作的形式加入经济组织的成员一般处于经营过程中的关键性岗位，如老二烧烤店和流动花摊的经营形式；通过学习的形式加入经济组织的成员，通常会适应每一个岗位；通过打工的形式加入经济组织的成员，他们的劳动内容由核心家庭成员安排，并且经常处于劳动过程的末端，有的时候多是打下手，如浦记美食店老板的侄女，负责的是端盘、洗碗等工作。此外，在笔者的实地观察中，核心家庭成员负责收银等劳动内容，而核心家庭之外的扩展家庭成员较少接触收银工作，即使以合作的形式加入经济组织，也较少参与收银工作。由此可知，在扩展家庭的经济组织管理过程中，通常由核心家庭成员主导，通过家庭关系的作用安排劳动内容以及配置劳动成果。

（三）拟家庭化的经济组织形式

随着经济组织规模的扩大以及在扩展家庭成员由于多种因素的影响而不能满足经营需要的状态下，实践中的经济组织开始采取招募的形式雇请劳动力。在溪镇的调查过程中，笔者经常见到一些店铺的门上贴着招工信息。在溪镇调研的79个案例中，有21家采用了不同程度的招工制形式，其中理发业有10家理发店，餐饮业有5家饭店、2家蛋糕店，纺织业有1家丝绸店和1家毛线店，物流业有1家快递店，另外还有1家客栈，员工人数少则一人，多则十几人。与扩展家庭的经济组织构成较为相似，这些经济组织的构成大致可以划分为三种形式，即合作的路径、学习的路径与打工的路径。对于此类经济组织的构成具体可见表3。

表 3　拟家庭化的经济组织构成

店铺名称	组织人员	经营分工
鸿发廊	店主 1 名，发型师 2 名，洗头工 1 名，染烫师 1 名	店主和发型师是师傅；洗头工和染烫师是学徒，做比较基础的工作
观音阁朝阳小吃店	老板娘和 2 名小工	老板娘负责收银，小工打下手
青松客栈	夫妻和 3 名小工	夫妻收银，小工负责基础性工作
俊显美理发店	发型师 4 名	4 人合开，从师傅的理发店脱离后自创门户，与师傅的理发店有一条街的距离
欣颖形象设计	店主 1 名，发型师 1 名	以前有 3 个学徒，后来两个学徒出走，剩下的 1 个学徒担任发型师，分工较为简单
小雨发型设计	发型师 2 名	两人是老乡，打算扩大店面，招收学徒
新颖蛋糕店	夫妻和 3 名小工	夫妻统筹，和小工一起做蛋糕

由表 3 可见，在经济组织的构成方面，三种不同的构建路径形成了经济组织内多样化的关系。在合作路径方面，如笔者访谈的俊显美理发店则是由 4 人合开的店，这 4 个经营者曾在同一个理发店中学习手艺，是"同门师兄弟"的关系。在经营过程中，4 个人遇到问题采取商讨的形式予以解决。在学习路径方面，经济组织内形成了师徒关系，这在溪镇的理发店中较为普遍。在师徒关系中，师傅往往会对徒弟进行督促和教导，不仅仅是在技术方面，同时还包括生活和做人方面，而徒弟在日常生活中也和师傅保持较亲密的关系，比如出席师傅家的红白喜事等，良好的互动关系保证了经营的稳定性。在打工路径方面，不同的进城创业者对于招工有着不同的要求和形式，但熟人式的关系影响打工者的介入，如天姿坊内衣店的老板娘介绍说她的店铺需要招募员工时是托当地的熟人或朋友介绍，选择闲在家里的认识的人直接做员工。福庭饭店的老板娘则说她们店的小工是同一个村里的人等。在经营过程中，进城创业者会主动与招工进来的打工者之间建立良好的关系，如汇鑫面包店老板娘的表妹介绍说她表姐要带工人出去玩来搞好关系，因为那个工人什么都会，制作糕点、蛋糕一类的。即使对于"打下手"的打工者而言，经营者也会通过"小恩小惠"

的形式，如买衣服、分享零食等多种方式拉近双方之间的关系。通过上述分析，不难发现，在此类经济组织中，即使组织内的成员并非有亲缘和姻缘关系，在一定的情境之中也形成了一种虚拟化的家庭关系。在调查过程中，若不对此问题进行直接访谈，仅仅通过行动事件判断，则很难区别出两者之间是否属于扩展家庭成员关系。从经济组织经营角度理解，经营者也正是通过拟家庭化的形式运作整个经济组织，如通过情感关系留住组织内的劳动者等。根据该经济组织形式的表征界定，在本研究中，笔者将此类经济组织界定为拟家庭化的经济组织形式。

在经营过程中，拟家庭化组织用拟亲属关系连接经营者和打工者，其运作形式与其他两类经济组织形式的运作方式较为相似，但在劳动内容和劳动成果分配方面有些较大的差异。在劳动内容方面，无论是合作制、学习制，还是打工制，其关于劳动规定都有明确的要求，以理发店为例，初具规模的理发店分工较为明确，分为店主、总监、发型师、中工、洗头工等不同的岗位，并呈现不同的级别。一般来说，师傅往往在店中担任比较重要的职位，例如店主、总监，而徒弟往往从洗发工做起，在技术提高到一定阶段后，才能向上流动。对于打下手的小工而言，他们在提高自身技能的同时，也负责店铺的具体经营事项。例如在蛋糕店的两个访谈对象中，妻子制作面包并且管账，丈夫负责做蛋糕和进货，招聘的小工仅限于制作面包以及负责平常店里的生意买卖。尽管有些身怀技艺的师傅会做蛋糕（可以视为拥有一种更高技能），但也只能处于一种次级地位。在劳动成果分配方面，拟家庭化的经济组织采取的是市场经济中的分配机制，即多劳多得、不劳不得等。

四　家庭关系连带：经济组织的实质

无论是核心家庭经济组织形式、扩展家庭经济组织形式，还是拟家庭化经济组织形式，经济组织的构成与家庭单位均有密切的关系，即家庭关系主导经济组织的存在与发展。在形式层面，家庭单位与经济组织之间有"叠加"的关系。对于劳动者来说，经济组织中的劳动者既是经济组织成员,又是家庭单位成员。对于经济组织结构来说,其依靠家庭单位而得以存在和发展。简而言之,家庭单位构成了其基本的形体。① 经济组织构成的实质在于组织成员间的关系,如夫妻店中的夫妻关系、代际店中的代际关系,即使对于拟家庭化经济组织形式而言,该经济组织的存在和维持也通过组织成员之间的关系发生作用。简而言之,家庭关系在组织经营中扮演着重要的角色,尤其在经济组织的运作过程中发挥着较大作用。若缺少必要的关系因素,不仅经济组织的构成需要付出较大的成本,而且经济组织的运作过程中也需要有相应的成本支出。对于进城农民而言,过多的成本存在将迫使他们在创业的道路上望而却步。然而,依靠传统文化因素的作用,将小农经营体制的形式运用到商业运作过程中,一方面实现了进城创业的可能,另一方面保持着经济组织的稳定性。由此可见,以家庭单位形式为基础的进城创业经济活动仍然属于传统小农经济活动。不过,随着经济组织的发展,他们的经济活动性质也在逐渐摆脱传统小农经济活动性质的束缚,走向现代市场经济组织的性质,如从核心家庭经济组织形式走向拟家庭化经济组织形式等。

通过上述分析可知,家庭单位及家庭关系因素对进城创业组织有较大的影响。在不同的经济组织中,关系形式或内容也在发生相应的变化,如从紧密的团结关系走向松散的束缚关系等(见表4)。

表4　进城创业组织经营的结构关系

经济组织形式	关系内容	情感密度	约束力度
核心家庭经济组织	家庭关系	强	强
扩展家庭经济组织	家族关系	中	弱
拟家庭化经济组织	拟亲属关系	弱	强

---

① 麻国庆在研究在广州的非洲人时也强调,亲属关系和地缘关系是他们建立社团组织、合作互助的基础。具体参见麻国庆《社会转型与家庭策略》,北京:世界图书出版公司2016年版,序言。

由表4可见，在核心家庭经济组织中，其发生作用的关系主要是夫妻、代际关系。这类关系是家庭中的初始关系，相对较为紧密。对于经济组织内的成员而言，其约束性相对较强，并且内化为经济组织成员的自律原则，即时刻强调自我与经济组织的同一性，在实践中，经营者会自我主动地完成经济组织内的劳动任务。在扩展家庭经济组织中发生的关系主要是一个大家庭中的关系，其联系的紧密程度相对较低，对经济组织中成员的约束性相对较弱。在经济组织运转过程中，通常需要经营者"派活"，经济组织内的成员才会行动。相对而言，扩展家庭经济组织中的关系对于劳动参与成员有约束力，但约束力度并不足以使其行动内化。在拟家庭化经济组织中发生的关系是拟亲属关系，通常也是市场中的契约关系，其对经济组织中成员的约束性较强，但不同于情感关系的约束，依靠的是市场中的法则，如绩效奖惩制度等。在该类组织中也存在一定的情感关系，但情感紧密程度最弱，对经济组织中成员的约束性最低，或者没有约束作用。简单而言，家庭关系影响进城创业组织的运作，不同的关系对经济组织中的成员约束也呈现较大的不同。依照差序格局的内涵，[①] 随着规模的扩大，经济组织的构成逐渐从亲缘、姻缘关系，走向地缘关系和业缘关系，逐渐摆脱传统家庭关系，走向市场契约关系等。

五　结论与讨论

通过对溪镇进城创业组织经验资料的分析，可以明确，与纯粹的现代市场经济组织形式不同，进城创业组织采取的多是传统小农经济活动的经营体制，即以家庭为单位，强调家户成员对经济组织存续所起的重要作用。不同的进城创业组织对应不同的家庭关系，依照不同的家庭关系，笔者将溪镇中的进城创业者的经济组织形式划分为核心家庭经济组织形式、扩展家庭经济组织形式和拟家庭化经济组织形式。从核心家庭经济组织形式走向拟家

---

① 费孝通：《乡土中国　生育制度》，北京：北京大学出版社1998年版，第27页。

庭化经济组织形式，也意味着从传统的家户关系走向市场的契约关系。简言之，在实践中，家庭单位与创业组织相通，两者融为一体，家庭单位成员也是创业组织中的劳动力。随着创业组织规模的扩大，经营者运用各种形式将家庭外的成员纳入边界有限的创业组织中，并以家庭化的形式运作经济组织，以此实现经济组织的稳定发展。相对而言，在进城创业经济组织的构造形式方面，仍然延续着传统小农经济体制，以家户为经营单位。[①] 深入分析家户为体的进城创业组织形式，其关键在于关系的连带作用，特别是家庭情感关系作用着经济组织中的劳动力。对于情感关系如何作用于进城创业组织，[②] 以及如何通过家庭单位安排劳动生产，实现家庭生活关系结构与经济组织劳动生产结构的统一是我们接下来需要重点思考的问题。

参考文献

A. 恰亚诺夫：《农民经济组织》，萧正洪译，北京：中央编译出版社 1996 年版。

储小平：《家族企业研究：一个具有现代意义的话题》，《中国社会科学》2000 年第 5 期。

费孝通：《乡土中国　生育制度》，北京：北京大学出版社 1998 年版。

黄宗智：《中国过去和现在的基本经济单位：家庭还是个人?》，《人民论坛·学术前沿》2012 年第 1 期。

柯志明：《台湾都市小型制造业的创业、经营与生产组织——以五分埔成衣制造业为案例的分析》，台北：台湾中研院民族学研究所 1993 年版。

李培林、陈光金、张翼：《社会蓝皮书：2016 年中国社会形势分析与预测》，北京：社会科学文献出版社 2015 年版。

李新春、张书军：《家族企业：组织、行为与中国经济》，上海：格致出版社、上海人民出版社 2008 年版。

马翀炜、孙信茹等：《云南第一村——红塔区大营街的人类学考察》，北京：民族出版社 2009 年版。

[①] 徐勇：《中国家户制传统与农村发展道路——以俄国、印度的村社传统为参照》，《中国社会科学》2013 年第 8 期。

[②] 斯梅尔瑟、斯威德伯格：《经济社会学手册》，罗教讲、张永宏等译，北京：华夏出版社 2008 年版，第 128 页。

麻国庆：《社会转型与家庭策略》，北京：世界图书出版公司2016年版。

斯梅尔瑟、斯威德伯格：《经济社会学手册》，罗教讲、张永宏等译，北京：华夏出版社2008年版。

谭同学：《亲缘、地缘与市场的互嵌——社会经济视角下的新化数码快印业研究》，《开放时代》2012年第6期。

熊秉纯：《客厅即工厂》，蔡一平、张玉萍、柳子剑译，重庆：重庆大学出版社2010年版。

徐勇：《中国家户制传统与农村发展道路——以俄国、印度的村社传统为参照》，《中国社会科学》2013年第8期。

行商与坐商：进城创业组织的经营形式*

摘 要：流动商贩和门店经营是进城创业者经营经济组织的两种主要形式。针对当前研究中以流动商贩的形式全面取代进城创业经营形式的现象，本研究从整体性的视角，细致地展现了进城创业者中的行商和坐商形式，探讨了两种经营形式的差异，如在经营基础、经营理念层面的同质性，在经营身份、交易对象、经营策略、经营成本等方面的异质性等，并以此分析了影响进城创业者选择不同经营形式的因素。根据已有内容进行判断，随着市场经济发展的不断深化和完善，进城创业经济并不会消失，但他们的经营形式会发生改变，一方面行商将利用新技术以新的方式出现，另一方面从行商的形式转换为坐商的形式等。

关键词：行商　坐商　经营形式　经营者

一　问题的提出

从"开店设肆"的记录到街头治理中城管与小商贩的矛盾升级，有关坐商与行商的表达广泛出现在日常经济实践及其相关研究中。通俗地说，"坐商"是指拥有一定数额的资本和具有一定的牌号、在固定地址经营商业的商人。与之相对，"行商"是指无固

---

*　本文原载于《中共福建省委党校学报》2018年第3期，此为修订稿。

定营业地址、经常往来于各地区间贩卖商品的商人。[1] 在《回族民俗文化变迁与社会性别研究》中，杨华基于经验资料分析对坐商和行商进行界定，坐商就是具有相对固定的地点、固定的时间及固定商品的经营方式，即常见到的店铺、摊点；所谓行商，是指没有固定营业时间、地点的行摊和小商小贩，即流动商贩。相对于坐商经营形式来说，行商经营形式资金少、流动性大，较为灵活方便。[2] 由此可知，坐商和行商是组织经营的两种主要形式。在日常经济实践过程中，两种形式都具有相应的比较优势。于比较之中进行分析，坐商与行商并非两种对立的经营形式，而是处于相互联系的统一体（连续统）之中。根据对惠镇石灰市场个案的分析，符平展现了该场域中的厂商从行商到坐商的变化轨迹。在行商阶段，私营的生产厂商开始进入石灰市场，且需专门派出销售人员外出主动找买家、联系客户；在坐商阶段，厂商几乎不用主动外出寻找客户，在大多数情况下他们通过电话联系并完成交易。在他看来，行商与坐商的差异表现在行商交易失败率较高，而坐商交易成功率较高，进而导致两者的商业观不相同：前者是欺诈和赖账的商业观，后者蕴含信誉与道义、非交易领域的社会互动和双赢互利的商业观。[3] 可知，坐商与行商除却经营形式差异之外，经营观念也有许多不同。

与本研究所关注的群体相联系，自《中共中央关于一九八四年农村工作的通知》赋予农民进城经商合法性以来，进城创业者群体之中就不乏坐商与行商的经营形式，并且也是他们在城镇劳动力市场中运作经济组织的主要形式。在坐商的表现方面，如经营各类门店的生意人；在行商的表现方面，如走街串巷的商贩等。在近几年中，因为流动性特征，走街串巷的商贩和城镇管理者之

---

[1] 中华书局辞海编辑所修订《辞海（试行本·第3分册）：经济》，北京：中华书局1961年版，第190页。

[2] 杨华：《回族民俗文化变迁与社会性别研究》，北京：中央民族大学出版社2014年版，第173、174页。

[3] 符平：《次生庇护的交易模式、商业观与市场发展——惠镇石灰市场个案研究》，《社会学研究》2011年第5期。

间经常呈现"猫和老鼠"的游戏关系,即管理者执行管理的过程中,商贩退出管理者的场域;当管理者退出执法场域时,商贩返回管理者的场域。随着矛盾关系的升级,许多研究者逐渐关注这一主题。如陈文超从商贩主体性出发,强调商贩与城管博弈过程中的生存逻辑,[①]崔占峰从城镇治理的角度强调流动商贩的治理应以民生为导向,以其融入城市为目标;[②]王飞鹏基于流动商贩的调查数据分析,提出了规范和治理流动商贩经营以及城管执法的制度化和规范化的对策建议[③]等。

纵观以往的研究,我们可以发现,许多研究一方面未能正视进城创业经营现象,而是将其置于其他关系之中进行阐述,如贫困人群的生存策略;[④]另一方面,过于强调进城创业者的弱势状态,强调他们的经营活动多是以流动商贩的形式展开。特别是在当前流动商贩与城管矛盾的凸显中,我们对于进城创业者的强化认知更加停留在流动商贩群体内。与经济事实相关联,在我们看来,进城商贩其实是一种劳动者脱离劳动体制而自行创业的形式,[⑤]并且进城流动商贩只是进城创业经济活动形式中的一种类型,即在进城创业者群体中也存在坐商。然而,多种因素的作用影响了我们的判断,忽视了"坐商"。在"误识"的判断之中,对于进城创业者的认知更加影响了我们对当前进城个体经济的深度理解,如将其限定在非正规经济之内[⑥]等,甚至影响了有关城镇化

[①] 陈文超:《活路:社会弱势群体成员的生存逻辑——以与城管博弈的小商贩为例》,《云南民族大学学报》(哲学社会科学版) 2008 年第 1 期。

[②] 崔占峰:《我国现代城市流动商贩的发展与治理研究——基于商贩演化的经济社会学视角》,《商业经济与管理》2014 年第 6 期。

[③] 王飞鹏:《城市流动商贩生存与发展状况的实证研究——基于烟台市 1350 名流动商贩的调查数据分析》,《当代经济管理》2017 年第 6 期。

[④] Bromley, R. "Organization, Regulation and Exploitation in the So-called 'Urban Informal Sector': The Street Traders of Cali, Colombia." *World Development* 6 (1978): 1161 – 1171.

[⑤] 戴伯芬:《谁做摊贩?——台湾摊贩的历史形构》,《台湾社会研究季刊》1994 年第 17 期。

[⑥] 张延吉、张磊、吴凌燕:《流动商贩的空间分布特征及与正规商业的分布关系》,《地理学报》2017 年第 4 期。

进程推进政策的制定。因此，在现有社会形势下，无论是从城镇社会治理的角度出发，还是从繁荣城镇个体经济的视角出发，我们都有必要用整体观的视角，全面把握进城创业者的经营活动形式，深刻认识进城创业者的经营活动特征。在本研究中，借助我们获得的调查经验材料，[①] 针对进城创业者群体中坐商和行商的表现及其差异，我们主要探究进城创业者群体中行商和坐商的表现，通过展现不同类型经营活动形式的特点，揭示他们之间存在的同质性和异质性，并以此分析什么因素能够决定他们在经营过程中是采取行商还是坐商的形式。

二 进城创业者中行商与坐商的表现

作为市场经济中的两种主要活动形式，行商和坐商在城镇经济中各有不同的表现。具体到进城创业者群体之中，在他们分别选择不同形式的经济活动之后，他们在经营过程中就会体现出自身群体的经营特性。

（一）进城创业者中的行商

在进城创业者群体之中，行商主要表现为流动的商贩，如走街串巷的商贩、道路边摆摊设点的小商小贩等。按照流动的原因进行划分，他们大致可以分为两种形式，一种是自主性流动，另一种是强制性流动。

在自主性流动的群体中，他们的流动主要在于寻找交易的对象。在交换过程中，经济交易的完成需要有一定的对象。一方面，由于进城创业者所经营的商品有相应的特殊性，如并非日常必用品、日常生活用品等，决定了其交易对象分布于城镇社会中不同的角落。为了促进交易的完成，进城创业者需要通过流动的形式

[①] 对于进城创业现象的调查，我们在云南溪镇、湖北汉市和广东羊城进行了长时段的观察和多个案的访谈，累积了大量的访谈笔记和图片等。在叙述中，我们采用小城镇、大城市、大都市等空间形式来展现不同地区（不同发展程度）中的进城创业现象。

寻找交易对象。如果长时期固定在某一个空间之中，当经营者与此空间中的交易对象完成交易之后，则很难有其他交易对象，导致无法获取更多的经济利益。与之相反，进城创业的商贩通过流动主动寻找交易对象，而且流动的范围越广，找到的交易对象就越多，最终达到增加交易完成数量，提升经营效益的效果。因此，在经济行动目标的支配作用下，在日常经济实践中，许多经营者往往将流动视为一种有效的经营手段。在他们看来，流动的空间范围和经营绩效相挂钩，即流动的空间范围越广，则获益可能性及量越大。另一方面，不同的时间点、不同的场所之中会有不同规模的流动人群。在进城创业者看来，这些规模型的流动人群都是其潜在的交易对象。为了将这些潜在的交易对象转变为实践中的交易对象，或者为了争取更多的交易对象，他们必须将经营场域置于人群流动地。用进城商贩的话语进行表达，"只有人多的地方才有更多的生意"。为了生意的需要，他们要根据人群流动状况的变化选择不同的经营场域。在日常经济实践中，因为要选择人多的场域进行经营，所以他们的经营时间也与人群高峰相关联，经常出现交易对象下班或休闲的时间则是进城创业者的经营时间这一现象。特别是遇到某种大型集会或节庆的时间，经营者则处于繁忙的劳作过程之中。

在强制性流动方面，因为与制度安排的规范相对立，或者说违背了城市治理的规章制度而采取流动的形式。[①] 如流动在城市中的商贩，为了躲开城市管理行政执法等，他们会采取空间转移的形式进行经营。具体来说，在城镇社会中，商贩所处的经营空间受到制度规范的约束，主要包括工商行政执法、城市管理行政执法等部门。其中，工商行政执法主要强调税收、经营商品的安全质量等内容，城市管理行政执法主要强调城市秩序等内容。商贩因工商行政执法而流动是为了避开监管及逃税等，其目的在于减少经营支出；商贩因城市管理行政执法而流动虽然也是为了避开

[①] 黄耿志、薛德升：《1990年以来广州市摊贩空间政治的规训机制》，《地理学报》2011年第8期。

监管，但其目的在于能够在违规的空间之中增加交易对象等。当然，在商贩的判断中，特别是在面对工商行政执法的时候，如果收益大于支出，他们也不会以流动的形式面对，而采取自愿缴纳相关费用的形式留在原有的经营空间之中。根据现实经验可知，在现在的流动商贩群体之中，流动多是因为他们的经营行动受到了城市管理者的监督与管理。在日常经济实践中，当执法者进入商贩的经营空间时，无形的社会制度对商贩的约束性便立刻显现。作为应对的策略，商贩立刻以流动的形式转换交易空间，特别是处于某一明显不允许摆摊设点的场域内的商贩，他们的经营行动立刻会有所收敛。有的商贩会立刻暂停正在执行的交易，以最快的速度撤离。否则，如果和执法人员正面相对，轻则受到口头教育，重则经营工具被没收及被罚款等，更为严重的时候还会产生冲突。当城管退离执法区域时，商贩便重返已有的经营场域开展相应的交易活动。因为要避开城管，所以此类流动商贩的经营时间也相对较为特殊，一般在早上8点前，下午5点之后。在早上8点到下午5点之间流动商贩要么处于休整状态，要么采取"打游击"式的经营方式。

比较商贩群体中的自主性流动和强制性流动，两者之间存在较高的同质性。如在经营活动的形式上，因为随时都要流动，他们一般配备相应的流动工具，如手推车、三轮车、电动车等。并且两者之间也有相应的转换，如在城镇市场经济场域之中，流动人群规模较大的地方蕴藏着大量的交易对象，即潜在的交易对象及实际交易对象相对较多，并且实践中的进城创业者也总是从中获取较高的经济利益。受经济利益的驱使，许多进城创业者习惯性地流动到人群较多的场域之中。由于城镇管理规范的存在，他们的流动属性也多为强制性流动，或者说他们的流动属性由自主性流动转换到强制性流动状态中。并且，在他们看来，强制性流动是一种更为有效的经营手段。随着城镇社会的发展，有关流动商贩的管理条例也不断增多，特别针对流动商贩的负面影响的管理条例更加严格，由此导致自主性流动商贩的经营场域空间也不断缩小。在以利益为取向的流动过程中，许多商贩因此转换到强制性流动的经营场域中。在看到他们高度相似性的同时，也要看到两者之间存在的差异性，如自主性流动受城镇社会的约束较小，而强制性流动受城镇社会管理的内容较多，经常容易导致一些矛盾冲突事件的产生等。

（二）进城创业者中的坐商

在进城创业者群体中，许多人选取的是坐商的形式开展经营活动，如在某一城镇社会中找一个门店，固守在某一有限的空间之中展开经营活动等。坐商的经营内容相对较为广泛，从日常生活用品到工业生产用品，如日用杂货店中的小商品、商场门店中的家用电器、大市场门店中的生产性机器；从小件物品到大宗物件，如水果零食、锅碗瓢盆、生产设备等。作为市场经济中一种较为重要的主体，他们经常表现为有无营业执照的个体工商户、小型作坊老板、微型私营企业主等。其中，他们多以个体户的经营行动为主。或者说，在经营过程中，他们或多或少体现着个体户经营的特征。以下我们将从多个维度把握进城创业者中固守门店类型的个体户经营特征。

在固守门店的个体户经营形式中，坐商的经营特征便是经营空间相对固定，并且有限。在日常经济实践中，经营者要想成为坐商，在备齐相关生产要素之后，比如掌握一定的技术和经营资本等，首先需要寻找一定的开店地址，也即开店经营的位置。开店门址的优与劣，在进城经营者看来，主要在于所处位置人流量的大小。人流量大，潜在的交易顾客就多，位置相对就好；反之，人流量较小，潜在的交易顾客相对较少，位置相对就差。因此，进城经营者在选设经营门店的过程中一般期望能够选择人流量较大的位置，比如火车站、汽车站以及购物广场等地。但是，好的位置也多是出售稀缺品，很多包括进城创业者在内的经营者会进行竞争，导致好的位置租金相对较高等。甚至有的时候，进城创业者有足够的资本却难以找到较好的经营位置。经营门店的选择不仅与经营者的经济实力相关，而且与市场中空间供给量相关。进城创业者经营的门店往往遍布于各类城镇社会之中，但多布局于较为显眼的位置，如临街的位置、某小区的出入口等。一般情况下，进城创业者通常租赁一到两个门面。由于获得了相应的使用权，租赁的空间也变成了他们的经营场域。经营的空间虽然有限，但对于进城创业者而言，他们会将其改造成劳动和生活场所，如有的进城创业者会将租赁的空间进行隔断，前面是集生产、加工与销售于一体的门店，后面则是以休息为主的生活空间。若横向空间太小，进城创业者则会向纵向发展，在房间的后半部分设置架高层，利用"复式"的形式为自己争取生活的空间。如果租赁的门面空间过于狭小，只能承载销售，进城创业者则会通过另外租赁或购买的途径解决生活空间的问题。

按照经营空间和生活空间是否分离的情况，我们可以将进城创业的坐商型经营者划分为两种类型：一种是经营与生活合为一体的经营者，其中也包括前店后厂的形式；另一种是经营与生活分离的经营者，其中也包括菜市场中的进城创业者。不同类型的经营者在经营时间层面有较大的差异，如经营与生活合为一体的经营者，由于劳动和生活处于同一场所，他们的经营时间并无多大的限制，如果不受其他因素的影响，他们也较为乐于接受24小时不打烊的经营状态。然而，受限于多种情况，他们的经营时间则更多与生活保持同步，即早上只要有生意，他们即开门经营，晚上要经营到没有生意的时刻才关门休息。在经济事实中，我们经常见到一些经营者正和家人吃饭，只要有顾客上门，他们其中的一位就会立刻放下碗筷进行经营等。与之不同，经营与生活分离的经营者，他们的经营时间则受限于生活空间。为了将更多的时间留给经营活动，他们尽可能早地从生活空间赶到经营场所，并且一直待到最晚时才离开经营场所。对他们而言，租赁的生活场所只属于身体过渡的空间。所以，在现实生活中，进城创业者宁可租赁价格不菲的经营空间，而花费较少的成本投入生活空间之中，一般多租赁城中村的位置等。

由于时空的固定化限制，进城创业中坐商型经营者的交易顾客相对固定，一般是生活在该门店周围的居民等。用坐商的话进行表达，"他们的交易对象多是回头客"。因此，在经营过程中，坐商较为重视口碑。在日常经济实践中，他们会运用一系列措施或手段来提升经营门店的口碑，如在经营时间层面，他们将采取固定的时间开店经营和固定的时间关店休息等。在他们的判断之中，如果时间不固定，交易顾客（消费者）则容易被丢掉。在经营内容方面，他们也较为重视商品的质量。如果经营商品的质量较低，则交易顾客可以随时找上门，一方面制造了相关矛盾，另一方面则降低了自己的信誉度。在当前的新市场环境中，为了能够获得更多的交易顾客，坐商型经营者经常采用多种形式来增加门店的关注度，如开展相应的促销打折等活动。在当前信息化时代，许多经营者也开始采取"互联网+"的销售形式，如采取线上销售等。

在经营过程中，坐商不仅面对交易对象，也要面对诸多城市管理者，如工商行政管理执法者、城市行政管理执法者等。在面对工商行政管理执法时，他们一般要求获得相应的工商营业执照，如个体户的工商营业执照等。若是从事和食品相关的行业，经营者还必须具备相关的卫生许可证、健康证等。从某种意义上说，进城创业中坐商型经营者多是市场经济中的个体户，其中也有一些进城办厂、开办企业的创业者等。

三　进城创业者中行商与坐商的差异

在进城创业经济活动中，行商与坐商两种经营活动形式并存不悖，共同构成了进城创业经济的图景。[①] 深入比较两者之间的差异，作为进城创业者的两种不同经营形式，他们之间存在较高的同质性，但其中也存在较高的异质性。

（一）行商与坐商的同质性

首先，无论是行商，还是坐商，他们都以家庭为基础开展经

[①] Gaber, J. "Manhattan's 14th Street Vendors' Market: Informal Street Peddlers' Complementary Relationship with New York City's Economy." *Urban Anthropology and Studies of Cultural Systems and World Economic Development* 4 (1994): 373-408.

营活动。如对于行商而言，夫妻两个可以共同经营一个流动摊铺，也可以分开经营不同的摊铺。并且以家庭为基础进行经营，他们经常采取的是相互配合的形式，比如丈夫和妻子经营商品内容相同而摊铺不同的流动摊铺，如果妻子预先销售完流动摊铺中的商品，她则会以较快的方式从丈夫那里提取相关货物。与之相似，当丈夫处于此种情景之中，他也会采取同样的经济行动。当最终两者的商品都销售完毕后，他们才会返回自己的休息场所。对于坐商而言，由于有固定的经营场所，丈夫和妻子的经营更是处于相互配合的状态，如妻子从事前台销售，丈夫则从事后台的生产加工等。

其次，在经营理念方面，作为进城创业者，特别是对于创业初期的经营者而言，他们的经济行动目标在于获取更多的经济资本。所以，他们的经营策略也多围绕如何赚取更多的货币来展开。在日常经济实践中，较为常见的做法是，更多地压榨自己和突破既有的制度限制，在自我割喉方面，如延长劳动时间和增加劳动辛苦度等。根据前面的经验资料可知，进城创业者都有无限延长劳动时间的记录。在突破既有制度限制方面，流动商贩经常会与城市管理者处于博弈过程中，而固守门店的个体户们也会谨小慎微地突破现有制度规范，如在与城市行政管理者的互动中，他们也尝试通过多种方式来扩大有限的经营空间，如将门店中的商品摆到门口，甚至占道经营等。当城管到来的时候，他们再及时将商品收回到原有门店之中。

再次，在经营规模方面，进城创业者多从事的是"小打小闹"型的经济活动。从某种意义上说，无论是行商，还是坐商，由于经营资本的限制，具体如开店设坊的经济资本、人力资本、关系资本等存量有限，他们多从事中小型经济活动，上升到大型经济活动规模的企业可谓少之又少。在当前市场经济较为多元的结构中，他们已经摆脱了以往的裂缝经济、非正规经济形式，现在多以市场经济中有益的构成部分参与市场经济建设，能够弥补计划经济中的诸多不足。特别是在创新创业制度的鼓励下，进城创业者的选择具有较大的行动空间。他们到城镇市场经济中从事经营活动的人口比例有所增长，但是经营规模尚未有较大的突破。

最后，在经营内容方面，流动商贩和固守门店的个体户的经营内容多以城镇居民的日常生活需求为主，辅之以经济生产需求。由此可知，在经营内容方面，两者之间有较高的相似性，即流动商贩经营的商品，个体经营户也在进行经营。甚至对于一些流动商贩和固守门店的个体户而言，他们的进货渠道都一致。举例来说，流动商贩经营的水果和固守门店的个体户经营的水果渠道一样，都是从城市中某水果市场批发的。实际上，这种现象不仅仅表现在水果、副食、衣服等方面，同时还包括一些需要加工的产品，如餐饮等，其材料的进货渠道也较为一致。当然，在某种状态下，由于面对的人群不同，流动商贩和固守门店的经营者在经营内容层面也会呈现相应的差异。如流动商贩为了降低经营成本，在经营过程中出售一些质量相对较差，但价格较低的商品等。

（二）行商与坐商的异质性

作为进入城镇劳动力市场中的一种劳动形式，行商和坐商有着多维度的相似性。但是进入条件不同，或者说行商和坐商都有着相应的进入门槛，以及进城创业者自身条件不同也会致使他们选择不同的经营活动形式。由此可见，行商和坐商之间也存在较高的异质性，具体可见表1。

表1　坐商与行商的差异分析

类型	行商	坐商
经营身份	市场阶序位置低	市场阶序位置高
交易对象	生人	熟人
经营策略	伴有欺诈	注重口碑
经营成本	较低	较高
经营灵活性	较高	较低

从表1所显示的信息可知，以经营活动为核心，两者在经营过程中呈现诸多差异。第一，在经营身份方面，流动商贩和固守门店个体化的群体身份边界较为清晰。虽然两者都被当前社会贴上

"老板"的标签,但在清晰的身份位置之中,两者有较为不同的市场阶序位置。在当前市场经济体制之中,流动商贩属于无证经营的商贩,而固定门店的个体户则多属于有证经营者。在市场经济的序列之中,流动商贩多显得非正规,处于市场经济序列的最末端;而固守门店的个体户则多显示出正规性,特别是既有的证件制度更加强化了他们的正规性,属于市场经济序列的中下端,相对高于流动商贩的市场经济序列。在这一"鄙视链"中,流动商贩多期望从流动的状态转向固守门店的状态。用他们的话语进行表达,"固守门店之后就不用和城管东躲西藏,不用风吹日晒了"。因此,在日常经济实践中,当流动商贩通过流动经营获得一定存量的经营资本,以及获得较为理想的经营位置之后,他们便会从流动商贩转换到拥有固定门店的个体经营户。经营活动形式的变换同时也改变了他们在市场经济序列中的位置。对于固守门店的个体经营户而言,当他们的经营资本存量得以增长之后,他们也会转变相应的经营活动形式,如转变为中小企业的经营形式等,但是从个体户经济上升到小企业的模式则相对较为困难,或者说仅有较少一部分固定门店的个体户能够实现此目标。当然,在经济事实之中,我们也可以看见一些固守门店的经营者由于经营不善,难以有效应对市场经济中的风险,而从固守门店的个体户转变为流动的商贩等。

第二,在交易对象方面,在经营过程中,虽然同处于陌生人世界,但是在交易对象方面却存在较大的差异。根据经验事实可知,流动商贩的交易顾客主要是陌生人,即在流动过程中所遇到的交易顾客,双方的熟识度较低。即使双方有过交易的记录,但是因为交易空间地点的变换,双方也很难建立起一定的交往关系。与之不同,固定门店的个体户的交易顾客则多是门店周围的居民,他们因为经常光顾某一门店,经营者对他们多多少少有相应的印象,甚至在一定的经营策略之下,经营者愿意和他们保持熟人关系。因此,固定门店个体户的交易顾客多是熟人,并辅之以一定的生人群体。

第三,在经营策略方面,由于进城创业的经营者与交易对象之间的关系不同，他们在交易实践中采取的策略也有相应的差异。针对陌生人，他们更多地强调经营场域中的市场法则，甚至有时候为了追求经济利益最大化，特别是在缺少必要的监督体系下，交易之中存在欺诈行为。如在经济事实之中短斤少两、哄抬价格等。针对熟人，虽然在交易过程中也受经济利益最大化原则支配，但由于社会关系结构的影响，进城创业的经营者更为注重诚信经营，强调在长时间中获得最大化利益，"而非一锤子买卖"。在面对熟客时，固定门店的经营者多注重以积累口碑的方式赢得更多的顾客，进而实现经济利益最大化。

第四，在经营成本方面，根据前面的经验介绍可知，经营成本的差异是两者之间较为明显的差异表现。其中，流动商贩的经营成本相对较低，而固定门店的个体户的经营成本相对较高。在经营内容相同的情况下，流动商贩支付的经营成本多是流动工具的费用，而固守门店的个体户则需要支付门面费用（转让费、租赁费）、各类税费、管理费等。可见，固守门店的经营费用远远高于流动商贩的经营费用。如果在此种状态下，所经营内容的价格相似，则固守门店的个体户利润相对较少，他们也只能依靠销售的量来获取更多的利润，或者达到利润最大化等。所以，在一些制度规范相对较为宽松的环境中，很多进城创业者从经济效益的角度出发，更愿意选择流动商贩的经营形式。

第五，在经营的灵活性方面，流动性、经营成本的差异使他们在经营过程中的灵活性呈现较大的差异。虽然都属于微小企业或个体工商户，都具有相应的灵敏度和灵活性，但是相对来说行商的灵敏度和灵活性较高。在灵敏度方面，当某个空间中在某个时间段内的人流量较小（潜在交易顾客较少），或者他们发现城镇社会中某个空间中举办活动，人流量较大，则流动商贩可以快速地选择流动到那个空间之中，而对于拥有固定门店的坐商则很难实现。在灵活性方面，如在经营转型过程中，流动商贩因为投入成本较小，可谓是"船小好调头"，而坐商则因为成本投入较大，必须找到下一家接手，否则盘店的转让费难以收回等。

简而言之，流动商贩和固守门店的个体户间有较高的同质性，也有较高的异质性。他们之间同质性的存在展示出两类经营活动形式都可以实现既有的经济目标及进城经济活动的目标等，而异质性的存在使进城创业者在经营活动形式上产生了分歧，特别是在社会结构和社会情境的影响下，在日常经济实践中产生了社会意义较为不同的经营形式等。

四　市场规范化与进城经营形式的转变

随着市场规范的形成（市场规范化程度的提高），尤其是城市管理规范的强化，行商的规模和数量将不断减少，而坐商的规模和数量将予以扩大。例如，在乡镇市场之中，市场的规范化程度并不高，工商行政部门的监管力度较弱，在马路市场中存在大量的小商小贩，多数以流动商贩为主，而相对的沿街的门店个体户则成为少数。在高一级的市场，如县域城镇市场之中，其市场规范化程度较高，并且工商行政部门的监管力度相对于乡镇一级得到强化，如在城市社会秩序的维护中出现了城管，在市场经济秩序的维护中出现了工商税务部门等，马路上的流动小商小贩虽仍然可见其身影，但是相对规模及数量有所下降，而沿街门店的经营者数量不仅在绝对规模数量方面，而且在相对规模数量方面有所增加。在更高一级的市场，如在城市市场之中，其规范化程度以及城市社会中的工商、城管等行政监管力度都得到提升，流动商贩的生存空间得以缩小，最为明显的例证是马路上的流动小商小贩在相对规模数量方面得以大大减少，并且仍然在活动的流动商贩则与城市社会中的相关执法部门玩起了"猫鼠游戏"。相对来说，为了能够在城市市场之中持续存在下去，部分流动商贩则转变为坐商，如我们在城市市场之中所见到的一些餐饮店，甚至经营蔬菜的商贩都有自己的门面和摊位等。若将城市划分为特大城市（大都市）、大城市、小城镇，其中行商和坐商与城市市场规范化程度间的关系将更为明显，具体关系可见图1。

随着市场规范化程度的提高，行商的相对规模数量逐渐减少，两者之间呈现反比例函数的曲线关系。在这里需要强调一点，即

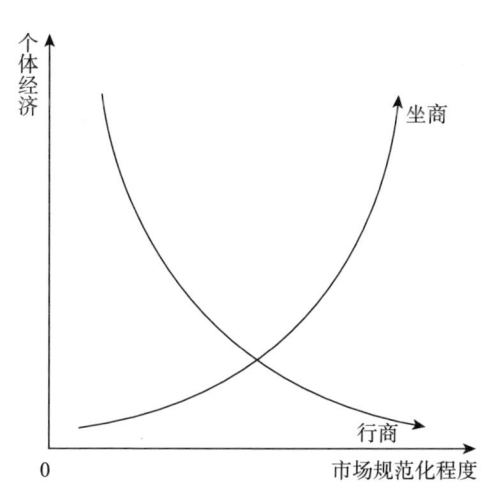

图 1　个体经济规模与市场规范化程度示意

使市场规范化程度再高,行商的绝对数量也不会减少为零。言下之意,在日常经济实践中,总以各种形式存在或多或少数量的行商。与之不同,随着市场规范化程度的提高,坐商的规模数量不断增加。市场规范化程度越高,坐商的相对规模数量和绝对规模数量都会随之增加。从图 1 中可以看出,即使市场规范化程度较低,也仍然会以其他形式存在一定规模数量的坐商。此外,为了顺应社会的发展,流动商贩也在不断进行自我改变。在经营形式方面,以往的流动商贩多是推着或骑着自行车等,而现在的商贩则大不一样,介于流动商贩和固守门店的个体户等经营形式之间,如我们在经验观察中所见到的现象,他们拥有一辆货车,并将货车的货箱部分改造成相应的经营店面,出售快餐、冰激凌等。并且,他们经常在固定的时间固守在某一场所,当经营活动结束之后,经营者将车驶离该场所。在我们看来,这是当前本土社会中流动商贩的新型表现形式。

由此可知,坐商与行商之间有较为密切的联系,在经营活动形式方面相互借鉴,并相互转换。在经营过程中,不仅经营绩效的收益高低会影响经营者从坐商转向行商,而且市场规范化程度也会影响经营者从行商转向坐商。与现实生活相联系,随着城镇化的推进,经营者群体中的行商和坐商规模都会有相应的变化。

在变化之初，由于市场化规范未能一步到位，居住人口的增加吸引了更多的行商，即小商小贩会瞄准商机而聚集，但随着市场化规范的提升，坐商的规模数量不断增加，最终将以绝对性优势超越行商，成为城镇市场经济中的主体。当然，部分不适应市场规范化发展的经营者，既包括行商，也包括坐商，他们会和市场规范化发展呈现逆向的进路，即当出现不适应市场规范化发展的状态时，他们会向市场规范化程度较低的市场中发展，或者从坐商走向行商的形式等。

五　结论与讨论

在现代市场经济中，行商和坐商共同支撑着市场经济活动形式。对于进城创业者而言，他们多经营着城镇居民日常生活所需要的商品，其经营行动或赚取商品的差价，或赚取商品的生产费，或赚取商品的加工费等。与西方国家的商业经营形式不同，[①] 进城创业者中的行商最主要的表现形式是流动商贩，而坐商最主要的表现形式是固守门店的个体户。在经营过程中，流动商贩的经营形式和固守门店的个体户经营形式之间既有诸多共同点，也存在相应的差异。在同质性方面，无论流动商贩，还是固守门店的个体户都强调进城创业的经营效益，即他们之间有共同的经济行动指向，以追求必要的经济效益为经营理念；在经营规模方面，两者都属于以家户单位为基础的微型及小型经济。相比于中大型企业及私营经济而言，他们处于市场经济中的中下层，属于市场的末端；在经营内容方面，遍布于城镇社会各个角落的各类进城创业者，他们的经营内容有许多相似性。在异质性方面，由于经济活动形式的差异，流动商贩和固守门店的个体户在自身群体属性（在市场经济中所处的阶序位置）、交易顾客对象、经营策略、经营的灵敏度和灵活性等方面存在较大的不同。正如本研究所言，

---

① 林光祖：《试论西方国家商业经营方式的演进》，《厦门大学学报》（哲学社会科学版）1989 年第 3 期。

由于同质性承载了进城创业的主要目标,而异质性展现了流动商贩和固守门店的个体户经营活动形式的差异,所以不同的进城创业者根据自身的经营资本存量会选择不同的经营活动形式。然而由于社会结构性要素的影响,以及城镇社会管理制度的限制,许多进城创业者逐渐转向更为现代的新型流动商贩,或者转向固守门店的个体户等。当然对于走向另一端的进城创业者,即进城创业群体中的经营不善者,则可能转变为新型的流动商贩,或者从大都市转向大城市,或从城市转向乡镇等,即在低一级别的物理空间之中开展经营活动等。简而言之,流动商贩和固守门店的个体户经营形式之间可以进行相互转换。

通过对于流动商贩和固守门店的个体户经营形式的比较分析,我们能够充分地认识到行商和坐商两种经营形式在进城创业经济活动中的表现。在市场经济体制之中,进城创业者有较为广阔的空间可以充分选择不同的经营活动形式。然而,在日常经济实践中,他们的经营活动形式选择并非仅仅受到市场经济中供给和需求关系的影响,还受到社会结构性因素的影响。并且,在市场经济中,进城创业者的活动形式也并非处于静止的状态,而是处于动态的转换之中,根据社会结构性条件因素的变化而进行相应的调整。用一句话进行简单的概括,进城创业者经营活动形式的选择受到社会结构性条件因素的影响。

参考文献

陈文超:《活路:社会弱势群体成员的生存逻辑——以与城管博弈的小商贩为例》,《云南民族大学学报》(哲学社会科学版)2008年第1期。

崔占峰:《我国现代城市流动商贩的发展与治理研究——基于商贩演化的经济社会学视角》,《商业经济与管理》2014年第6期。

戴伯芬:《谁做摊贩?——台湾摊贩的历史形构》,《台湾社会研究季刊》1994年第17期。

符平:《次生庇护的交易模式、商业观与市场发展——惠镇石灰市场个案研究》,《社会学研究》2011年第5期。

黄耿志、薛德升:《1990年以来广州市摊贩空间政治的规训机制》,《地理学报》2011年第8期。

林光祖:《试论西方国家商业经营方式的演进》,《厦门大学学报》(哲学社会科学版) 1989 年第 3 期。

王飞鹏:《城市流动商贩生存与发展状况的实证研究——基于烟台市 1350 名流动商贩的调查数据分析》,《当代经济管理》2017 年第 6 期。

杨华:《回族民俗文化变迁与社会性别研究》,北京:中央民族大学出版社 2014 年版。

张延吉、张磊、吴凌燕:《流动商贩的空间分布特征及与正规商业的分布关系》,《地理学报》2017 年第 4 期。

中华书局辞海编辑所修订《辞海(试行本·第 3 分册):经济》,北京:中华书局 1961 年版。

Bromley, R. "Organization, Regulation and Exploitation in the So-called 'Urban Informal Sector': The Street Traders of Cali, Colombia." *World Development* 6 (1978).

Gaber, J. "Manhattan's 14th Street Vendors' Market: Informal Street Peddlers' Complementary Relationship with New York City's Economy." *Urban Anthropology and Studies of Cultural Systems and World Economic Development* 4 (1994).

进城创业中经营效益最大化的社会建构[*]

摘　要：与经济学中有关利益最大化的假设不同，本文将进城创业者的经营行动置于城镇市场经济中进行理解，认为经营效益最大化的追求来自社会建构。基于经济场域－经济行动视角分析，我们发现，经营者追求经营效益最大化的目标来自经济场域的结构要求和行动者的个体诉求。在实践中，经营者理解的经营效益最大化原则和目标并非抽象的表达，而是基于对经济组织运作以及所处场域的认知形成的可以操作化的具体行动方案。在市场制度规范、小农文化以及市场经济等结构因素的影响下，处于经济场域中的经营者以"小步快跑"的形式追求具有合法性、稳定性的经济利益，并以此形成了经营效益最大化的生意人文化与习性。

关键词：进城创业　经营效益　经济行动　社会建构

一　问题的提出

根据日常经济实践的观察，费孝通先生细致地向我们展示了街集交易场所中的个体行动逻辑。

在我们乡土社会中，有专门作贸易活动的街集。各街集时常不在村子里，而在一片空场上，各地的人到这特定的地方，各以"无情"的身份出现。在这里大家把原来的关系暂

---

[*] 本文原载于《武汉科技大学学报》2019年第5期，此为修订稿。

时搁开,一切交易都得当场算清。我常看见隔壁邻舍大家老远地走上十多里在街集上交换清楚之后,又老远地背回来。他们何必到街集上去跑这一趟呢,在门前不是就可以交换的么?这一趟是有作用的,因为在门前是邻舍,到了街集上才是"陌生"人。当场算清是陌生人间的行为,不能牵涉其他社会关系的。①

为什么不辞辛苦甚至增加交易费用而将商品背到集市中进行销售,而不直接在家门口将商品脱手给同一消费对象。在费孝通先生看来,费力的经济行动意欲遮蔽已有的熟人关系,促成交易的完成。从经营者的立场来说,乡土社会中的熟人关系混淆着交易中的经济关系,羁绊着交易过程中的讨价还价,而固定的街集交易场所则提供了陌生人世界的平台。在"生意就是生意"的经济场域中,"友谊与爱情这种令人心醉神迷的关系在原则上是被摒弃在外的"。② 在交易过程中,既然假设双方没有多少沾亲带故的关系,按照商品买卖的流程展开,商品经营者的经济行动能够指向最大化经营效益。

对于经济场域中的行动者为何要追求最大化经营效益,以及追求什么样的最大化经营效益,不同的理论表达有不同的观点。在经济分析中,基于经济人的假设,将利益最大化行为作为基本假定和分析核心,③ 认定经济行动者的逻辑在于追求经济利益的最大化。与经济分析路径不同,其他学科并不认定经济利益最大化的假定,而将经济利益最大化的实现视为"干中学"的过程。如在有关"理性农民"的大讨论中,秦晖认为,农民进入市场之后,他们的理性得到提升,心理渐趋成熟,盲目性逐渐弱化,追求经

---

① 费孝通:《乡土中国 生育制度》,北京:北京大学出版社 1998 年版,第 74 页。
② 布迪厄、华康德:《实践与反思——反思社会学导引》,北京:中央编译出版社 1998 年版,第 134 页。
③ 在贝克尔看来,最大化行为、市场均衡和偏好稳定的综合假定及其不折不扣的运用构成了经济分析的核心。具体可参见贝克尔《人类行为的经济分析》,上海:格致出版社、上海人民出版社 2008 年版,第 7、8 页。

济利益最大化是其行动目标所在。① 秉持效用论的学者将经济利益最大化的建构与经济行动的社会指向相联系,如强调为了家庭发展而在个体经济之中追求经济利益。② 其中,高崇将创业和生存相联系,通过对广州海珠区的一个成衣社区的调查发现,进城创业者将创业作为生存策略,他们的主要目标是在外面多赚一些钱以满足当前和将来家庭生活的需要。因此,生存原则是他们在生意中的主要竞争逻辑。为了实现多赚钱的目标,他们实践着特定的计算模式和经营方式,包括采用无条件压缩生活开支、使用无偿家庭劳动力、自我剥削和割喉式竞争等办法。③ 在批判与解构过程中,许多学者认为,经营效益与经济利益并不等同,有时即使做到了经济利益最大化,但是经营效益却并非最大化,如"转型交易"模式实践中,④ 一些经营者运用欺诈等手段获得最大化经济利益,最后整个经济行业陷入萧条的困境。

　　深入剖析经济行动过程,经济实践中的经营者也的确在以各种策略追求最大化经济利益。与既有解释相结合,看似能够从形式层面赋予经营行动逻辑的合理性和正当性。但是,从经济实践出发,现实中的经营者并非具有先赋的经济利益最大化偏好。以进城创业者为分析对象,他们原有的行动逻辑在于满足家庭生计需求。⑤ 从乡村社会走入城镇经济场域之中,他们也在通过不同的形式和手段追求经济利益最大化。如果说是一种习得的理性逻辑,他们又未能按照经济利益最大化假设追求单位范围内的经济效率,实践之中呈现非理性的形式逻辑。

　　为了能够深化对进城创业者经营逻辑的认识,本研究从社会

---

① 秦晖:《传统与当代农民对市场信号的心理反应》,《战略与管理》1996 年第 2 期。
② 刘英、盛学文、秦士友:《个体经营对家庭的影响——对十九个个体户家庭的调查》,《社会学通讯》1984 年第 5 期。
③ 高崇:《生存理性主导下的创业实践——以广州城乡结合部的成衣社区为例》,《思想战线》2005 年第 6 期。
④ 王水雄:《有效的信誉机制为何建立不起来》,载刘世定主编《经济社会学研究》(第 2 辑),北京:社会科学文献出版社 2015 年版。
⑤ 马歇尔·萨林斯:《石器时代经济学》,北京:生活·读书·新知三联书店 2009 年版,第 95 页。

结构视角出发，旨在探究经营效益最大化认知的形塑过程。[①] 在具体分析过程中，我们将摒弃先验的理解和描述，与经济实践相联系，结合学理性思考，解读已有进城创业经验材料，[②] 基于经济场域和经济行动之间关系理解，本研究将进城创业者的经营行动置于所属场域之中进行理解，重点探究他们追求经营效益最大化的影响因素，以及追求什么样的经营效益最大化。通过对这些问题的解答，一方面，明确经营效益最大化的社会建构过程，理解农民和市场间的关系；另一方面，展现市场经济中进城创业者的动机和态度，揭示他们的经济行动逻辑和行动策略等。

二 经济效益的客观要求与经营效益最大化

（一）经济场域的结构性要求

在高度分化的社会里，社会世界是由大量具有相对自主性的社会小世界构成的，这些自主小世界就是具有自身逻辑和必然性的客观关系的空间。[③] 对于进城创业者而言，处于经济场域之中，经营行动受到市场经济体制、交易情境以及社会结构的约束。经济场域中的诸多约束则构成了经营者的行动规范，主要包括效益要求与角色规范两个方面。

在效益要求方面，与计划经济体制不同，市场经济体制要求按照市场机制进行生产要素配置，强调经济效益。特别是对于规模相对较小且缺少国家干预的进城创业者来说，他们的经营行动

[①] 根据已有研究的有益启示，经营效益不仅包括经济利益，还包括社会利益等。对于经营效益中社会利益问题的探究，已有学者从社会结构视角开展了多项研究。在本研究中，我们侧重于探究经营效益的经济利益方面问题。在此我们有一个观点，经营利益最大化的行动逻辑受到社会结构性因素的影响，是经济与社会互动的结果。

[②] 本研究所运用的经验材料来源于有关进城创业组织的经营状况调查，调查地域散布于全国各地，涉及各类城市与乡镇，访谈对象主要涉及进城摊贩、个体工商户和私营企业主等。

[③] 布迪厄、华康德：《实践与反思——反思社会学导引》，北京：中央编译出版社1998年版，第134页。

需要满足市场条件，并且在运作过程中能够产生相应的经济效益。否则，入不敷出以及利益低下的经济组织很难存续与发展。经营者必须对照市场经济中供给－需求规律、支出－收益规律等调整自身的经济行动策略。在操作过程中，注重经济利益成为他们经济行动的首要原则。如对新诚制衣厂经营者的访谈中，他强调经济效益很重要，否则房屋水电会受到影响，外面的原料费交不起，再加上工人工资开不出，厂子就要垮掉。如果经济效益较为低下，生产成本较高，而利润即收益相对较低，两者之间出现不对等的状况，即成本大于收益。这种入不敷出的局面明显说明经营行动的失败，经济组织则面临转型或转手的困境。为了避免经济组织困境的出现，在实践中产生最大的经营效益则是经营者追求的经济行动目标。在对玉米花糖流动摊贩的访谈中，经营者为了能够获得更大的经济效益，他们经常选择人流较大的地方。由此可知，经营主体行动受到经济场域中结构性因素的影响，如市场经济中的价格机制和竞争机制形塑了他们的经济行动，使他们在优胜劣汰、适者生存的法则下采取多种策略获取最大化的经营效益，并以此应对市场经济中存在的不确定性和风险。

　　在角色规范方面，无论是将进城创业作为一种生活方式，还是作为日常生活中的劳动手段，经营者处于经营场域中，他们的身份要求其必须努力遵循生意人的角色安排，因为生意人的角色没有扮演好将导致诸多不良的后果，轻则致使利润降低，重则导致生意无法维持，陷入亏损。如在讨价还价的过程中，若未按照生意人的角色要求自己争取有效的利润，将相应的利润拱手相让，则说明该经营者未能扮演好对应的角色。从利益相关者角度进行评价，对于交易对方而言，即使对方在博弈过程中获益，但对于经营者的经济行动并不认同，甚至判断其为差劲的经营者，其创办的经济组织的可持续性也将受到怀疑。与之相似，在经营者群体之内，若某个经营者未按照生意人的标准进行角色扮演，比如未按照市场价格进行议价，打破原有的经营行规，则该经营者容易遭到业内群体的反对，被孤立甚至打压等。如在对一固定摊贩的访谈中，他多次讲述了一个同行因为低价竞争而遭到其他同行的抵制现象。在经济场域之中，经营者必须从"生意人"逻辑出发，将经济行动的目标置于追求经济利益的层面。在包括群体外和群体内的社会认同层面，生意人角色扮演成功与否的关键在于经济利益目标的实现程度。如果经营者在生意人的角色扮演中能够很好地获取最大化经济效益，则通常被贴上会做生意、能够将生意做好做大的标签。反之，如果不能很好地扮演生意人角色，不会赚钱，则多被认为不是做生意的料。因此，处于市场经济场域中的经营者为了更好地扮演成功的"生意人"或"老板"的角色，多将追求经营效益最大化作为经济行动的原则。

从布迪厄的场域概念来看，一个场域可以被定义为在各种位置之间存在的客观关系的一个网络，或一个构型。正是在这些位置的存在和它们强加于占据特定位置的行动者或机构之上的决定性因素之中，这些位置得到了客观的界定。[1] 对于处于市场经济场域之中的经营者而言，市场经济体制以及市场经营规范为他们的经济行动提供了必要的行动原则和脚本，强调追求经济利益。并且，在市场经济体制强调的效益要求方面和社会角色规范方面的叠加作用下，对于经营效益最大化的追求则是经营者的首要目标。

（二）经营者的自我诉求

在研究城乡流动人口的进城劳动时，许多研究者将其经济行动的逻辑定位于生活压力，其中，邓大才以年代为标准，将进城打工的逻辑划分为三种类型：第一代打工者遵循饥饿逻辑，即打工农民的行为及选择为吃饭、生存目标所左右；第二代打工者遵循货币逻辑，主要是为钱而打工；第三代打工者遵循前途逻辑，即离农和脱下农民身份，行为目标是追求终身利益最大化。[2] 化约有关城乡流动人口行动的逻辑表达，大致可以归纳为生存与发展两个方面。对于进城创业者而言，作为流动人口的子群体，他们

---

[1] 布迪厄、华康德：《实践与反思——反思社会学导引》，北京：中央编译出版社1998年版，第134页。

[2] 邓大才：《农民打工：动机与行为逻辑——劳动力社会化的动机—行为分析框架》，《社会科学战线》2008年第9期。

的行动目标也定位在生存与发展两个方面。

在生存方面，作为生意人，经营者将实体经济的存在与发展作为自身安身立命的载体。经营好坏自然也就关乎经营者及其所在家庭的安危等。特别对于已经完全失去土地保障的进城创业者来说，他们的生活来源完全依靠经营渠道。如果经营不善，经济效益较差，他们的生活来源将受到直接的影响。相反，如果经营顺利，经济效益较好，那么他们的生活质量将得到改善，不仅超越原有的农村生活质量，而且有助于实现市民化的生活方式，如在获取较多经济利益的状态下可以实现在城市购房等。在日常经济实践中，我们观察和访谈的许多个案，从流动摊贩到私营企业主，为了能够实现提高生活质量的目标，他们都将获取经济效益作为实现目标的首要条件，如杂粮煎饼摊的经营者通过获取较好经济效益养活一个大家庭等。对于通过创业的劳动形式来改造传统生活的他们而言，也只能通过追求经营行动的经济利益予以实现。在经济组织的经营过程中，获取的经济利益越大，则目标实现的可能性越大，并且目标实现的时空速度越快。因此，追求经济效益的最大化也就成为他们在日常经济实践中的经济行动目标。

在发展方面，进城创业者一方面关注经济组织的发展，另一方面重视创业者自身的发展。在经济组织的发展方面，主要表现为经济组织的稳定性增强、经济组织规模的扩大等。在创业者自身发展方面，强调经营者实现社会的向上流动，从农民身份转向市民身份，从一般商贩转向成功商人，从低一层次的社会地位流动到高一层次的社会地位，等等。统观进城创业者关心的发展问题，多是生存问题的延伸。如果说生存问题是经营过程中基本需求的诉求问题，关乎经营者在内的立足问题，那么发展问题就是经营过程中高层次需求的诉求问题，是经济效益上升到一定阶段之后所出现的诉求。与之相似，发展问题诉求目标的实现仍然需要与组织的经济利益相联系。如在对新诚制衣厂经营者的访谈中，其经营者谈到开发在企业发展中的重要性，但成立设计部需要一定的资金支持。当准备足 150 万元的时候，他才开始启动设计部。当经济效益较好时，经济组织规模的扩展以及经营者的向上社会流动可以获得必要的物质资料支撑。并且，物质资料越丰富，则目标实现的可能性越大。为了实现人生进程中的目标，经营者必须获取最大化的经济利益，而且追求经济利益最大化成为经营者的行动意义。[①]

由此可见，不同的场域有着不同的结构性约束，致使处于不同场域中的经济行动者有不同的行动指向。在经济场域之中，经营者的行动指向在于追求经济利益的最大化，这是经济场域的结构性要求。处于创业者的角色地位，经营者必须将追求经济利益最大化设置为经营的行动规范，不然就会出局。从自身的主体性和能动性出发，日常经济实践中的经营者存在诸多诉求，而这些诉求都与创业组织的经济效益呈正相关关系。为了能够更好、更快地实现诸多诉求，他们必须将创业组织的运转作为获取最大化经济利益的手段。由此可见，经济场域中的结构性要求和经营者的自我诉求构建了经济行动者的经济利益最大化动机。与经济学中有关行动个体追求利益最大化的假设不同，我们认为经营者追求经济利益最大化的行动目标来自实践过程，是经济场域和经济行动之间的互构结果。从经济行动的实践指向而言，经营利益最大化构成了经营效益最大化的核心内容。

三 实践操作中的经营效益最大化

在经济学理论中，经济利益的最大化可以通过缩减经营支出及增加收益的方式实现。可与日常经济实践相联系，理论抽象中的经济利益最大化很难实现。处于城镇市场经济中的经营者受到社会环境的约束，并且在与社会结构的互动下，[②] 他们在经济行动之中已经形成了基于经营利益最大化操作化的经营效益目标。

其一，市场经济中的制度规范强制性要求经营者必须遵守市

[①] 马克斯·韦伯：《社会学的基本概念：经济行动与社会团体》，桂林：广西师范大学出版社 2011 年版。
[②] 在吉登斯看来，结构是组织起来的一系列规则和资源。具体可参见吉登斯《社会的构成》，北京：生活·读书·新知三联书店 1998 年版，第 89 页。

场规定。对于经营者来说，他们追求经济利益最大化的目标必须首先满足市场规定。当经济利益最大化目标与市场规定相冲突时，则只能修改经济利益最大化目标，否则会受到严格的惩罚。在经济实践中，对于"骗人来钱"的惩罚有正式制度的惩罚，也有非正式制度的惩罚。正式制度的惩罚则是市场管理部门开出的罚单等；非正式制度的惩罚有时是身体的规训。如卖玉米花糖的流动摊贩认为小生意想赚多也不容易，但通过骗则可以卖 20 多万元，赚 10 余万元。可是他又强调骗人会经常挨打，尤其骗到不好惹的人，人家就会揍他。有一次，本来是 15 元钱一斤，他跟别人说是 1.5 元，称好后又说一两 1.5 元，别人不要，他非让别人要。争执起来人家一打电话，来几个人就把他打了。事实上，无论对于坐商，还是行商来说，通过欺诈的形式实现经济利益最大化好比"杀鸡取卵"，虽然能够在短时间内偶然获得较大经济利益，但丧失的是长期的经济利益和社会利益，如口碑等。因此，鉴于经济利益的比较，经营者一般采取合法的经营形式。虽然单位时间内的经济利益有限，但能够保证经济利益的合法性，有利于规避不必要的风险。

其二，进城农民自身的小农文化影响经济利益最大化的实现。进城创业群体中的摊贩、个体工商户和企业主代表经营过程的三个阶段。从低阶的摊贩向高阶的企业主转变，不仅仅意味着投资规模的增加，更代表经济利益的扩大化。在市场经济中，投资规模的增加意味着市场风险的增加。如稍有不慎，不仅没有钱可赚，而且连投资的本钱都收不回。面对不确定性的存在，许多进城创业者在经营的过程中抱守着现有的经济收益而不愿意向更高阶序迈进。在新诚制衣厂的经验中，经营者多次向我们讲述了 2006 年投资的一个印花厂的例子。经营者把整个家当投入印花厂中，差不多花了 80 几万元。可是由于经营不善，疏于管理，印花厂没多久便垮了，不仅 80 几万元投资没有办法收回，而且后面还拿几十万元去填补员工工资还有辅料费、材料费缺口，以致最后向社会高息借款，长期处于困难境地，一直到 2011 年才有所好转。此次失败的经历使其后来投资谨慎又谨慎。对于规模更小的经营者来说，如摊贩、个体工商户，抱守着现有经济利益，虽然不能将生产要素的效益发挥到极致，以此达到经济利益最大化，但是能够保证生存利益不受干扰，满足生存需求等。

其三，受市场经济中的价格和竞争因素影响，为了追求稳定的经济利益，进城经营者放弃了理论中的经济利益最大化目标，采取的是在长时间单位内追求经营效益的策略。在新诚制衣厂的经营个案中，经营者为了寻求稳定的合作关系，经常会做出一定的经济利益让渡，如一次在谈生意的时候，他说不要定金，先给对方做一个款，如果这个款做得好，希望继续发单；如果做得不好，对方可以不要这个款。在这样的状态下，对方给了他三个款，每个款一千件，但是拿到样板进行核算后发现，基本上没钱赚，也不至于亏本。但是从那以后，直到我们调查时他们的合作一直持续着。从经济效益层面来讲，虽然赚的不多，但是一直都有盈利。相对于短时期经济利益最大化方式来说，长时期经济利益最大化有利于交易双方的互动。对于进城创业的经营者而言，长时期互动看似没有在一次交易中获得利益最大化，或者在某一次交易之中处于亏损状态，但若进行长期观察，累计利益相对较为可观，并且能够带来其他层面的收益，如口碑等，反过来进一步强化了经济收益，如实现了交易的稳定性和长期性。事实上，不仅进城企业主采取的是长线累加的经营策略，在前文中所讲的一些进城经营者采取自我割喉的经营策略，其实质也是采取的长线累加的方式，以此保障经营有收益。

简而言之，在经营者的判断之中，抽象的经济利益最大化目标是一种理想型目标，只能不断趋近，而近乎不可能实现。在解构"收益最大化"的表达时，基于经济场域和经济行动关系的思考，经营者将其操作化为在时间和空间层面易于实现的具体目标，即追求具有合法性、稳定性和营利性的经营目标。形象地概括进城创业者追求经济利益的形式，可谓是"小步快跑"。与经济利益最大化假设下的经济效率相比较，经营者在单位时间内的经营行动并不一定有效率。但是，从整体层面来说，经营行动的效益不仅符合进城创业者自身的条件，而且能够满足他们的需求。从进城创业者的立场出发，经营者在微观世界中的经营效益最大化逻辑产生了多元化的经营形式。

四 经营效益最大化的习性塑造

在经济场域之中，进城创业者以"小步快跑"的形式追求经营效益的最大化。在经济行动逻辑方面，处于城镇市场经济中的他们不仅已经摆脱传统农民的家计逻辑，而且不断转向市场取向的经济行动逻辑，并形成经营效益最大化的习性。①

（一） 从小农逻辑转向生意人逻辑

在以往研究中，一些研究者认为，传统社会中的家户生产模式在于满足生计需要，而非对物资的追求。② 对此，恰亚诺夫将农民的经济行动逻辑界定为维持劳动和消费的均衡。通过对农民家庭经济活动进行分析，恰亚诺夫发现，家庭消费需求影响生产能力的开发，当劳动辛苦度与需求满足度相均衡时便确定了其劳动量。③ 在恰亚诺夫的判断中，农民家庭的经营逻辑在于满足家庭成员的消费需求，而并非获取更高的经营效益。④ 进入市场之后，市场规则重新塑造了农民的经济行动逻辑。陈文超等通过对某一村庄经验资料的分析，强调种地农民在市场化价值观的作用下形成了一种抓钱的行动逻辑，通过各种策略获取最大化经营效益，⑤ 但这仍然难以脱离"劳动—生活"均衡的逻辑。相对而言，在市场经济中，农民及农民工的经济行动受传统因素的影响更多地遵循

---

① 布迪厄：《实践感》，南京：译林出版社 2003 年版，第 80 页。
② 马歇尔·萨林斯：《石器时代经济学》，北京：生活·读书·新知三联书店 2009 年版，第 124 页。
③ A. 恰亚诺夫：《农民经济组织》，萧正洪译，北京：中央编译出版社 1996 年版，第 49 页。
④ 马歇尔·萨林斯：《石器时代经济学》，北京：生活·读书·新知三联书店 2009 年版，第 95 页。
⑤ 陈文超、陈雯：《种地农民抓钱的行动逻辑——以河村为例》，《华中科技大学学报》（社会科学版）2012 年第 2 期。

历史决定逻辑，而不是经济决定逻辑。[①]

与之不同，从前文分析可知，即使追求的是一种合法的、稳定的、有盈利的经营效益，进城创业者的逻辑已经发生转变，转向追求超出家计需求的经济利益。在经济实践中，以收益性利益计算为经济行动导向，[②] 不断强调经营效益。若强化进城创业逻辑与小农逻辑的差异，主要体现在经济逻辑与生活逻辑的差异方面。在经济逻辑中，满足生计需求是进城创业者经营的基础性目标，但这并不是他们经济行动指向的全部。即使经营收入已经完全能够支撑生计需求，但是他们仍然不会停止经济组织的运转，甚至坚持以"小步快跑"的形式获取经济利益。从已有经验资料来看，无论对于小商小贩，还是企业主来说，他们的经营产出已经完全能够满足日常生活需求，可以实现"干一天休息两天"。即使单位时间内有限的经营收入也能满足基本的日常生活需求，而无须"快跑"。与表达相背离的实践，充分说明了进城创业者已经摆脱了低度生产的状态，走出劳动－消费均衡，以追求经营效益最大化的形式慢慢走向高度生产的状态。在进城创业者的具体行动逻辑方面，主要表现在，经营者的经济行动已经从考虑生存和温饱问题转向经济组织的投入和产出问题，即提升经济行动的效率，怎样在单位时间内产出更多的经济效益。在经济实践中，在有限技术的支撑下，低端的经济组织多依靠经营者延长劳动时间来增加经济收益。随着经济组织规模的扩张，进城创业者也在不断走出传统小农的局限，他们追求经营效益最大化的手段也不断理性化，如从自我剥削到生产要素的优化配置等。

（二）经营效益最大化的习性策略

处于经济场域中，结构化的要求和行动者的诉求共同构建了进城创业者的经济行动逻辑。在日常经济实践中，进城创业者以

---

① 李培林、李炜：《农民工在中国转型中的经济地位和社会态度》，《社会学研究》2007年第3期。
② 马克斯·韦伯：《社会学的基本概念：经济行动与社会团体》，桂林：广西师范大学出版社2010年版，第159页。

经济利益作驱动，以利益计算为经济行动首要原则，以追求经营效益最大化为准绳，并形成一种潜在行为倾向系统，① 具体表现在减少经济利益损失和增加经济利益总量等。

在减少经济利益损失方面，进城创业者依赖经济利益计算的习惯，始终强调日常生活中的其他事宜让位于经济组织的经营，保持经济组织的运转。举例来说，作为进城创业者，他们与乡村社会仍然保持着一定的联系。关系的建立与保持需要经常走动，如礼尚往来。但对于进城创业者而言，正常的礼尚往来经常会影响经济组织的运转，影响经济收益。对此，除非特别重要的宴会或仪式，许多经营者多不亲自参加，而采取礼金悉数送到的代礼形式。② 在我们看来，非理性的代礼形式弱化了社会交往，但在经营者看来则维系了既有的经济利益，否则停业一天将不仅不能有经济收益，而且要贴补房租、门面等费用。在溪镇的经验中，许多经营者表示，两个人中有一个人也要营业，即使伤风感冒也要打开店门做生意。在经济实践中，维持创业组织的运转是经营者的本职工作。当其他事宜和本职工作相冲突时，经营者会尽量保证本职工作，压缩其他事宜。当本职工作量得到保障时，才能保证有一定的经营收益。

在增加经济利益总量方面，经营者尽自己所能，利用多样化的形式条件，增加经济收益。根据我们的经验资料来看，只要有助于获得一定的经济利益，就能成为经营者的策略，如有的经营者在产品方面做文章，有的经营者延长劳动时间，有的经营者在经营形式方面进行改变。例如，在讨价还价的过程中，面对消费者压低价格的情境，经营者会采取各种措施予以应对。最终只要在利润（有经济收益）范围之内，经营者往往都能够接受。在他们看来，有时候利益虽小，但可以实现"薄利多销"，实现经济利益总量的增加。

---

① 布迪厄：《实践感》，南京：译林出版社2003年版，第80页。
② 有时距离相对较近，他们会当天上午生意结束之后再去参加相关宴会，以至于往往是最后到场，甚至有时候会拖后宴会开始时间。

基于客观事实进行判断，以经济利益为基础的经营效益支配着经济行动的形式和内容，显著构成进城创业者的经营逻辑及生意人文化。在日常生活中，经营者追求经营效益的策略给予我们的印象是"精明"的表现，以至于"在我们的传统观念里，商人是敲竹杠的，是寡情无义之徒。他们斤斤计较，重钱不重情。不要说大家闺秀，连乡村姑娘也不愿嫁给做生意的人"①。在现代市场经济中，我们面对理性的"生意人"时总是时刻保持警惕，在商品的质量方面"挑三拣四"，在商品的价格方面"讨价还价"等。

简而言之，在经济场域和经营者双向度的共同作用下，并最终在强化认知和行动实践的状态下形塑了进城创业者的经营习性。与传统文化中的小农经营逻辑相比较，进城创业者的经营逻辑已经摆脱低度生产逻辑，转向高度生产逻辑，即在约束性条件下尽自己最大所能将各类生产要素配置到最优状态，实现经济总量增长。经济实践中的经营观念和策略也构成了进城创业者的经营之道和生意人文化。

五 结论与讨论

在社会科学中，有关经济行动逻辑的探讨已经成为诸多学科中的经典命题。基于不同的预设，不同的学科对于个体的经济行动给出了不同的解释。如在经济学的视野中，从亚当·斯密开始，基于"经济人"的假设，追求利益最大化便被视为个体经济行动的动机和目标。与经济学的视野不同，在经济行动意义的指引下，社会学者认为，具有"传统主义"的行动个体"并不追求得到的最多，只追求为得到够用的而付出的最少"②。将理论争议置于日常经济生活中时，有关农民经济行动逻辑的研究则形成了不同的阵营，如信奉利益最大化的舒尔茨、波普金等，主张劳动－消费均衡的恰亚诺夫、黄宗智等。没有达成共识的争议在本土社会中

---

① 费孝通：《费孝通文集》（第10卷），北京：群言出版社1999年版，第40页。
② 秦晖：《传统与当代农民对市场信号的心理反应》，《战略与管理》1996年第2期。

得以延续，并且目前仍然未有定论，甚至愈演愈烈，形成了诸如商品化小农、社会化小农等表达形式。如何理解当前农民的经济行动逻辑，特别是进城创业者的经营逻辑，我们有必要借用"社会学想象力"的思维形式，对日益分化的农民群体进行分类讨论，并且需要将不同形式的经济行动与其所处的情境相联系。将进城创业经营者的经济行动置于市场经济场域之中，从生意人的视角进行理解。我们不同意社会学纯粹的非经济分析，但也不同意经济学中有关经济行动个体追求利益最大化的假设，而认为经营者追求经营效益最大化的行动目标来自实践过程，是经济场域和经济行动之间相互作用的结果。如从经济行动主体立场而言，他们的经济行动表现也是经济场域结构的客观体现。在经济场域之中，经济行动者受制于市场模式和生意人身份等，塑造了追求经济利益最大化的经济理性目标。对于长期处于经济场域结构之中的经营者而言，他们的经济行动不仅呈现经济计算的程式化，而且逐渐形成具有生意人特性的文化与习性。

对于进城创业者而言，从农耕经济场域进入商品经济场域，他们的经济行动也随之发生改变，逐渐调整为适合市场经济场景的经济行动，即以追求经济利益最大化为目标。[①] 从经济实践来看，进城创业者在经营过程中以各种策略实践经济利益最大化的经济行动原则，并且获得了较为可观的经济收益。尤其在和同类群体中的其他子群体进行比较时，我们发现，进城创业者有着较高的经济资本存量。但是，通过上述分析我们也可知道，他们所拥有的较高经济总量并非按照纯粹经济理性的经营行动逻辑进行演绎。在经营过程中，受限于主客观等多方面因素的影响，他们并非能够在一次交易中获取最大化经营效益，因此多数经营者放弃"一口吃个胖子"的经济行动形式，而是采取"化整为零""小步快跑"的利益累加形式。反观经济实践中的个体经济现象，进城创业者的经济行动单位内虽效率不高，但是通过各种策略增

---

① 马歇尔·萨林斯：《石器时代经济学》，北京：生活·读书·新知三联书店2009年版。

加经济收益，经济总量总是保持在增加的状态，最终达到了经营效益最大化。事实上，也正是在经济总量持续增加的状态下，做实了本土社会中繁盛的个体经济现象。简而言之，与外在群体对进城创业以及个体经济的想象不同，我们的研究发现，进城创业者以经营效益最大化为目标，以经济计算理性为经济行动原则，通过"小步快跑"的形式增加整体经济收益量。

参考文献

A. 恰亚诺夫：《农民经济组织》，萧正洪译，北京：中央编译出版社1996年版。

贝克尔：《人类行为的经济分析》，上海：格致出版社、上海人民出版社2008年版。

布迪厄、华康德：《实践与反思——反思社会学导引》，北京：中央编译出版社1998年版。

布迪厄：《实践感》，南京：译林出版社2003年版。

陈文超、陈雯：《种地农民抓钱的行动逻辑——以河村为例》，《华中科技大学学报》（社会科学版）2012年第2期。

邓大才：《农民打工：动机与行为逻辑——劳动力社会化的动机—行为分析框架》，《社会科学战线》2008年第9期。

费孝通：《费孝通文集》（第10卷），北京：群言出版社1999年版。

费孝通：《乡土中国　生育制度》，北京：北京大学出版社1998年版。

高崇：《生存理性主导下的创业实践——以广州城乡结合部的成衣社区为例》，《思想战线》2005年第6期。

吉登斯：《社会的构成》，北京：生活·读书·新知三联书店1998年版。

李培林、李炜：《农民工在中国转型中的经济地位和社会态度》，《社会学研究》2007年第3期。

刘英、盛学文、秦士友：《个体经营对家庭的影响——对十九个个体户家庭的调查》，《社会学通讯》1984年第5期。

马克斯·韦伯：《社会学的基本概念：经济行动与社会团体》，桂林：广西师范大学出版社2011年版。

马歇尔·萨林斯：《石器时代经济学》，北京：生活·读书·新知三联书店2009年版。

秦晖：《传统与当代农民对市场信号的心理反应》，《战略与管理》1996年第2期。

王水雄：《有效的信誉机制为何建立不起来》，载刘世定主编《经济社会学研究》（第2辑），北京：社会科学文献出版社2015年版。

情境化行动：进城创业者的组织经营策略[*]

——基于棠华线路客运车经营经验的分析

摘　要：置于经济场域之中的进城创业者，他们以经济利益最大化为经济行动目标。本文基于柳叶湖客运汽车站棠华线路的经验材料分析发现，置身于城镇市场经济中的客运车经营者，为了实现利益最大化，他们在策略中以变通和共谋的形式与客运车站、交管部门、乘客等进行情境博弈。在日常经济实践中，他们的经济行动以经济利益的大小为标准大致可以划分为逢客必争、超员载客、站外捡客三个类型。通过不同阶段内策略的实施，经营者的经济利益从"保本"走向盈利"最大化"。反观不同阶段内的变通与共谋策略，在利益最大化目标驱使下，面对不同的情境，他们采取的应对策略也多有差异，可谓是经营策略因具体场景而变。情境化策略显示进城创业者不仅仅依靠自我割喉的方式获取经济利益最大化，同时还通过诸多变通和共谋的策略等，这进一步强化了他们"精明"的形象。

关键词：情境化策略　经济利益　经营行动　经营者

一　研究问题的提出

在调查中，"多赚钱"成为许多经营者的日常表达。在日常经

---

[*] 本文系作者与鲁文雅（提供经验资料）合作，原载于《江汉大学学报》2018年第6期，此为修订稿。

济实践中,处于经济场域中的经营者在诸多经济行动中践行着经济利益最大化的原则。无论是强调直接经济利益最大化,还是强调比较经济利益最大化,经济利益最大化的构成主要包括两个方面:一个是支出,另一个是收益。作为经营好坏的"晴雨表",当经营支出大于经营收益时,说明经济组织的运作无效益,处于亏损的状态;当经营支出与经营收益相持平时,也同样证明经营运作无效益;当经营支出小于经营收益时,说明经营运作有成效。并且,两者之间的对比关系越鲜明,则说明经营运作成效越大,越能够接近利益最大化的目标。因此,对于进城创业的经营者而言,追求利益最大化就需要在这两方面下功夫,并且极力扩大两者之间的差距,达致利益最大化的目标。在具体的经济行动方面,提高生产率的前提下生产要素的优化组合经常被视为有效的策略,[1] 并且在当前也是国家的重要战略部署,强调生产要素的市场改革。对于经营者而言,他们"多赚钱"或"赚足钱"的逻辑也经常与运作机制相联系,[2] 高崇通过对广州海珠区的一个成衣社区的调查发现,为了实现多赚钱的目标,进城创业者实践着特定的计算模式和经营方式,包括采用无条件压缩生活开支、无偿使用家庭劳动力、自我剥削和割喉式竞争等办法。[3] 与压榨自我获取经济利益最大化目标的策略不同,许多经济学家发现,在市场经济中,利益的最大化并不会主动实现,需要多方面因素的共同作用才能实现,尤其是资源配置的决定因素——社会制度安排中的权力结构。[4] 在经营实践过程中,有的经营者通过关系网络的策略进行变通,[5] 如

---

[1] Lin, J. Y. "Rural Reforms and Agricultural Growth in China." *American Economic Review* 82 (1992).
[2] 李悦端、柯志明:《小型企业的经营与性别分工——以五分埔成衣社区为案例的分析》,《台湾社会研究季刊》1994年第17期。
[3] 高崇:《生存理性主导下的创业实践——以广州城乡结合部的成衣社区为例》,《思想战线》2005年第6期。
[4] 张屹山、于维生:《经济权力结构与生产要素最优配置》,《经济研究》2009年第6期。
[5] 汪和建:《自我行动与自主经营——理解中国人何以将自主经营当作其参与市场实践的首选方式》,《社会》2007年第6期。

熟人关系网络等;[1] 有的在经营内容层面进行变通,刘少杰在对中关村电子一条街中的经营者进行研究时发现,经营者设法不让消费者买到其对规格、性能和价格等信息已经基本了解的电子商品,而向消费者兜售对这些信息不清楚的电子商品,[2] 进而在交易过程中处于主导和优势地位,并通过熟悉关系陌生化获取最大经济利益。作为一种"欺骗"经营行动的"转型交易"也成为经营者获利的有效手段。[3] 与强调博弈的"变通"层面相似,一些学者根据对日常经济实践的观察,提出经营者与市场中的其他主体形成了"共谋"的关系,如符平以次生庇护概念解释经营者与不同市场主体的合作关系,以此实现经济利益最大化;[4] 有的学者强调通过政商关系的建构实现经济利益最大化目标等。[5]

简单而言,生意人的经营逻辑在于追求经济利益的最大化。以追求利益最大化为经济行动目标的经营者经常采取各种策略实现既定目标。上升到学理层面而言,在经济学中,"经济人"的假设促使我们相信追求利益最大化是个体经济行为的本质,并且如何实现经济利益最大化则需要运用相应的策略,无论是在生产要素的调整方面,还是在经营过程中的博弈方面,都需要一定的手段和策略。与本研究所关注的进城创业者群体相联系,对于进城创业的经营者而言,多赚钱是他们的经营行动逻辑和目标,如何实现多赚钱的目标也是他们日常生活中经常讨论的问题。通过简述以往的研究可以发现,许多研究延续小农经济研究的思路,强调进城创业者由于自身能力的限制,依靠的资源较为有限,经常

---

[1] 秦海霞:《关系网络的建构:私营企业主的行动逻辑——以辽宁省 D 市为个案》,《社会》2006 年第 5 期。
[2] 刘少杰:《陌生关系熟悉化的市场意义——关于培育市场交易秩序的本土化探索》,《天津社会科学》2010 年第 4 期。
[3] 王水雄:《有效的信誉机制为何建立不起来》,载刘世定主编《经济社会学研究》(第 2 辑),北京:社会科学文献出版社 2015 年版。
[4] 符平:《次生庇护的交易模式、商业观与市场发展——惠镇石灰市场个案研究》,《社会学研究》2011 年第 5 期。
[5] 李相启、岳仁华、朱学志:《陕西城镇个体经济发展的现状和导向》,《社会学研究》1986 年第 5 期。

采用的策略是自我剥削。然而，在我们看来，自我压榨的策略处理的是自我和经营主体之间的关系，并未深入探究自我与经营客体之间的关系。因此，从实践出发以整体视角探究处于市场经济中的进城创业者如何在经营过程中实现经济利益最大化则成为本研究的重点。

在具体分析过程中，本文将讨论置于经营场域中，通过对湖南柳市柳叶湖汽车站棠华城乡客运线路中客运车经营经验的整体展示，[①] 探究处于经济场域中的经营者如何实现经济利益最大化的目标，他们采用的策略有什么样的特征及他们的经营策略所呈现的规律，等等。

二　研究田野的介绍

从20世纪80年代开始，农民进城跑客运已经具有必要的市场合法性，并在今天成为许多农民谋生的一种手段。按照客运路线的起讫点可以将其划分为县—乡镇、乡镇—村、乡镇—乡镇和村—村几种类型。其中，县—乡镇这类90分钟左右的短途旅程多涵盖了其他形式，也因此成为市场经济中个体进行"私人承包"的重点。在实际生活中，在距离汽车站超过50分钟车程的每一个乡镇都有自己的线路。[②] 在柳叶湖汽车站，这里有发往13个乡镇的"县—乡镇"线路，每一条"县—乡镇"线路大约有10辆运营车。[③] 在我们调查的棠华线路段，从柳叶湖汽车站出发，走306省道，中途经过周家店镇、渡口镇等，最后到达棠华乡，具体线路如图1所示。

[①] 整个经验资料的收集持续了较长时间，从2014年3月持续到2017年6月，围绕客运车的经营等问题，主要采用访谈法、参与观察等方法，获得了大量的访谈资料和观察笔记等。

[②] 周家店镇并没有自己的线路车。在调查中，许多经营者如是表达：一是因为周家店镇处于三岔路口，有前往西洞庭、中河口、西湖、蒿子港、黑山和棠华的车辆经过并且上下客，其他线路分担了其较多的客流量；二是路途相对较短，致使票价太低，中间的利润较少。

[③] 线路上的车的数量是由整个路程需要的时间和发车时间间隔决定的。

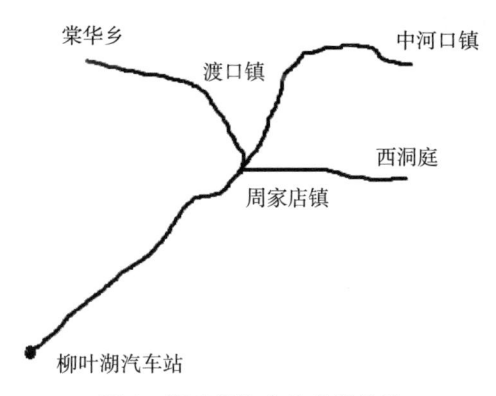

情境化行动：进城创业者的组织经营策略 | 167

图 1 柳叶湖汽车站棠华线路

　　棠华线路的整个车程大约 1 个小时 30 分钟。按照每辆车跑完单程的时间和发车间隔时间进行计算安排，棠华线路上共有 9 辆中巴车，每辆车的座位包括司机和喊客人（售票员）的有 21 座。每辆车的经营由司机和售票员（喊客人）共同配合完成。一般状态下，司机和售票员通常是核心家庭中的夫妻关系或代际关系等。① 在具体经营过程中，每辆车从棠华镇发车，每天最早的一趟是 5 点 30 分，每隔 20 分钟发一班，每天的前 5 班车需要跑 4 个来回，后 4 班车只需要跑 3 个来回。为了维护客运市场秩序，避免无序竞争，所有的营运车都是轮班制，即今天跑 4 个来回，明天或后天则跑 3 个来回。从客运车经营者的自身主体性出发，不间歇地往返跑有相应的辛苦度，若能够带来相应的经济收益，他们则有多跑几个来回的偏好。然而，车子跑起来并不会有收益，相反还有诸多消耗，比如营运车的油耗、折损以及司机和喊客人的劳动付出费用等。只有客运车载有乘客，特别是当乘客数量达到一定规模的时候，才能够补偿车子跑起来的费用，并获得收益。据调查所知，除却车子本身的成本之外，每辆客运车每年需向汽车客运站缴纳 6000 元的进站停车位费用，以及需要扣除每张票收入的 8% 作为综合管理费等。据有经验的客运车经营者测算，平均每辆客运车单程搭乘 6 名以上的乘客才可

---

① 有的运营车经营者也会聘请相应的司机和售票员（喊客人）。在这种状态下，司机和售票员（喊客人）则是打工者，受雇于出资者。

以实现支出与收益平衡。客运车日均支出账目单具体可见表1。

表1　客运车日均支出账目单

单位：元

序号	支出项目	金额
1	保险费	32
2	管理费	17~18
3	安全基金、站务费等	40
4	修车费/轮胎磨损费	40
5	油费	220
6	人工费（司机和喊客人）	240

载客数量越多，客运车经营者的利益越大。由此可知，对于跑客运的经营者而言，在既定市场规则之下，其利益与乘客数量有直接的关系。回到经营行动和经营过程来说，在市场经济中，客运车的经营实质在于有效获取最大量的乘客数。因此，如何有效获取最大量的乘客数则成为客运车经营者努力的方向。在本研究中，我们主要以棠华线路的客运车经营者为蓝本，通过实地观察和访谈的方法获取相关经验资料，分析他们经营行动的过程，旨在探究进城创业经营者实现利益最大化的策略。

三　逢客必争：获取绝对数量的乘客

客运车的盈利在于客运车运转的过程中有足够数量的乘客。只有达到临界数量的乘客时，客运车才有可能保持收支平衡。不然，如极端情况下的跑空车不仅没有收益，而且要支付相应的油气、人工等成本。① 可以说，临界数量的乘客也是客运车经营者必

---

① 柳叶湖汽车站位于市区，与常德火车站相邻。因为火车每天24小时都有到站的可能性，所以也经常会有5点多就在柳叶湖汽车站等客车的乘客。特别是在春运时期，很多乘火车的乘客半夜到站，若要搭乘客车回家，则需要在这个时间候车。因此，有时候早上第一班发空车也要赶到柳叶湖汽车站，其目的在于返回棠华的这趟车满载而归。

须获取的绝对数量的乘客。因此，为了能够获取至少达到客运车的临界数量的乘客，客运车经营者经常是"逢客必争"。实践中的客运车经营者以熟识度为标准将乘客划分为熟客和生客。下文将着重展现他们低票价争熟客和喊客人拉生客的策略。

（一）低票价争熟客

在客运车经营者看来，乘客中的熟客主要是指长时期搭乘某一线路的乘客。对于某一具体的客运车经营者来说，有时可以具体到固定搭乘其车辆的乘客。熟客的产生来自客运车经营者和乘客间的互动。在特定的情境中，通过长时期的互动，客运车经营者和乘客之间便形成了熟人关系。在访谈中，客运车经营者鲁某对此谈道：

> 亲人之间相聚当然少不了八卦的事，就说相互熟悉的人的近况，谁家老人过世，谁家儿子女儿结婚、离婚，谁家孩子考上大学，谁现在发达了，谁家现在遇到困境等，关于别人家的事简直知无不言，热闹的氛围搞得其他不认识的乘客也加入聊天了。其实很多喊客人也会和乘客聊天，有些健谈的喊客人会给乘客留下深刻的印象，以至于下次别人再搭他的车时，总会来一句："哟，又搭到你的车啦！"人们总会习惯自己熟悉的环境、事物，他们和某车队的人熟了之后，可能会惯性选择乘坐某车队的车，当然这仅限于经常往返于城乡之间的乘客。

借助客运车经营者所展示的熟客产生过程可知，特有的地缘关系、客运车的封闭空间，再加上近一个小时的车程等为乘客间的互动，尤其是客运车经营者和乘客间的互动提供了必要的基础，使大家在互动下形成熟人关系。熟人关系连接下的乘客，也是客运车经营者的熟客。在我们调查的棠华线路中，熟客的来源除客运车经营者自身因血缘、姻缘、地缘、业缘等关系连接外，还有一部分主要来自经营过程中的互动，如在周家店，包括前往柳叶湖方向上的杨家桥、王家桥、刘家桥这些离城区不是太远的地方，会有一大早进城务工的工人，他们早出晚归，每天回到自己小镇或农村的小家，他们是常客，每天都得来回。由于长时间搭乘该线路的车，他们和司机与喊客人都很熟悉，也即成为该线路的熟客。当我们运用体验式观察法时，他们一上车就笑问是不是新来上班的，以此可见他们和客运车经营者的熟识度。

在经营过程中，为了确保熟人搭乘本线路及本客运车，客运车经营者一般会在票价上做文章，采取低票价的优惠方式。在具体的优惠策略中，熟人关系的熟识度与票价的优惠度相关联。熟识度越高，则票价的优惠度越大，如拥有血缘关系的熟客，经常不予收费。对于一般性的熟客，比如周家店的标准票价是7元，但只向他们收5元。并且，这种"老顾客优惠"的方式已经成为熟人关系中的"共识"或口头协议。有时候，有的熟客上车后直接给喊客人协议的费用。有时候，一旦客运车经营者没有给予熟客相应的"老顾客优惠"，熟客则会反问"怎么涨价了"，而客运车经营者则会一边回应"没认出来"，一边再补钱给该熟客。另外，有时候客运车经营者还给熟客提供方便，如对于周边郊区进城卖菜的老人，不仅只收他们两元钱，而且允许他们放菜篓等（因为菜篓占客运车的空间，有的客运车经营者会收取相应的费用）。

在客运车经营者看来，票价优惠的方式更加强化了客运车经营者和乘客间的熟人关系，使客运车经营者和乘客之间形成了一种相互支持的熟人关系，使熟客们比较倾向于搭乘他们的线路或客运车，而这稳定了客运车的一部分上座率，即获得了部分绝对数量的乘客。

（二）喊客人拉生客

除熟客之外，还存在许多生客，他们有着多种选择。特别对于一些短途的，或路线重叠区间的乘客，如从常德到周家店的路线区间等，他们既可以搭乘棠华线路的客运车，也可以搭乘渡口方向的客运车等。与熟客相比，虽然生客与客运车经营者之间呈现不稳定的交易关系,但是他们的数量较多,规模较大,是客运车乘客构成中的绝对数量部分。对于生客目标而言,客运车经营者不仅仅是引导他们选择搭乘本线路或本客运车,更是需要与其他线路及车辆竞争生客,以此保障客运车的上座率。因此,"喊客上车"也就成为获取绝对数量生客的主要手段。在调查中,售票员(喊客人)刘某说道:

> 具体还是要分时段来看,比如现在春运期间人流量很大,基本上不需要喊客就能上一满车的人,有时候一些短途的客我们都不想载。还有就是节假日的时候,会有很多人。但是一年到头多的还是平常人不多的时候,这个时候短途的乘客都是香饽饽,都争着抢着要他们上车。车站里面买了票的乘客,我们都得大声地招揽,尽量多地抢客。检票口一有乘客出来喊客的人都围上去问他们是到哪里去的。有时候——人少的时候——我们都要跑空车,是司机和售票员的专车。能拉到一个周家店的客我们都蛮高兴的,所以抢短程客非常重要。

为了能够获取更多绝对数量的乘客,在每一辆客运车中都配备一名喊客人,一般由售票员兼任,有的客运车经营者则会雇请专门的喊客人。① 在柳叶湖汽车站的进站口下完乘客后,喊客人就会下车到候车厅内去喊客。有些积极且老练的喊客人声音较大,会喊上自己线路经过的主要乡镇的名称,一方面让乘客知晓他们的路线,另一方面也拉拢一些本可以乘坐其他车辆的乘客。比如棠华线路的车经过周家店、渡口再到棠华,喊客人就会用常德方言语调喊出"周家店、渡口、棠华滴",还时不时询问过往乘客"到哪里?"。除在候车厅内喊客,有些喊客人则在上车的位置喊客,如有时一看到检票口和安检口来了一拨人,喊客人就赶紧奔过去,笑脸相迎,询问他们要去哪儿。乘客群体中的大部分人会

---

① 在我们调查的时段,喊客人的工资是每天 80 元,包一顿中饭。

回答，但有些人不会理人，而此时的喊客人就看他们手中买好的票，看他们的目的地，一般直到确认自己的客运车不能到达才肯放弃。由于一群喊客人围着检票口和安检口，造成拥挤，这时检票工作人员就会大吼几声，不再允许他们靠近。处于此情境中的喊客人只能稍稍作罢。但过不了一会儿，等另一拨乘客来的时候，喊客人又都围上去"抢客"。

为了争夺更多绝对数量的乘客，面对不同路线及不同客运车的喊客人，获取生客的竞争日益激烈。有的路线雇请更多的喊客人，有的路线中的喊客人则抱团喊客上车，如西洞庭路线中有3个喊客人同时为一辆客运车喊客等。同一线路的客运车有不同的发车时段，所以下一班车为了能够让上一班车尽快发车，也为了让下一班车帮助自己喊客，群体内部形成了相互支持的系统，即抱团喊客。对于客运车经营者之间"喊客上车"的竞争，客运车经营者（喊客人）鲁某则通过自身的经历给我们进行了较为细致的展示。

> 平时没有客的时候，几个人争一个乘客，有些喊客的也是老手了，都不讲脸面的，对着乘客笑，转脸就对着其他喊客的吼。真的太没素质了，有时候气不过就直接吵起来。昨天还和黑山嘴的争论了几句，那个人要到周家店街，黑山的车又不走周家店正街上，明明那个人想上我们的车，他还硬是往他们车上拉，人都会被气死。

不同线路中的客运车有着重叠的路程。特别是在某个时间段内，有些线路中的乘客数量非常短缺，这些线路中的客运车经营者便会一方面利用喊客上车的方式拉重叠路段内的乘客，如周家店、王家桥、杨家桥的乘客等；另一方面也会抢临近线路的乘客，甚至有时候有些喊客人问都不问乘客到哪里，直接把乘客拉上车等，如西洞庭线路的某辆客运车的喊客人抢中河口线路的乘客等。为了保障利益的最大化，竞争日益激烈且无完善的制度保障市场秩序，在喊客上车的过程中不同线路的客运车经营者之间也产生了许多矛盾,甚至大打出手,如中河口线路的客运车经营者集体对西洞庭线路的客运车经营者大打出手。① 从结果而言,无论客运车经营者与乘客、车站管理者以及同行的博弈过程的激烈程度如何,他们通过喊客上车的方式获得了大部分绝对数量的乘客。

简而言之,在客运车经营者的分类中,乘客群体有熟客和生客之分。对待不同类型的乘客,他们采用不同的策略拉客。从实践来看,两种策略均取得了较为理想的效果。并且,由于交易的持续进行,客运车经营者和乘客之间的陌生关系逐渐走向熟人关系,即乘客群体中的生客向熟客转变,从而进一步扩大了部分绝对数量的乘客。再加上部分数量的生客群体,两者共同保障了客运车经营者最为基本的利益。

四 超员载客:获取相对数量的乘客

绝对数量的乘客保障了客运车经营者的基本利益,但他们想要获得更多的利益,则必须多载客。如果将客运车管理规定中所要求承载的19人的人数视为基数,那么超过此基数后所承载的乘客数量则可视为相对数量。在客运车经营者的判断中,每趟获得绝对数量的乘客能够保障经营不亏损。当绝对数量达到基数时,则说明经营少有盈余;当乘客的数量超过基数之后,即获取的是相对数量的乘客,利润呈现直线增长。因此,为了能够获得更多的经营效益,客运车经营者获取相对数量的乘客群体也成为他们理性经济行动的选择。与获取基数以内或绝对数量的乘客相比,获取相对数量的乘客群体则有违交通法规和汽车客运站管理规定,属于超员载客。超员载客的现象一般在节假日经常发生。特别是在春运期间,外出的流动人口集中在一段时间内返乡或返城,形成人口流动高峰。如果对照已有的客运车座位数量,高峰期流动

---

① 起源于西洞庭线路的喊客人把一个只能搭中河口客运车才能到达目的地的人拉到他们自己车上了,中河口客运车经营者们就把中河口镇上的一些混混请到车站里面把那个拉错客的售票员打了一顿。最后,这个事件采取了私了的方式,不过从此两个车队也就结下了"梁子"。

人口乘车的需求量超过了固定且有限的客运车座位数量。对于客运车经营者而言，需求量的增加为他们实现更大的经营利益创造了现实基础。在实践中，超员载客已经成为许多客运车经营者获得相对数量乘客的有效手段和目标。而且，为了能够实现超员载客的目标，他们在具体的情境中通过内外互动策略来争取更多相对数量的乘客。

（一）内在技术调整

不仅在管理规定中，制度安排规定了客运车的人数，而且在技术层面设置了客运车的乘客座位数，除驾驶员的座位，客运车的设置中安装了 20 个座位，排除售票员（喊客人）的座位后剩下 19 个座位，要求其承载乘客数量不超过此基数。对于乘客而言，虽然县—乡镇线路的车程在 1 个小时左右，但是如果上车没有座位，则需要站完全程，难免会增加乘车的辛苦度。相对来说，乘客需求度的满足与乘客数量有直接的关系，如有的乘客看到没有座位的时候则会放弃搭乘该客运车等。因此，为了增加客运车相对数量的乘客，在表达中，喊客人面对乘客时总是习惯性地说"上车有座位""前面一会儿下人了就有座位"，等等。在技术层面，客运车经营者则对客运车内部空间进行了开发。首先，在副驾驶后面有一个工具箱，客运车经营者也常会安排一个乘客；其次，在驾驶员座位后面可以放两个小板凳坐两个乘客；再次，在驾驶员和副驾驶之间有一个正方形的发动机盖，乘客较多时可以坐 4 个乘客；最后，在客运车的车厢过道还可以再放 6 个小板凳，每个小板凳可以坐 1 个乘客。在操作过程中，当乘客人数超过 20 人后，客运车经营者采取自我割喉的方式载客，[①] 即售票员给乘客让出座位，自己首先选择坐到改装后的座位上；当乘客人数较多，连改装的座位都已经没有的时候，售票员则站着经营，将能够坐的座位让给乘客。当然，当乘客人数特别多时，在能坐上车已经属于优化选择的状态下，乘车的舒适度则通常被乘客放弃，即没

---

① 在这里，自我割喉的表述重在强调经营者通过自我剥削的形式获取最大利益。

有座位，他们也会选择搭乘该客运车。面对需求远远大于供给的情况，为了能够承载更多的相对数量乘客，客运车经营者通常顺势取消车内的座位。如在春运期间，客运车经营者则将客运车内过道的小板凳收起来藏在座位底下。如果摆放小板凳，原来客运车的过道最多只能承载 6 人，现在则可以站八九人。过多承载乘客，势必造成客运车空间内的拥挤。对此，客运车经营者刘某表达道：

> 车内很拥挤，但所有人都归家心切，只有些小年轻招手拦车后看人太多，不愿意上车，其他的人都宁愿站着挤一下回家。一个多小时的路程也不短，但经过长途奔波的人并不在乎，只想早点回家。

从上述表达可以看出，为了能够获得相对数量的乘客，客运车经营者借助乘客的需求心理，严重打破了客运车乘客数量和乘车质量之间的均衡，即强调乘客的数量，致使乘车的质量有所下降，如不仅没有舒适的座位，而且乘客的活动空间大大缩小，还将乘客带入另一种不确定性（风险）中。

（二）外在关系活动

超员载客属于违规行为，受到汽车客运站的监管和交通部门严厉的惩治。特别在春运期间，不仅客运站会严格检查乘客数量，而且交通部门也会增派人手上路检查。面对监管部门各种形式的监督，客运车经营者多采用外在的关系活动形式予以应对。

当客运车按规定时间点准备出发之前，客运车经营者（喊客人）会将车票票据拿到汽车客运站开单处开单，开单之后便发车。经过出站口时，汽车客运站会派相关人员上车查点乘客人数。面对汽车客运站的监管，客运车经营者多采取"打点"的形式予以解决。对于实际负责的监管人员而言，由于和客运车经营者经常打交道，可谓是"低头不见抬头见"，并且超员载客已经是公开的秘密，他们的检查更多的是形式上的应付，一般情况下都予以放行。对于汽车客运站整体而言,他们与客运车经营者之间存在共同的经济利益,卖出的票越多,他们从中提取的费用越高。因此,汽车客运站多是表达层面的监管,而在没有影响到他们利益的状态下很难付出实际行动的监管。

当客运车驶出汽车客运站之后,意味着他们随时要接受交管部门的监管。相对于汽车客运站的监管,交管部门的监管更为严厉。一般情况下,交管部门对于超员载客的客运车经营者采取罚款及驾驶证降级与扣分的处罚形式。[①] 对于客运车经营者而言,最为严重的惩罚还是经济惩罚,但是交管部门的经济惩罚并不能阻止客运车经营者超员载客。尤其在理性经济行动的作用下,超员载客则表现得更加理性。客运车经营者刘某运用经济理性的表达方式向我们展示了其中的过程。

> 而且我们春运40天,一年到头都盼着这40天可以有一笔多的收入,基本上每趟都超载,不超载只能坐19人,而超载的话30人是小意思,有时候能挤上40人。算平均每个人车票价为10元,每次被抓罚款1000多块,只需要超载100人就能赚来。40天何止超载100人呢?送礼加罚款估计一年开销10000元,平均每车每天你算算只需要超载几个人?

从上述表达可知,利益空间的存在引导着客运车经营者超员载客。在具体操作过程中,处于违规的状态使客运车经营者的精神高度紧张,并强迫他们时刻观察着道路上的状况。在访谈中,客运车经营者鲁某在某次超员载客(共搭载37人)的过程中对此表达道:

> 现在(出了站)不用担心车站的管理人员了,倒是担心路途上会不会有交警,一旦被交警捉到超载,今天一辆车所

---

① 驾驶证降级是指从 B 照降到 C 照。按照交管部门的规定,持 C 照的司机不能驾驶中巴车。

有的收入都只够交罚款了。提心吊胆地行驶在回程路上，中途有人下车，还上了几个短途客人，安全到了棠华小镇。

小心谨慎并不能完全解决问题，关键还需要有化解交警监管的应对策略。一方面，尽量避免与交警面对面，如根据经验避开有交警的十字路口等。如遇到路口有交警的时候，他们赶忙让所有站着的乘客蹲下来，以避免交警发现该客运车超员载客等。另一方面，通过熟识的朋友打通交管部门的关系网络，利用"送礼"的形式获得相应的保障，以避免交警的重点盘查等。

简而言之，内在技术的调整为超员载客提供了现实的空间，即能够搭乘更多相对数量的乘客，而外在的关系活动则给超员载客提供了制度约束下的可能性。在两者共同作用下，超员载客已经成为客运车经营者追求绝对数量乘客的惯用手段。

五　站外捡客：获取有效数量的乘客

乘客从站内上车意味着首先要在车站购买车票。虽然车站每月会定时将车票钱返还给客运车经营者，但返还的同时车站会从中扣除10%的管理费。言下之意，从柳叶湖到棠华15元的市场价到经营者手中仅为13.5元。无论超员与否，在柳叶湖汽车站内上车乘客的票价都打了相应的折扣，其中的1.5元则以管理费的形式落到车站管理者手中。因此，客运车的经营者若获得乘客的完整票价收益则还需要避开汽车站，即载一些不在车站买票上车的乘客。这意味着要求一部分乘客在汽车开出站后再上车。在客运车经营者的思路之中，采取站外上车的策略也通常是保障他们获取有效数量乘客的常用方法。

在客运车经营者群体中，站外上车通常被表达为"站外捡客"。之所以有此表达，是因为在客运车经营者看来，站外上车目标的实现存在相应的优势，并且这种利益优势得到乘客的认同。在访谈中，客运车经营者鲁某详细地向我们解析了乘客对站外上车的认同过程。

当然，在车站买票首先就会多收5毛钱，这个和我们关系不大，其实是乘客多出的5毛。比方说我们棠华的标准价是15元，他们去买票，票价上就是15.5元，然后车票一般会附带买保险1元。车站对我们收费就是15元的基础上扣掉10%，也就是1.5元。但是如果载到没有买车票的乘客，先不说我们给不给乘客优惠，他们自己首先就少了1.5元。我们一般对上车的乘客还是按标准价15元收费，但是遇到硬要讲价的乘客，我们也会优惠1元钱，所以我们有赚头，乘客也便宜了不少，不过现在讲价的比较少。而且像我们这一行，就算是全程的乘客上车给1元钱也是增加收入啊，他们上不上，我们的车子都得跑起来。

从上述表达可知，现实利益的存在使站内上车和站外上车有较大的差异。无论是否讨价还价，如果客运车经营者和乘客共同避开汽车客运站，则双方处于共赢的状态。相对于汽车客运站经手的模式，乘客至少能减少1.5元支出，而客运车经营者至少能获得14元的收益。因此，站外上车的形式已成为客运车经营者和乘客之间共谋的形式。并且，在实践中，对于客运车经营者而言，为了获得更多有效数量的乘客，他们也习惯引导乘客站外上车。一方面，他们通常在票价上做文章以扩大站外上车的利益优势，如给出优惠票价，以此引导更多乘客选择站外上车；另一方面，随着乘客和客运车经营者之间交易关系的建立，也意味着他们之间从首次交易的陌生人关系转换为持续交易的熟人关系。在这种状况下，优势利益和熟人关系的叠加更加强化了站外上车的共谋形式。在调查中，客运车经营者刘某对于强化版的站外上车形式得以普遍化和持续化如是解释。

这个得是那种经常坐车的人才会知道，他们一般在出站口拐角处等着，我们就会要他们再往前多走一段距离，他们也愿意。上车后聊天，我们售票员就会告诉他们下次搭车的话在哪里等比较方便、安全。这也算是一种合作吧。或者我们会直接说在前方 500 米处的铁路桥上车,那里有遮挡的地方,而且票价我们还会有优惠的。

客运车经营者引导乘客选择站外上车的形式,不仅给乘客带来了利益,而且为自己获得了更多有效数量的乘客,使自身的利益得以最大化扩展。在长期的引导和共谋过程中,站外上车形成了两个主要上车点。一个是出站口附近,即在客运车通过出站口的岗亭后,直行大约 50 米的距离,然后左拐进入主道,经常会有一些乘客在那里等车。另一个是沿着主道直行 500 米左右,在铁路桥墩下方经常有很多乘客等车。① 此外,精明的客运车经营者也很会看客,路过每一个乡镇的路口,如果有人在走就会鸣笛,以标示客运车,检验其是否会乘车。如果有人有乘车需求,司机则通常停车载客。

站外上车也存在共谋形式的破坏,即站外上车合作的不成功也会因为不能上车和没有座位等问题而发生。特别在春运期间,由于乘客较多,很多乘客在车站内都有可能上不了车。或者有的乘客因为在站外上车没有座位则放弃合作,采取站内上车的形式。相对于单方面放弃的形式,汽车客运站的介入则更可能打破共谋的状态。以汽车客运站的管理规定来衡量,站外上车也属于"逃票"的经济行动。在实践中,为了更好地监督客运车的行动,以及保障自身利益的最大化,汽车客运站针对客运车经营者惯用两种形式打破站外上车的共谋状态。一是通过技术形式在客运车的进站口和出站口进行规范管理。根据我们的实地观察,汽车客运站在进站口增加一道门,即设置两道闸门,并规定客运车进第一道闸门后就让所有乘客下车,然后售票员和司机两个人空车进入第二道闸门里面的车位,以防止从站外上车的乘客不买票一直跟

---

① 两个站外上车点的形成也有其原因,如对于第一个站点而言,附近有一个公交站点。对于第二个站点来说,离此处不远乘快速公交只要两站路就是常德火车站,那里不仅有下火车的乘客,还有一个大的批发市场,有卖水果、家具、各种器材的。很多往来于小镇和此处的人为了搭车方便,省时省钱就会在铁路桥下等回乡的车。

着客运车进站。二是通过惩罚机制，安排车站工作人员在站外监督和巡查，对于违规车辆进行必要的处罚。在操作过程中，汽车客运站每个月会不定期派人在站外上车点，如在出站口左拐的上车点蹲守抓站外上客的车。他们一般是拍照或录像作为证据，然后在每个月的单钱①里面扣掉罚款，一般被抓一次罚款 300 元到 500 元不等。

对于客运车经营者而言，管理规定不仅有警示作用，也存在认知强化作用，使他们明确站外上车的形式存在较大的风险，需要辅以其他策略才能保障站外上车目标的实现。

> 所以在这个拐角上客还是比较有风险的。我们这里有经验的开车司机不管有没有督查的，如果要上客我们就会将车辆打横，车门朝我们要前行的方向，这样停下来上客他们就拍不到了。反正就像见招拆招那样，我们总会有办法多载一些没有买票的乘客的。

从客运车经营者鲁某的表达中，我们可以知道，面对汽车客运站的管理规定，客运车经营者通过司机和喊客人的合作以及驾驶技术回应既有的监督和巡查。在操作过程中，当客运车驶出出站口后，如果看到在第一个站外上车点有乘客招手拦车，喊客人首先会机警地查看周边的情况，在其确定没有拍照录像的人后再知会司机停车开门。当没有看到有乘客招手拦车时，喊客人会将头伸出车窗外进行喊客。如果有乘客答应或招手示意，喊客人确定周围没有监督和巡查者后，便知会司机停车开门。接着，客运车的司机则会像上述表达的一样，将车辆打横，车门朝要前行的方向，以此在技术层面避免乘客上车的瞬间被拍摄。若汽车客运站方未能拍到确凿的证据，其监督和巡查则意味着无效，而客运车经营者则通过站外上车的形式保障了有效的乘客数量，获得了最大化利益。与在第一个站外上车点的过程相似，在第二个站外

---

① 单钱，是指车站对客运车收的钱。

上车点也是如此操作。即使有时候客运车已经超员载客了，一旦经过站外上车点或遇到乡村路边行人时，客运车经营者也会重复此类行动。除非客运车完全无法再容纳新的乘客以及乘客集体抱怨的声音过大时，客运车经营者才开始放弃此类行动。

在实践中，虽然汽车客运站的监督与巡查已经从突击性的检查走向常态化，如在某点设置固定的监督与巡查的工作人员等，但是在最大化利益面前，为了能够保障有效的乘客数量，客运车经营者则采取"遇点乘客下车，过点乘客上车"等策略予以化解。

简而言之，站外上车的形式有利于增加客运车经营者的利益。特别在面对汽车客运站的规章制度时，站外上车的形式更是为客运车经营者带来了"额外"数量的乘客。更为精确地说，站外上车乘客的票价收入将全部归客运车经营者所有。相较于其他形式而言，站外上车的形式也是客运车经营者利益最大化的有效手段之一。因此，为了保障站外上车的实现，客运车经营者也习惯运用各种策略应对汽车客运站的监督和巡查等。

六　结论与讨论

在已有市场经济情境中，与传统农民的经济行动逻辑相比较，进城创业者的经营行动逻辑已经发生转变，从恰亚诺夫所讲的追求劳动-消费的均衡转变到追求经济利益的最大化。进入城镇市场经济中，作为市场经济的行动主体，如何在经营过程中实现经济利益最大化则是他们较为关注的现实话题，也是社会科学较为重视的内容。已有研究多强调，为了实现多赚钱的目标，经营者在实践中以自身的主体性和能动性施展经营策略。本研究根据对柳叶湖汽车客运站中棠华线路经验资料的分析，发现客运车经营者的最大化利益与乘客数量有直接的关系。为了获得不同类型数量的乘客，经营者运用不同的策略和手段，并以此形成了利益构成的不同阶段。在获取绝对数量乘客的阶段，他们分别运用不同的手段来应对熟人关系连接的乘客和陌生人群体中的乘客，以此保障客运车能够搭载"保基本"数量的乘客，实现不亏损的目标；

在获取相对数量乘客的阶段，他们通过内在技术调整与外在关系的活动，为实现既定目标提供了必要的物理空间和制度许可；在获取有效数量乘客的阶段，他们通过种种策略突破既有客运车管理层而保障了自身的较高经济利益。

与他们的实践相联系，实现经济利益最大化的目标有相应的阶段性和策略性。三个阶段呈现层级递进的关系，当第一个阶段的目标得以实现，即实现了基本利益，他们才开始实现接下来的目标，也只有在基本利益得到保障之后，他们才能不断追求更高层面的经济利益。反观整个经济实践过程，三个阶段中的经营策略受到经济利益最大化目标的支配，并且在不断变化。在实践中，进城创业经营者承受着社会结构的约束，但同时他们也拥有相应的主体性，通过共谋和变通的形式实现经济利益的最大化。具体如与汽车客运站的共谋、与乘客群体的共谋、客运车技术上的变通、关系层面的变通等，以此在不同的阶段不断地排列组合。

在以往的研究中，我们注意到作为市场经济主体的经营者通过不同的策略应对市场风险及获取最大的经济利益，以及注意到他们运用不同的策略实现经济利益最大化。与以往的研究稍有不同，本研究认为，一方面，市场经济中的经济利益最大化并不会主动实现，需要进行有效的策略干预，并且不仅仅是生产要素的优化配置策略，同时还包含行动结构中的关系调整策略。在日常经济实践中，有效的经济行动策略干预则构成了经济行动体系。并且，在经营者的经济逻辑中，经济利益最大化的实现有相应的阶段性特征，从实现最基本的经济利益开始，逐渐走向经济利益最大化。另一方面，在日常经济实践中，作为市场主体，经营者的经济行动策略和逻辑受到经济利益的支配，即经营者惯用的共谋和变通等手段不断依情境进行排列组合。随着情境的变化，客运车经营者与汽车客运站、交管部门以及乘客之间的关系也在发生相应的变化。在利益一致的情况下，双方则能够达成合作的协议，即在经营过程中产生共谋的经营策略，如在站内超员载客策略中，客运车经营者与汽车客运站之间存在共同的经济利益，则双方在获取乘客数量时采取共谋策略；在利益相冲突的情况下，双方则处于博弈的状态,如客运车经营者与乘客间有关票价的讨价还价等。由此可知,从自身经济利益出发,在不同的情境之中,为了保持经济利益最大化的目标,客运车经营者采取了不同的策略。即使针对同一市场主体,他们的策略也会有相应的不同。如客运车经营者与汽车客运站之间的关系,他们之中既有共谋,也有相应的变通。

简而言之,为了实现经济利益最大化,经营者不断地规划既有的策略。在日常经济实践中,这些策略并非按照理性的(rational)原则形成,而是按照合理的(reasonable)方式行动。① 不同阶段不同策略的使用保障了经济利益最大化目标的实现。并且,也正是在策略的不间断运用中,日常经济实践中经营者"精明"的形象才得以塑造。

参考文献

符平:《次生庇护的交易模式、商业观与市场发展——惠镇石灰市场个案研究》,《社会学研究》2011年第5期。
高崇:《生存理性主导下的创业实践——以广州城乡结合部的成衣社区为例》,《思想战线》2005年第6期。
李相启、岳仁华、朱学志:《陕西城镇个体经济发展的现状和导向》,《社会学研究》1986年第5期。
李悦端、柯志明:《小型企业的经营与性别分工——以五分埔成衣社区为案例的分析》,《台湾社会研究季刊》1994年第17期。
刘少杰:《陌生关系熟悉化的市场意义——关于培育市场交易秩序的本土化探索》,《天津社会科学》2010年第4期。
秦海霞:《关系网络的建构:私营企业主的行动逻辑——以辽宁省D市为个案》,《社会》2006年第5期。
斯梅尔瑟、斯威德伯格:《经济社会学手册》(第2版),北京:华夏出版社2009年版。
汪和建:《自我行动与自主经营——理解中国人何以将自主经营当作其参与市场实践的首选方式》,《社会》2007年第6期。
王水雄:《有效的信誉机制为何建立不起来》,载刘世定主编《经济社会

---

① 斯梅尔瑟、斯威德伯格:《经济社会学手册》(第2版),北京:华夏出版社2009年版,第23~24页。

学研究》（第 2 辑），北京：社会科学文献出版社 2015 年版。

张屹山、于维生：《经济权力结构与生产要素最优配置》，《经济研究》2009 年第 6 期。

Lin, J. Y. "Rural Reforms and Agricultural Growth in China." *American Economic Review* 82 (1992).

家户经营：进城创业经济的再生产机制[*]

——读《台湾都市小型制造业的创业、经营
与生产组织——以五分埔成衣
制造业为案例的分析》

摘　要：小农经济发展模式如何适应市场经济一直是学界讨论的重要话题。通过对《台湾都市小型制造业的创业、经营与生产组织——以五分埔成衣制造业为案例的分析》一书的解读，我们发现，随着台湾经济转型，家户式的小型制造工厂与作坊遍及乡村和城市社区，并支撑了台湾经济的起飞。解析家户工厂在市场风险中林立的现象，本文认为关键在于家户式生产方式的作用。在具体操作过程中，基于传统文化的延续和再制，以家户为生产单位，采用"劳动—生活"均衡生产原则，通过家户关系连带机制组织生产。以此反观当前城镇化中的进城农民自主经营现象，在家户生产逻辑支配下进城的个体经济规模不断发展，并且呈现同家同业、同乡同业的经济发展模式。

关键词：家户式生产　进城农民　自主经营　再生产

制度变革及经济转型为农民的发展提供了另一条路径，从自给自足的生产模式不断走向交换的市场化道路。进入市场经济体制之中，经济发展的期望与风险并存，即市场经济的兴盛同时也为他们的发展带来了相应的不确定性。对于具有"一小块土地"

---

[*] 本文原载于《中共福建省委党校学报》2015年第6期，此为修订稿。

"一个家庭""相互隔离""与自然交换"等特性①的小农经济而言，应然状态下的他们根本难以抵挡市场风险。然而，从立足于市场的农民经济的实然状态可以发现，他们在市场化道路中有良好的发展迹象，特别在社会流动速度不断加快以及市场经济不断深化的条件下，越来越多的农民不断进入市场，并形成了诸多具有小农经济特色的规模经济。立足于农民的主体性进行批判性思考，他们如何以"小农"式的经济发展模式应对市场经济中的不确定性，以及如何在市场经济中转换发展的手段，把生产要素的使用推向最高效率的（供需）均衡，②从市场经济体制中获取生存与发展的资本成为我们探讨的重点。回答此类问题也相应成为我们思考农民与市场关系的基础。在查阅相关研究文献的过程中，我们发现，台湾柯志明教授的《台湾都市小型制造业的创业、经营与生产组织——以五分埔成衣制造业为案例的分析》（下文简称"柯文"）对农民在市场中的经济活动为何能够得以存续和发展有一个较为明确的答案。本文将在理解柯文相关分析的基础上，希望能加深对当前新型城镇化背景下进城农民自主经营活动的理解，以此增强我们对流动时代进城自主经营经济的重视，发展以进城自主经营为依托的城镇化经济。

一 从台湾的经济转型谈起

作为"亚洲四小龙"之首的台湾，在"经济起飞"之前，特别是在"耕者有其田"等制度的安排下，农业和农产品加工业构成了台湾经济发展的主要经济支柱，以生产稻米、蔗糖、茶叶、樟脑等为主。统计资料显示，1952年台湾农产品及农产品加工占出口总值的91.9%。从经济发展比重而言，台湾区域俨然是一个以农业生产为主导的农业社会。然而，在"以农业培养工业，以工业发展农业"的制度安排下，台湾劳动密集型的轻工业得以快

---

① 陈勇勤：《小农经济》，郑州：河南人民出版社2008年版，第14页。
② 西奥多·W. 舒尔茨：《改造传统农业》，梁小民译，北京：商务印书馆1987年版。

速发展，并为以后的进一步发展提供了可以借鉴的成功经验，如以自身特征发展外向型经济，等等。随着"美援经济"的减速，在自身工业经济实体成长的基础上，台湾从20世纪60年代开始实行"出口导向"的经济政策，其主要表现为普设加工出口区、扩大外销等。经过一定时期的工业资本积累，台湾工业及其经济得以起飞，以工业品生产为主导型经济的发展方式取代了原有以农业生产为主导的形式。与经济转型相对应，台湾社会结构也因此发生改变，逐步迈入机器生产的工业社会，社会成员的生活逐渐嵌入工业生产之中。

在台湾经济出口贸易发达的20世纪70年代，承接经济转型的机遇以及相应的制度安排作用，社会成员经营的大型工厂及小作坊的经济实体"异军突起"。从城乡林立的经济作坊来看，从台湾岛的南边到北边，从农村到城市，到处有小型制造业的影子。对于林立的家庭式小型工厂，熊秉纯在《客厅即工厂》中曾如此描述："在邻里社区的巷弄走廊，或是各家各户的客厅和后院里看到堆满了半成品的帽子，即使对此种现象有所了解，但真正进入时，难免不对稻田间、公寓楼房里小工厂的数量之多和分布之广感到惊讶。"① 相应而言，"客厅即工厂"的经济政策已经构成一种社会经济运动，牵动着城乡社会中的老少妇孺等，小型生产加工作坊可谓是"遍地开花"。在小型生产加工作坊较为集中的地方形成了某些较有特色的产业点，如彰化和美有四百多家纺织厂，形成了以纺织为特点的产业聚集点，五分埔形成了以成衣制造为特点的小型制造业聚集点等。

纵观兴起于20世纪五六十年代的各类小型制造业，从各类小型制造业的特性进行评价，它们具有较高的同质性特征。其一，小型制造业多是一种劳动密集型的经济实体组织，以人力和简单的机械相互配合为主，无须较为繁杂的技术，更多的是需要体力和时间等，其分布行业也多在加工制造业，如成衣等。与当前的高科技企业相比，小型制造业则可视为工业化的初级阶段。其二，

---

① 熊秉纯：《客厅即工厂》，重庆：重庆大学出版社2010年版，第69页。

规模较小，一方面，投资较少，所投资金额度在家庭的承担范围之内；另一方面，雇佣人员规模较小，一般以家庭成员为劳动核心，向家庭之外雇用少量的工人，人数多在 20 个以内。其三，以加工为主的小型制造业不仅受惠于台湾对外出口导向型政策，而且支撑着台湾经济的发展，为台湾经济的起飞与转型奠定了坚实的基础，甚至为日后的工业经济再次转型积累了充足的人力资本和经济资本。

对于在经济快速发展时期具有如此重大意义的经济实体，不仅吸引着当前的学者重新审视台湾经济发展奇迹及其出现的影响因素，而且通过梳理相应文献可以发现，早在 20 世纪 60 年代末期，小型工厂及作坊就已经受到诸多学者的关注，如戴梦德（Diamond）在 1969 年对台湾一个村庄的研究中就有关于小型作坊的描述等。随着小型工厂及家庭作坊的遍地而起，存在于城乡日常生活中的小型工厂及作坊经济也逐渐成为学术研究（社会科学领域）的一个热点，或者说对此现象的关注和研究也逐渐形成一种浪潮，并在 20 世纪 90 年代达到高潮。

反观有关台湾小型工厂及作坊经济现象研究的累累硕果，其所涉及的内容呈现多样化的状态，从宏观层面的全球化视角审视台湾小型工业经济的存活与发展到微观层面的小型制造业的生产组织，从政治经济学视角的"非正规"经济性质界定到从台湾新经济现象支撑角度进行理解，从经济视角出发关注小型工厂（代工现象、手工作坊等）的运作到从社会学视角理解小型制造业对于家庭、个人的功能和意义等。整理既有文献，我们可以发现，大多数研究的问题主要聚焦于小型工厂及作坊经济的功能和作用以及运转过程、小型工厂与整体经济的关系（或言全球化）等；切入的视角主要有社会结构分析中的关系网络维度、性别批判视角、分层与流动维度等。在社会关系网络维度，强调社会关系网络对小型工厂及作坊经济活动的作用，即小型工厂及作坊经济活动嵌入社会结构之中，通过关系网络的力量而使经济活动得以实践和发展，如《网络式劳动过程：台湾外销工业中的外包制度》《协力网络与生活结构：台湾中小企业的社会经济分析》《弹性生产与协力网络：协力厂观点的个案研究》《一个半边陲的浮现与隐藏：国际鞋类市场网络重组下的生产外移》，等等；在性别批判视角方面，强调女性（妇女）在小型工厂及作坊经济活动中的重要作用，以此批判性审视劳动生产过程中所存在的性别差异，凸显父权劳动体制下的性别不平等，如《客厅即工厂》《头家娘：台湾中小企业"头家娘"的经济活动与社会意义》《家庭存活策略与女性劳动参与选择：以台湾家庭企业妇女为例》，等等；在社会分层与流动维度的分析中，诸多研究反观小型工厂和作坊经济对于劳动主体的意义，以此突出选择主体作为社会人的理性等，如《黑手变头家：台湾制造业中的阶级流动》《跨越阶级界限？：兼论"黑手变头家"的实证研究结果及与欧美社会之一些比较》，等等。

诸多研究丰富了我们对台湾地区小型工厂及作坊经济现象的认识和理解。在丰富的研究成果中，台湾柯志明教授的《台湾都市小型制造业的创业、经营与生产组织——以五分埔成衣制造业为案例的分析》则让我们对此现象有了更为深刻的把握，从较为微观的层面详细展示了台湾地区工业化时期小型制造业的运作全貌，从开办小型制造业的条件到在经营小型制造业的过程中所实施的策略等，具体内容如小型成衣制造业的创业经营的社会条件、多变的市场需求与割喉式的竞争、厂内劳动组织、场外劳动组织、生产的分散化、小型企业生产组织的内在机制等。从学术层面评价柯文，翔实的资料中所提炼的"家户式生产"（household production）的学术概念将连接转型时期市场经济中小型制造业的再生产机制，尤其指向市场社会中的农民经济行动逻辑，更为清晰地展现了小型工厂的劳动过程和劳动体制。谢国雄在回顾台湾劳动研究时曾简略指出，柯文的创新之处在于指出了"家户生产的逻辑已经转换为资本主义的生产逻辑"等。[①] 在我们看来，柯文之所以受到有关小型工厂及家庭作坊研究者的关注，关键在于柯文

[①] 谢国雄：《从援引、运用、推新到挑战——台湾劳动研究回顾，1973—2005》，载谢国雄编《群学争鸣：台湾社会学发展史，1945—2005》，台北：群学出版社2008年版。

的问题意识与所提炼概念的解释力。经验之中所提炼的"家户式生产"概念不仅在解释台湾地区小型工厂及作坊经济现象中能够具有较高的说服力,并且作为具有延展性的概念为我们理解市场化进程中的行动和结构关系提供了相应的路径,尤其对于市场经济中的农民如何应对风险或不确定性提供了一定的方案。对于家户式生产概念及对柯文的理解和把握也相应为我们理解人口大流动时代的进城农民自主经营现象提供必要的借鉴。

二 市场经济中的家户式生产方式

在诸多研究看来,作为"一个个马铃薯"的农民在日常生活中呈现"原子化"与"一盘散沙"的状态,并且其弱小及其劳动生产特质使其在从农场走向工厂的过程中难以有效地适应市场,更难以抵御市场的风险。与之相反,柯文认为,适应市场经济一方面需要相应的经验,另一方面需要必要的手段和策略。在经验方面,台湾的农村早已高度商品化,出身农家的移民其实积累了相当多的市场经验,有助于适应都市的市场经济。① 在手段和策略方面,经验更多地表现为对农民经济特性及乡土社会结构关系的利用。特别对于经营小型制造业的农民而言,他们应对市场的方式和策略也在于以家户式生产为基础进行的生产组织和劳动过程的控制等。家户式生产也即家户经营,主要是指延续农村旧有的劳动生产组织形式,以家庭为单位组织和安排劳动内容。家户经营或家户式生产与恰亚诺夫的农民经济组织形式相似,以家庭为单位组织生产,② 但其中也存在相应的差异,柯文的家户式生产更加强调对社会关系结构的运用,如将血缘、姻缘、地缘等关系作为一种手段,并以此组织生产及应对市场中的风险。下面我们将进一步讨论家户式生产在都市市场经济中的可能及其表现与特征。

---

① 柯志明:《台湾都市小型制造业的创业、经营与生产组织——以五分埔成衣制造业为案例的分析》,台北:台湾中研院民族学研究所1993年版,第2页。
② A. 恰亚诺夫:《农民经济组织》,北京:中央编译出版社1996年版。

(一) 市场经济中家户式生产的可能：传统的延续

迈入工业社会的台湾以大步伐的形式进入了市场经济时期，包括农村社会在内都已经高度商品化，但是并不意味着从传统走向现代之后，传统完全被抛弃，相反形成了传统的延续与再制。在实践中，市场经济中的家户式生产也正是对传统的延续和再制。

从传统延续的层面而论，作为典型的农业社会，台湾的农业生产以家庭为单位展开，或言劳动生产安排与家庭制度相联系。在以家户式农业耕作作为主要劳动类型的社会中，家庭相应作为一种最为基本的资源配置单位，人与人之间的关系自然也因土地和农业生产活动而得到进一步的强化，甚至以家庭为单位的劳动生产成为一种习性。因此，从乡下迁移到都市的移民家庭习惯于农村以家户为经济单位以及在其上衍生出来的生活方式，而不愿意家庭成员被拆散。[1]

从传统的再制层面而言，在实践中，家庭作为一个生活消费单位，同时还作为一个支撑消费的生产单位。这不仅仅在于生活消费依靠劳动生产，更关键在于个体的理性选择。相对于家庭而言，个体力量较为弱小。如果说家庭单位难以抵御市场的风险，那么个体的力量更是难以抵御市场的风险。特别是当从农业社会进入工业社会之后，市场社会的不确定性提高了风险度，对于弱小的个体而言，也只有通过家庭积聚众多力量抵御市场的风险，如柯文中对迈入创业门槛条件的强调，而获得这些条件无疑都是建立在家庭单位基础之上。在家户式生产的优越性得到强化之后，经营者更是将家庭单位的生产形式进行必要的改造以适应新的市场环境，如扩展以往对家庭范围的理解，将其范围进行扩大，如柯文所讲的劳工来源主要是乡下亲友等。其中，对于家庭单位生产形式的改造更为重要的体现在于将情感理性与工具理性深度结合。从柯文中的表达可以看出，家庭中的成员因为家庭关系而被

---

[1] 柯志明：《台湾都市小型制造业的创业、经营与生产组织——以五分埔成衣制造业为案例的分析》，台北：台湾中研院民族学研究所1993年版，第39页。

整合进家庭劳动生产安排之中。在劳动生产过程之中,他们必须全心全意服从家庭单位中的劳动生产安排,即使在不计报酬的状态下。特别对于家庭中的女儿来说,在出嫁之前,她们必须参与家庭单位的劳动生产。

与以往的研究观点不同,我们认为,从传统进入现代,从农业社会进入工业社会,从农场进入工厂,过程之间并未产生相应的断裂,而是呈现一种连续的画面,农业社会的生产特征并没有被完全抛弃,相应进行了适当的改造,使之适应市场经济的需要,也因此形成了市场经济中的家户经济。家户式生产的关键则在于行动者在社会生产结构转变过程中的能动性发挥,以此适应新的社会环境。从台湾的工业发展轨迹而言,家户式生产方式不仅适应了台湾经济转型后的环境,而且旺盛的生命力为台湾经济的起飞和再次转型提供了坚实的基础。

(二) 家户式生产的原则:"劳动—生活" 均衡

与恰亚诺夫对农民组织生产方式观察相同,柯文指出农民的创业、经营与生产组织得以成为可能,关键在于家庭单位的支撑。与恰亚诺夫在《农民经济组织》较为详尽的描述所不同的是,柯文更加细致地指出了家户式生产的 "劳动—生活" 均衡原则。区别于资本主义工厂生产方式中的 "追求最大效用" 原则,"劳动—生活" 均衡原则强调劳动的指向在于生活,通过劳动改善原有的生活,因此对于生产实践中的较低利润也可以接受。在柯文的表达中,"劳动—生活" 均衡原则具体表现在以下几个方面。

第一,在家户式生产组织过程中,不仅家庭成员参与生产组织和经营活动,而且家庭成员多以多类别的身份参与其中。如在柯文中对老板娘的描述,她们不仅参与到生产劳动之中,而且在劳动生产中承担多类任务,被视为多功能的管理人员。当处于创业阶段时,老板娘可能因为会技术而成为创办小型制造业或家庭作坊中的关键劳动者;当需要组织生产的时候,老板娘则又变成相应的管理人员;当生产过程中遇到技术难题的时候,老板娘则又需要亲自上阵,成为破解难题的示范者等。在家户式生产关系中，不仅老板娘如此，而且家庭中的任何一个成员都有相似的担当，如柯文中一位帮哥哥做了 12 年车工的妹妹表述，一方面"要起来带动"，另一方面"难车的拿来自己车"① 等。由此可见，只要作为家庭单位中的成员，在多种因素的作用下，都是家户式生产过程中的劳动力。②

第二，家工的自我剥削是"劳动—生活"均衡原则的又一重要表现。在家户式生产中，家工的自我剥削主要表现在两个方面。一方面，家庭成员参与劳动生产和经营活动，他们的劳动付出并不在劳动报酬和薪水的考量范围之内。在柯文中，对于帮哥哥打了 12 年工的妹妹来说，她虽然做得多，但并不获得薪水，仅仅获得一些零花钱。从经济成本角度考虑，在家户式生产中，生产支出与家庭生活支出存在边界模糊的状态，或者说两者融为一体。在实践中，劳力、原料等生产要素投入的支出是由市场客观决定的，自家成员的消费支出是由家庭主观决定的。③ 因此，家户式生产中的经营者经常通过克制自家消费需求，达到大幅降低生活成本的目的。④ 另一方面，在计算产品的成本时，家庭成员的劳动量被排除在外。如果从形式经济学的投入与收益的分析模式来看，当不将家工的成本计算在内时，就相应地会将家工的成本计算为利润的部分，这无疑从自我认同的层面增加了对小型工厂或作坊经济高收入的认识。在实践中，"有机会赚就硬赶货，做通宵"⑤的行动也就司空见惯，因为做工多赚取利润多。即使他们明白这是一种赚自己钱的行动逻辑，但当难以在市场经济中以其他方式

---

① 柯志明：《台湾都市小型制造业的创业、经营与生产组织——以五分埔成衣制造业为案例的分析》，台北：台湾中研院民族学研究所 1993 年版，第 84 页。
② 李悦端、柯志明：《小型企业的经营与性别分工——以五分埔成衣社区为案例的分析》，《台湾社会研究季刊》1994 年第 17 期。
③ 柯志明：《台湾都市小型制造业的创业、经营与生产组织——以五分埔成衣制造业为案例的分析》，台北：台湾中研院民族学研究所 1993 年版，第 38 页。
④ 柯志明：《台湾都市小型制造业的创业、经营与生产组织——以五分埔成衣制造业为案例的分析》，台北：台湾中研院民族学研究所 1993 年版，第 38 页。
⑤ 柯志明：《台湾都市小型制造业的创业、经营与生产组织——以五分埔成衣制造业为案例的分析》，台北：台湾中研院民族学研究所 1993 年版，第 37 页。

获得更多利润的时候，这种方式无疑是一种"最优选择"。在赚自己钱的逻辑作用下，也就产生了无底线的劳作，如拼命式赶工、疯狂加班、无限量地增加家工的劳动量等。这无疑强化了对自身的剥夺。

第三，割喉式竞争是"劳动—生活"均衡原则的有力外显形式。在市场经济中，无论是大型工厂，还是小型工厂或作坊经济，他们面对着一样的消费者，遵循着同样的市场规则。在竞争情景中，小型工厂及作坊经济在家户式生产方式支配下所采取的是一种割喉式竞争。根据前面的分析可知，小型工厂及作坊经济采取家户式生产形式可以比固定工人同规模成衣制造厂更具价格竞争优势。① 之所以可以压低价格进行竞争，形式层面在于家工的使用及其劳动量不计入成本，实质则在于一方面追求生活的维系；另一方面，特别习惯于和以往的劳动形式所获得报酬相比较，当前所获得的利益拥有相对优势，这也在他们的接受范围之内。所以，对于小型工厂及作坊经济的经营者来说，家户式生产甚至可以在仅维持家庭基本生存条件的情况下，继续生产。② 与大型工厂的生产和市场竞争方式进行比较，大型工厂在生产组织过程中追求的是投入与产出对等原则，并且产出要大于投入，否则没有经济效益或者经济效益很低，投入也相应会被终止。一旦经济效益较高时，那么投入也就可以采取多种多样的手段。这或许也就进入马克思所描述的资本家追逐利益的逻辑链中。与资本家这类纯"经济人"不同，柯文中所描述的家户经济主导者虽然也有创造经济效益的目标，但更主要的是围绕家户生活目标。当劳动成果可以维持最基本的生活时，生产则可以继续。因此，正如柯文中田野观察所发现的那样，诸多经营者会在市场竞争中采取割喉式的竞争策略，而这也成为他们在市场竞争中相应的优势之所在。

---

① 柯志明：《台湾都市小型制造业的创业、经营与生产组织——以五分埔成衣制造业为案例的分析》，台北：台湾中研院民族学研究所1993年版，第37页。
② 柯志明：《台湾都市小型制造业的创业、经营与生产组织——以五分埔成衣制造业为案例的分析》，台北：台湾中研院民族学研究所1993年版，第39页。

(三) 家户式生产的组织：关系连带

家户式生产实践的可能关键在于关系的连带，即经济行动通过社会关系网络而得以生成和发展。在柯文中，有关关系连带功能的表达主要表现在三个方面。首先，以关系理性应对经济理性，进而将市场经济中的竞争关系转化为合作关系，而这也正是情感关系在其中所产生的连接作用。如在创业阶段，经济理性使市场中的"经济人"将技术、资金、市场资讯等信息视为秘密或者个人竞争的筹码，一般不会告诉"外人"。但是相对于"外人"而言，"自己人"则可以从"经济人"那里获知相应的信息，这也正如柯文的田野资料所表达的那样："外销零碎布的来源有限，只报予亲戚及亲近的朋友知道。"[①] 在实践中，经营者通过亲戚及熟人朋友的帮忙而获得市场信息与技术等，进而打通市场经济中因为竞争因素而划定的封闭的边界。相反，对于经营者而言，如果缺少必要的关系连带机制，那么弱小的农民根本无法迈过市场经济中的制造业门槛，也更难以在市场经济浪潮中立足。

其次，关系连带机制的功能主要表现在劳动组织与控制方面。在实践中，小型工厂及作坊经济并没有大工厂那种较为严格的作息制度和奖励手段，而一般采取的是"有活就干，干完才休息"的方式。对于干活（打工）的工人而言，工作和生活不规律的状态严重地打乱了生活规律，使诸多劳动主体处于一种工作积极性不高的状态。同时因为经济利润的限制，劳动奖励手段有限，既有的工作低效率也会相应出现。对于劳动生产中的此种状况，关系连带机制发挥了较为重要的抑制作用。通过关系理性的作用，市场经济中诸多低效的工作方式得以破解。从柯文的经验观察中可以看出，"建立基于传统人际关系网络的厂内权威有助于取得可靠的工人，形成稳定的雇佣关系，以及驱使工人配合赶工加班从

---

① 柯志明：《台湾都市小型制造业的创业、经营与生产组织——以五分埔成衣制造业为案例的分析》，台北：台湾中研院民族学研究所 1993 年版，第 49 页。

事高强度的逾时劳动"[1]。与柯文的发现相似，熊秉纯对小型工厂及作坊经济现象的研究也有相应的发现，即勤劳能干的老板娘及关系连带下的兄弟姐妹等在加班加点地赶工。

最后，关系连带机制的功能还表现在市场经济中不同经营者间的分工与互助关系。面对不稳定的市场，为了抢时机，小型制造业及作坊经济的经营者"透过人际纽带形成不同生产环节的垂直分工以及平行互助的关系"，[2] 以此将市场中的风险进行转换和化解，如一般外包制度内生产流程上常见的偷料、延误、运送损失等所造成的交易成本损失。在柯文的评价中，亲友间的相互信赖、配合促成了市场经济中小型制造业及作坊经济经营者之间的分工与合作，并且它的效率不亚于进行大规模生产的工厂，也是大规模工厂的大量生产所无法企及的。[3]

简而言之，柯文的表达及柯文所提炼的"家户式生产"概念让我们理解了台湾工业化初期以小农家庭为基础的小型制造业或作坊经济为何能够应对市场中的不确定性，以及他们怎样在市场经济中存在和发展的过程。对于"家户式生产"这个具有延展性的概念也将有利于我们探讨不同空间中的类似经济现象。

三 同乡同业：家户式生产经营机制的延展

深入理解家户式生产，一方面，我们认为它不仅仅局限于台湾地区的小型制造业或作坊经济现象，对于其他地区进城创业现象也有相应的解释力，而且对于其他地区同根同文化的进城创业组织经营现象有相应的适用范围；另一方面，"家户式生产"及"家户经济"并非一个最终性的概念，而是一个具有延展性的基础

---

[1] 柯志明：《台湾都市小型制造业的创业、经营与生产组织——以五分埔成衣制造业为案例的分析》，台北：台湾中研院民族学研究所1993年版，第95页。

[2] 柯志明：《台湾都市小型制造业的创业、经营与生产组织——以五分埔成衣制造业为案例的分析》，台北：台湾中研院民族学研究所1993年版，第182页。

[3] 柯志明：《台湾都市小型制造业的创业、经营与生产组织——以五分埔成衣制造业为案例的分析》，台北：台湾中研院民族学研究所1993年版，第183页。

性概念。通过将其与现实生活中的经济现象进行连接,特别是结合人口大流动时代的进城农民自主经营[①]现象,其可具体延展为"同家同业"与"同乡同业"等概念。

(一) 同家同业:家户式生产的初级经济实践

值得注意的是,柯文是从一个核心家庭的微观单位出发进行分析,而如果将家户式生产置于扩大化的家庭范围之内进行观察,特别是从整体层面进行把握,现实生活中就出现了集群式的经济现象,即在一个扩大化的家庭之中,家庭中的成员所从事的行业具有一定的相似性或关联性。如果家庭中有一位成员在城市从事"做工程"的经济活动,那么扩展家庭中还有其他成员也从事"包工程"的活动;如果家庭中有一位成员在城市中经营餐饮业,那么扩展家庭中还有其他成员在当地或其他城市从事餐饮业或与餐饮业有关的经济活动等。归纳现实生活中的此类经济现象,可以简单概括为"同家同业"。为何来自同一个家庭或扩展家庭的成员从事的经济活动具有一定的相似性和关联性,主要原因在于这是家户式生产的产物。或者说,同家同业现象是以家庭为单位组织生产的副产品。

作为家户式生产的副产品,同家同业现象产生的主要原因在于家庭成员参与劳动生产。在劳动生产过程中,家工自然需要掌握生产中的方方面面,或者在劳动参与过程中掌握了有关生产的诸多经验,个人也具备了组织生产的能力。当个体从原有家庭中走出来而重新成立家庭的时候,也就顺理成章地参与到自己家庭的劳动生产中来,所掌握的生产经验与能力也自然发挥到自己的家庭之中,进而形成与原有家庭相似的生产组织。在现实生活中,此类情形最为常见的便是在父子之间、兄弟之间等。对于家庭中

[①] 汪和建将自主经营界定为个体或家庭通过自主投资、创业而拥有完全经营权的实践方式。与之相似,结合现实生活中的经济现象,本文的自主经营主要是指与打工相对的生产活动,但与散工性质的经济活动有相应的差异。具体可参见汪和建《自我行动的逻辑:当代中国人的市场实践》,北京:北京大学出版社2013年版,第4页。

的女性成员而言,在劳动参与过程中掌握了生产经验,待到出嫁之后,则需要以夫家的生产单位为核心,自然将原有的劳动参与能力运用到夫家的生产经营中。此外,与以上核心家庭成员的义务性参与所形成的裂变形式不同,扩展家庭之内核心家庭之外的一部分家工则以利益性参与形成裂变,即以低报酬或无报酬的形式参与以家庭为单位的劳动生产,目的在于"干中学",积累经营生产能力,以便日后开店和经营制造业等。在柯文中,这种类型的劳动参与也可谓是"创业预备队"。

无论是义务性参与的裂变,还是利益性参与的裂变,同家同业的产生关键在于家户式生产经营方式。在同一个家庭单位之中,相对于家庭之外的人而言,都是一家人,相互之间有较高的信任度,在生产过程中可以视为家工,遵守"劳动—生活"均衡原则,等等。同时,亲密地参与生产经营自然为它们(劳动生产组织)以后的裂变提供了条件。相反,劳动参与者是家庭之外的人,在缺少必要信任的状态下,则无法接触生产经营的核心技术,致使在其脱离原有的劳动生产组织时自己也无法组织同类的生产。因此,在必要的信任和义务的支撑下出现了家户式生产,而家户式生产的出现则促使了同家同业现象的出现。

(二) 同乡同业:家户式生产的经济实践扩展

在实践中,同家同业现象并非家户式生产方式的某一终点,相对来说也只是个过渡或者中间形式而已。因为在同家同业的基础上还有同乡同业的现象。所谓"同乡同业",主要是指在城乡社会中,来自同一地区的社会成员经营相同的行业等。[1] 如湖南新化人的复印打字经济现象、湖北钟祥石牌镇的豆腐业现象、福建孙村的打金业现象等。究其原因,关键还在于以家户式生产的经营方式为内核,以同家同业作为传导机制,进而出现同乡同业。在实践中,这种"乡"可以是自己生活的自然村,也可以是行政村

---

[1] 郑莉:《东南亚华人的同乡同业传统——以马来西亚芙蓉坡兴化人为例》,《开放时代》2014 年第 1 期。

的范围，或者所在的乡镇以及县域，等等。

按照费孝通先生对中国社会的把握，中国社会是一个熟人社会，特别对于农村社会而言，"是以住在一处的集团为单位的"①。在熟人社会中，同一个村落的人由多种关系相联结，如血缘关系、姻亲关系、地缘关系等。相应的关系形成了相对应的联结机制。在必要的联结机制作用下，进入经营实体中帮工、做工或实习等也相应成为顺理成章的事情。与"同家同业"原理相似（或许有着细小的差别），既然成为经济实体运作过程中的一员，那么"耳濡目染"式地掌握相应的生产经营技术也就成为可能。当具备开店设坊条件时，如资金、地理位置等，发生裂变也就成为现实。相应而言，原有的经济实体也就成为一种孵化器，将生产技术和组织经验向外传播，从以家庭为核心逐渐转向以村庄为核心，可谓是"同村同业"。按照同样的方式进行孵化，在必要的关系机制连带和作用下，分别形成以不同的家庭生产为核心的孵化形式，进而形成了同镇同业及同县同业等。比较同家同业、同村同业、同镇同业及同县同业间的差异，其主要表现在空间地理范围内的形式不同，以及由此所产生的社会经济效益差异。从社会经济效应角度进行评价，同县同业有着较大的优势，不仅形成了一定的产业规模，具有相应的市场稳定性，也为流出地和流入地带来了较高的经济效益。对于规模较小的同家同业经济实体而言，其经济效益相对有限，所能带动发展的范围也只能限于家庭圈层之中。因此，在当前新型城镇化背景下，要注重同乡同业的经济发展效益，发展较大层面的同乡同业，以此促进新型城镇化及市民化的快速实现。

从上述分析可知，无论是同家同业、同村同业，还是同镇同业、同县同业，其关键都在于家户式生产方式，依靠家庭中的关系而不断向外延伸，进而出现了不同范围的较为一致（相似或相关）的产业现象。

---

① 费孝通：《乡土中国　生育制度》，北京：北京大学出版社1998年版，第8页。

四 未完的研究

　　柯志明教授对台湾地区工业化初期经济现象的梳理和分析，特别是他所提炼的"家户式生产"及"家户经济"使我们深入了解了进入市场的小农是如何应对市场中的风险的。结合人口大流动时代中进城自主经营经济现象，家户式生产是同家同业及同乡同业的核心之所在。这无疑给我们提供了必要的启示，在当前城镇化战略背景下，要注重中小城市的发展，以相应的制度安排和制度建设推动家庭主义生产，使其扩散至同乡同业的发展模式，如建立同业协会等，提升流出地经济发展效益。

　　深入而全面地了解了家户式生产并不代表研究的结束。恰恰相反，有关家户式生产的研究还需要继续深入，不仅要注重我们所强调的应用分析，还要重视研究的理论分析。在我们看来，深入的研究具体表现在三个方面。首先，在研究对象方面，从实践出发，在城镇化背景下有针对性地研究进城农民如何应用家户式生产进行自主经营。这方面的研究扩展了研究对象，如柯文的研究主要强调小型制造业及作坊经济现象，但是深入的研究不仅包括小型制造业及作坊经济经营者，而且将其扩大到所有进城创业经济的经营者。其次，在研究内容方面，需要采用比较的视角，如对于中国大陆的市场化进程中的农民而言，他们在文化层面与台湾的农民有着相同的属性，即能以家户主义的生产方式面对市场中的不确定性。但是在看到相同属性的同时，也要注意到他们之间或多或少的差异性，制度安排下的统销、统购、议购等政策使大陆农民与市场隔离，而今重新进入市场，经验的缺乏使他们的运用过程有了相应的变化。此外，对于研究内容的扩展，还需注重当前已经实现经济起飞后的自主经营者的状态等。最后，进行纵向的深挖研究，在横向层面研究的基础上，厘清"家户式生产"的内涵和外延，锤炼"家户式生产"概念，分析其运作机制的深层次动力等，以此增进中国社会科学本土化理论的积淀。

参考文献

A. 恰亚诺夫：《农民经济组织》，北京：中央编译出版社 1996 年版。

陈勇勤：《小农经济》，郑州：河南人民出版社 2008 年版。

费孝通：《乡土中国　生育制度》，北京：北京大学出版社 1998 年版。

柯志明：《台湾都市小型制造业的创业、经营与生产组织——以五分埔成衣制造业为案例的分析》，台北：台湾中研院民族学研究所 1993 年版。

李悦端、柯志明：《小型企业的经营与性别分工——以五分埔成衣社区为案例的分析》，《台湾社会研究季刊》1994 年第 17 期。

汪和建：《自我行动的逻辑：当代中国人的市场实践》，北京：北京大学出版社 2013 年版。

西奥多·W. 舒尔茨：《改造传统农业》，梁小民译，北京：商务印书馆 1987 年版。

谢国雄：《从援引、运用、推新到挑战——台湾劳动研究回顾，1973 - 2005》，载谢国雄编《群学争鸣：台湾社会学发展史，1945 - 2005》，台北：群学出版社 2008 年版。

熊秉纯：《客厅即工厂》，重庆：重庆大学出版社 2010 年版。

郑莉：《东南亚华人的同乡同业传统——以马来西亚芙蓉坡兴化人为例》，《开放时代》2014 年第 1 期。

个体经济秩序与进城创业者的经营进程*

摘　要：进城创业者的经营进程呈现一定的规律，从初入新市到融入市场，从融入市场到带人入市，最后形成联动立市的经济格局。不同于西方现代经济组织的发展路径，本土进城创业者的经营形式没有采取纵深化的发展模式，也更没有陷入日常表达中"有增长无发展"的内卷化状态，而在情感关系驱动机制的作用下，采取的是家庭组织化的横向发展形式。进城创业组织的不断孵化，不仅提升了进城创业者抵御市场风险的能力，而且繁荣了城镇市场经济中的个体经济图景，推动了流出地经济产业区域化发展的趋势，即同家同业、同乡同业等。这也给我们当前鼓励流出地产业走出去提供了有益的启示。

关键词：经济组织　裂变　进城创业　个体经济

一　问题的提出

在以往有关进城创业现象的研究中，许多研究仅仅重视经营的静态场景或社会情境中的策略，[①] 而未能与经营进程相联系，更未能与进城创业者的经营轨迹和历程相联系，以至于我们在对进城创业现象的认识过程中未能形成一个整体的视野，难以完整地

---

*　本文系作者与陈虹梅（提供经验资料）合作，载于《江汉学术》2018 年第 1 期，此为修订稿。

①　Parodi, G. et al. "Self-employment of Rural-to-urban Migrants in China." *International Journal of Manpower* 33（2012）.

深入认识进城创业现象。与进城创业者的日常经济实践相联系,他们的经营进程之中不仅仅有相应的经营策略,同时还由于经营策略的演绎而形成了不同的经济状态,或曰构成了不同的经济过程,如由刚刚创办到关停倒闭,由不适应到适应,由小到大,由大到强。这些不同的经济过程也相应构成了进城创业者的经营轨迹或经营进程。理解进城创业者的经营轨迹或经营进程,不仅有利于我们深入理解进城创业者的经营状态,推动进城创业的持续发展,而且有利于我们深入思考进城创业现象的发展趋势。对于某一创业组织而言,当立足于所在经济场域之后,它将如何发展,或言如何突破经济发展"内卷化"[①] 的状态也是进城创业者所遭遇的困境之一。对于某一区域市场中的经济秩序而言,进城创业者的经营进程影响个体经济现象。在当前,很多学者观察到了中国社会经济中的区域现象,[②] 即流出地的一个区域内存在相同或相似以及相关联的业务,如湖南"新化现象"、福建"沙县小吃"现象等,并形成了一定的规模。如何对这种进城创业中的区域经济现象进行理解,即它们何以形成等,学界尚未给出有效的解释。然而,在实践中,在典型的示范作用下,为了推动流出地社会经济的发展,当下许多城镇的政府部门开始鼓励当地的特色产业走出去,如《关于鼓励和支持襄阳牛肉面产业走出去发展实施方案》。在流出地的产业走出去的倡议和号召下,我们要推动流出地的产业不断向外走,在城镇市场经济之中形成一定的规模经济。如何再次出现类似"新化现象"等成规模的个体经济实践,在我们看来,这需要有效地借助对进城创业者的经营进程进行理解。对进城创业经营进程的把握,不仅能够推动特色产业走出去,而且能够推动特色产业持续发展。因此,从理论上探究进城创业者的经

---

① 内卷化概念经过格尔茨建构,经过黄宗智、刘世定等学者的重新界定与辨析之后,本土化的"内卷化"概念主要强调"有增长无发展"的状态。在这里,我们借用"内卷化"概念强调进城创业者在经营过程中所出现的经济总额有所增长,而创业经营行动没有发展。具体可参见刘世定、邱泽奇《"内卷化"概念辨析》,《社会学研究》2004 年第 5 期。

② 夏循祥等:《社会经济在中国(下)》,《开放时代》2012 年第 2 期。

营进程有助于我们破解其经济行动中的内卷化,并且连接流出地的产业化发展前景等。

在本文中,我们将依照实践动态审视进城创业者的经营进程。通过一进城经营山东杂粮煎饼摊的创业者案例,[①] 展现进城创业者经营经济组织运转的全貌,重点分析他进城创业的过程,揭示经济组织经营与经营困境突破以及流出地区域经济发展的关系和影响机制等。在分析过程中,我们将首先介绍本研究所关注的进城创业者——季叔的基本情况,即简单明确本研究对象进城创业的概貌,接着分析进城创业经营的轨迹和进程,最后运用归纳的方法概括和辨析进城创业的发展形式以及经营机制等。

二 进城创业者个案的描述

季叔来自革命老区——山东省沂蒙山区,具体来自临沂市平邑县,位于沂蒙山区西南部。其中,平邑的铜石镇和郑城镇是全国山东杂粮煎饼经营者的主要流出地。在这两个镇,做杂粮煎饼(本地称作"夹饼")是祖祖辈辈传下来的手艺,素来有"家家支鏊子,户户烙煎饼"的传统。随着市场经济进程的推进,铜石镇和郑城镇的劳动者从20世纪90年代开始走南闯北经营山东杂粮煎饼。然而,对于本研究的对象——季叔来说,其走出沂蒙山是从

---

① 本文采用深度访谈和非参与观察法收集资料,在收集资料的过程中采用"求全法",并不只围绕本文的主题,而是对这一摊贩家庭进行全方位、多方面、多角度的信息收集,力图对这一家庭形成较为全面的认识。访谈方法具体为无结构式访谈,除了基本信息的获取,主要关注两方面——家庭的经营行为和日常生活状态。访谈结束后,课题组成员对录音资料进行了整理。非参与观察法采用观察提纲收集信息,对摊位所在市场的摊位数量、摊位经营食品种类、销售量等进行记录,辅助访谈资料形成对调查对象较为全面的认识。调查时间:我们对摊贩家庭季家的调查始于2015年1月,对季叔及其妻子做过三次访谈,对这个家庭的经营状况和日常生活进行了了解,之后与这一家庭保持着密切的联系。在2016年4、5月进行了补充调查,除了对季叔及其妻子进行后续访谈外,还对其儿子和侄女的经营状况进行了调查,在家庭内部关系、经营状况变化以及日常生活互动等方面获得了较为全面的资料。调查地点为季家的经营地点,即摊位旁边。

1989 年倒卖一车西瓜到江苏徐州开始，之后便在江苏苏州经营山东杂粮煎饼的生意。之所以转换经营内容，其关键在于所在家庭的贫困和山东杂粮煎饼的效益。季叔家总共十几口人，包括兄弟六人、姐妹三人以及父母和爷爷奶奶等。十几口人的吃饭问题完全依靠土地收入。用他自己的话来说：

> 生产队解散了，解散了大家都能吃上饭了。这个社会也发达了，都没有饿死人的啦！但供孩子上学供不起了，你在家里也就能吃饱。吃饱饭了没有钱，还得供孩子念大学呢！你在家里赚不到钱的，我们家那两个镇，（农民）都不种地了，他们看到出来做这个生意好，都（在外面）做这个饼。在那以后（我）也就出来了。

季叔在第一个摆摊设点的经济场域中待了 3 年多，之后辗转到上海、福建和汉市[①]等地。在福建省的经济场域之中，季叔瞄准了特色小吃的发展空间，便在此谋求了一个摊位经营山东杂粮煎饼。

> 我们前几年，2007 年还是 2006 年，福建那个地方都是卖衣服的，那些上班的呀，那些大学生啊，都去逛街玩，去逛街，一百个、一千个他总有饿的（时候），（之前一直）没有（人）卖吃的。一个晚上和那么一大桶面，（摊子）围了里三层外三层。福建那个地方消费最高了，（在福建）前三年，就加一个鸡蛋（煎饼加鸡蛋）的都卖五块钱，（在汉市）前三年这边才卖两块。

在夜市的经营过程中，经过季叔的把握和努力，摊位经营获得了很大的成功。然而，由于夜市所处位置的商业化发展，该地域被纳入拆迁范围。随之夜市也被撤掉。对于季叔来说，他也就不能再在此夜市场域之中经营了，必须另寻经营场域。从福建迁

---

① 被调查城市的名称经过了匿名处理。

出后，季叔来到汉市开始新一段的经营。

在我们对季叔进行访谈时，52岁的他已经在汉市待了5年多。目前，他和妻子居住在洪山区鲁磨路曹家湾附近，在汉市某高校南三门附近经营着一个专卖山东杂粮煎饼的流动摊位。从经营的形式而言，季叔的经营属于半固定半流动形式。根据我们的观察，受城市建设工程的影响，季叔的经营环境和受管理环境发生了明显的变化：一方面，工程建设使所在经营场所形成了较为封闭的经营场地；另一方面，受制于此处环境的复杂，城市管理的力度也松懈下来，从而聚集起大量的食品摊贩，平均每天的食品摊位在20个以上，有时能够达到30个，而经营时间也放宽为全天。

> 以前早上中午这里不让摆，现在因为搞了这个板子吧，就让摆了，不过现在交钱交的也多了，得1500块，之前在那（巷子）里面摆，一个月才500块。在这个地方呢，有小混混，都是他们来收，到哪里都有那样的人啊。（城管）也还是管，管得松一点了，之前会收车子，现在很少收了，也就是过来说两句。

由于临街商贩性质，季叔的经营时间相对固定，一方面，每年如一日，除却没有大量的顾客时段，无论刮风下雨都会进入经营场域。另一方面，从每天的经营时间来看，季叔及其妻子在南三门从下午3点左右经营到晚上10点。①

> 有点儿吧！之前吧，最早做的时候，就是早上卖，中午卖，晚上也卖，做年岁久了吧，做了这么多年，（现在）只有下午卖，想开了，不要为了这个钱啊，太累，你说是不是？

季叔妻子的表达向我们展示了他们经营实践的日常安排及其

---

① 因为竞争的关系季叔的摊位经营时间发生了调整，以前一般是从下午5点多开张，一直到晚上11点多结束。

逻辑。从中我们也能看出，进城创业者每天的经营时间在六个小时以上，但除了工作时间之外，他们还需要较多的时间准备食材。从米面肉菜的购买到面糊、里脊肉、酥饼、酱等的制作，以及蔬菜的清洗和整理，其中有些食材每天需要花费一定时间进行准备。

> 买蔬菜、肉啊之类的，都是隔个两三天，早上 4 点就起床去便宜一点的关山菜市场买。一般啊，早上睡到八九点钟，起来之后，就洗点菜啊，炸这个饼子啊，肉条啊，下午就得去摆摊，没有什么时间干别的，闲下来就是在家里看看电视。

从季叔妻子的表达中可知，进城创业者的日常生活围绕经济实践进行安排。在经济组织分工构造方面，一般一个杂粮煎饼摊位仅需要一个劳动力便可以经营，但在生意较好的时候还是需要一个帮手。在日常经济实践中，包括季叔在内的进城创业者在经营过程中都采取的是家庭的经营形式，一个核心家庭经营一个摊位或一个食品窗口，可谓是典型的核心家庭"夫妻档"。① 在具体的操作过程中，或是丈夫操作——做杂粮煎饼，或是妻子操作。当生意特别好的时候，还是一个人操作，作为帮手的人一般是负责收钱和找零等。在调查中，我们也观察到，在生意较好的时候，即人流量处于高峰的时刻，季叔的妻子经常制作杂粮煎饼，季叔则充当下手；在生意相对清淡的时候，季叔的妻子守摊，季叔则跑出去买彩票等。

在经营效果方面，看似简单（不起眼）的流动摊贩，其中蕴藏着较大的经济价值。据季叔介绍，一个摊位一年能赚二十几万元。季叔的妻子也在访谈过程中对于经营效果讲道：

> 这个，还真没算过，平时也没怎么记账。不过，我跟你说啊，在这里这五年，也是大赚了一笔，我们赚了七八十万

---

① 吕玉瑕：《性别、家庭与经济：分析小型家庭企业老板娘的地位》，《台湾社会学》2001 年第 1 期。

元。之前在福建,我们一稳定下来那几年也是赚了不少。

细致审视他们的收益,将其进行拆分,平均到每一个家庭成员身上,如每一单位劳动时间之中,我们可以发现,丰厚的收益与超长的劳动时间、高强度的劳动辛苦度有密切的关系。与现实生活中有关进城创业的高回报率想象相比较,进城创业的确有着较丰厚的收益,但是高回报需要对应的劳动辛苦度予以支撑。对于其他进城创业者来说,有关进城创业的理解,从想象走向现实仍有一大段路要走。若能够忍受其中的辛苦度,则证明能够跨越这段距离。否则,则停留在想象之中,或进城创业失败。

三 进城创业者的经营进程

随着时间和实践的向前推移,进城创业者的经营状况也在不断发生变化。通过对季叔进入汉市经济场域中的经营经验进行归纳,我们发现,随着经济组织的完善以及深入扎根所在经济场域之中,进城创业者的经营历程及其行动轨迹也逐渐显现,大致可以划分为三个阶段,即初入新市、带人入市和联动立市。

(一) 初入新市阶段

季叔进入汉市始于 2010 年下半年。进入汉市经营的过程中,季叔主要借助由亲戚和老乡①组成的关系网络以获取相关信息,一方面表现在从亲戚那里获得市场信息,准备开辟"新大陆";另一方面借助汉市老乡的帮忙获得安身之所、摆脱经营困境,进而获得经营摊位。

根据边燕杰的研究发现,作为开办经济组织的前提,进城创业者首先要知晓商机,② 即拥有一定的市场信息。对市场信息的捕

---

① 老乡的界限可张可弛,而在季叔语境中的老乡,特指同在一个村里的村民,他们是早于季叔进入汉市经营杂粮煎饼的同村人。
② 边燕杰:《网络脱生:创业过程的社会学分析》,《社会学研究》2006 年第 6 期。

捉，季叔主要依靠亲戚的鼓舞。在调查中，季叔告诉我们："之前有亲戚在这儿，做得不错，说这里大学多。"于是季叔和妻子来到汉市开辟自己的市场。但是，在刚进新经济场域时，他们没有找到合适的摊位，投靠在另一所大学附近经营杂粮煎饼的老乡期间，顾忌到同乡经营没有立刻重操旧业，而是干起了其他生意。对于季叔而言，这段时间遭遇了经营困境，改行做其他生意并没有带来可观的收益，经营一开始遭遇了挫折。

> 来汉市之后又找地方，下半年来的，找了几个月，一开始就住在南望山那边，那边不是有个地质大学吗，我老乡在那儿，我改行在那儿做了一两个月的××面，感觉都不爱吃。这个饼啊，我老乡在那儿，我倒是不能做了。熬到最后一个月，这边（某高校南三门）有一个山东的年轻小伙子，每天晚上放学差不多也是下班的时候开始弄，弄着弄着就叫城管给抓了，把车子给扣起来了，他卖不了，知道我在找摊位，他就跟我说："你来做，我不做了。"我就上这边来做了。

在关系网络的支撑下，季叔所在的经济组织（夫妻店）从福建转移到了汉市市场之中。受到"同行是冤家"观念的影响以及为了维持社会关系网络，季叔也在践行一些约定俗成的规矩，也可以说是圈内的一种"常识"，即不和老乡同时在一个市场范围内从事同一个营生，并遵循先来后到的原则以及重视转让地盘的"合法性"，即使是口头承诺也具有协议效果。这些在家庭里的其他成员陆续到来以及应对同行竞争中也体现出来。由于转行经营不顺以及觅得新的经营场域，季叔开始重操旧业——做杂粮煎饼。对于新的经济场域，这里背靠学校，人流量大，商业繁荣，地理优势十分显著，而且近两年来成为食品流动摊贩最为集中的地方。

在新的经济场域之中，季叔和妻子经营的杂粮煎饼摊位从最开始的"跑摊"，到从2012年始居于南三门外的小巷子里，"慢慢地就把生意给做出来了，（学生）都排队吃，卖了五年了，放学都排队"。虽然对于立足经营场域过程的描述很简单,但是实践中的行动却并非易事,一方面要处理好与同一经营场域中的商贩关系,另一方面也要协调好与同行之间的竞争关系。① 在处理同群体非同行关系方面,在调查中,我们发现,季叔和周边的其他经营者也存在一定的互动,具体表现在与邻近摊位的经营者搭讪几句,谈论的话题一般是经营情况、市场变化信息,也会涉及家庭生活方面。以我们亲历的季叔与炒酸奶摊贩的互动为例。

> 炒酸奶摊贩:今天下雨啊,生意不好做,我们今天都没卖出1000块,往常都是1200块,今天才800块,你们呢?
> 季叔:是啊,下雨不好,我们生意也不好,这一桶面还剩这么多。
> 炒酸奶摊贩:我帮你吆喝吆喝:"煎饼啊,山东杂粮煎饼啊,快收摊了,快来买啊。"

从诸多经验事实可以看出,季叔与周边商贩的关系相对较为融洽,虽然他们的互动仅仅停留在表层。与同群体同行关系的处理方式不同,更多体现着竞争关系中的排斥,如在季叔经营的场域中出现了相似的经营摊位——一个经营山东杂粮煎饼的摊位,虽然不在同一时间出现在同一空间之中,但仍然对季叔的生意有相应的影响。相对来说,双方之间便产生了竞争关系,通过竞争顾客而竞争相应的利益等。

> 白天不是我,是东北的一家,去年下半年在这边摆了,过年的时候我们不是回去了吗,他们不知道在哪里学的这门手艺,我们一走他们就在这里做了,我们来了也赶不走他们,我们一说,他们就说走,到现在也没走,他们就在这里做,

---

① 在我们看来,不管同行之间,还是非同行之间,关系的指向都是竞争的关系。但同行与非同行之间也存在细微的差异,同行之间是显性(直接)的竞争关系,而非同行之间则是隐性(间接)的竞争关系。

我们什么时候来他们就什么时候走。一整天的时间我们也摆不了，（我们）就下午摆一下（一直到晚上）。

口头上的承诺也获得季叔暂时的认同，由此便形成了当前两家共同存在于经济场域中的经营状态。面对直接竞争，季叔的摊位也做出了反应，形成了表面上的经营妥协和心理上的排斥拒绝的状态，这种经营妥协具体表现为两个摊位占据不同的经营时间：季家的摊位从下午 3 点开始经营一直持续到晚上 10 点，而在此之前的时间被新来者占据。① 与此同时，季叔还在经营内容层面下功夫。

招牌名字和我们一模一样，摆的位置也在我这个地方，听别人说他们说我们是他们哥嫂，他们很会说话，跟人家说我们是一家的。吃过我做的嘛都知道，有时候买了他们的尝着不好吃，就再也不买了；有些人不认人啊，以为是一家就买着吃了，有的人就过来说你有时候做得好吃，有时候不好吃，我就跟他们说（那）不是我们家的，我们家只是下午才有。有的时候有些人来买的少了，他们认不清啊。

对于"外来者"的挑战，如利用"亲戚""一家人""老乡"等作为招揽顾客的手段，季叔通过经营内容特色予以回应，如利用自身所掌握的技术来提高产品的质量等。观察整个竞争过程，无不显示季叔所在的经济组织对竞争者的排斥。

简而言之，无论竞争关系如何激烈，但季叔及其妻子的处理

---

① 从严格意义上讲，季叔的摊位仍然属于流动摊位，但其具有强烈的摊位认同感。这种摊位认同感主要来自自我认同和他者认同，自我认同的来源很多，像前一个经营者的口头上的地盘转让承诺、经营期限内的缴费以及在此处长时间经营的惯性等。而他者的认同主要来自同行和消费者，在流动摊贩市场中，往往受到先到优先、先来先占的约定俗成的习惯的影响。经营者在此处经营过程中也与周围的摊贩形成了一种认同默契，而消费者在交易过程中对特定摊贩的选择也体现着对经营者的认同感。

手段都相对温和，与同群体以及同行之间保持着一定的良性互动关系。从适应和立足的层面进行评论，关系的较为融洽足以证明季叔所经营的经济组织较好地存在于汉市经济场域之中，并且在这样的竞争形势下，他们的食品摊位生意仍旧很好。从某种意义上说，经过一定的时间检验，季叔在汉市开办的经济组织有了一定的基础，不仅能够立足于新的经济场域之中，而且所获得的经济效益也较为可观。

（二）带人入市阶段

在城市中站稳脚跟的季叔，成为关系网络中的一环，亲戚老乡也开始借助其支持进入汉市。从季叔的角度而言，他也开始带新人进入所在的经济场域之中，或者进入汉市，或者进入汉市经济场域之中经营杂粮煎饼，等等。其中，季叔所带的自己儿子和侄女便是进入汉市经济场域之中经营杂粮煎饼。季叔的侄女及其丈夫于2011年初和他们一道来到汉市，在季叔及其妻子的帮助下在距离不远的西校门附近经营杂粮煎饼摊。紧接着当年8月，在山东济宁专科毕业后工作仅一个月的季叔的儿子及媳妇也来到汉市经营另一个杂粮煎饼摊位，位置在学校的东校门附近的小巷子里。

季叔侄女的摊位设在西校门附近。对于该侄女经营场域的选择，在季叔妻子看来也是他们苦苦寻觅的结果，最后才落脚在西校门附近。在开始的时候，其所在空间中的摊位相对较少，后来随着自主经营者的集聚，从晚上6点到11点聚集起3个左右的食品摊位，经营时间内生意同样红火。尽管有其他经营杂粮煎饼的摊贩试图进入这两个市场，但由于手艺和经营时间上的差距，都没有成功。从某种意义上说，在季叔的帮助下，季叔侄女在该经济场域之中得以立足。

对于季叔的儿子而言，2011年8月他们来到汉市，由于没有关系资源可以运用，也和季叔他们一样以流动摊贩的身份为主。

东校区我去过好几次，想在里面找个窗口做这个饼，学校里面办的食堂不让我们这些小吃进去……有好多店面又不让你进去,你能怎么办?你是想去啊,他又不让你去卖……嗯,不是贵贱的问题,他不让你做,也是有人的亲戚啊,卖点别的小吃啊!咱们山东的去,没一点儿关系他不让。

由于多种因素的限制,季叔的行动并没有成功,季叔的儿子与儿媳只能以流动摊贩的形式存在于经济场域之中。在季叔的帮助下,其儿子的流动摊位主要设置在东校门附近。在访谈中,季叔妻子讲述了其儿子在东校门的经营情况。

冬天的时候,我儿媳妇啊在那边(东校门)卖过一个月,也是有一个小巷子,在那个小巷子里面卖。东校门那边也很好,儿媳妇在那儿做得挺好的,一桶面用了两个多小时就卖完了。

在经济实践中,除却传授相应的经营技术之外,季叔及其妻子不仅帮其寻觅经济空间,而且在最开始的一个多月里,双方互换摊位进行经营。互换摊位相当于将一个有基础的经济组织交给新来者进行经营。在这个过程中,不仅给新来者带来了经营的组织基础,而且提升了其经营能力等。经过流动摊贩的历练以及父辈帮忙寻觅经营空间,[①] 在这些支持的作用下,季叔的儿子目前也在汉市经济场域之中得以立足。在日常经济实践中,与季叔的侄女进入汉市经济场域的过程相比,季叔儿子在进入过程中得到了季叔及其妻子格外的关照,或者说更多的精心照顾。归纳两个核心家庭组织进入的过程,他们和季叔当年进入汉市经济场域有一定的相似性,即在关系连带的作用下,依靠一定的关系被带入。但与之不同的是,伴随关系的亲密程度不同,他们获得的带入程

---

① 在我们所掌握的经验资料之中,作为上一辈的季叔等给予下一辈的支持不仅仅体现在经济组织的经营层面,同时还体现在日常生活的帮助方面,如买车置业、带孩子等。

度也不相同。

总体而言,与之前的经营方式不同,现在的季叔已经开始了家庭组织化的经营方式,即不仅季叔夫妻俩在汉市经营山东杂粮煎饼摊,而且带动其儿子一家及侄女一家(哥哥的女儿及女婿)驻扎于此地。就经营形式层面而言,无论是季叔,还是季叔的儿子及侄女等,他们的经营时空都是依人流量而设置。从我们所掌握的经验资料来看,每天每个摊位最繁忙的时刻是下午5点半和晚上8点(学生放学)。据季叔的妻子介绍,在生意好的时候,一个摊位一天能卖出二三百个饼子。这也使我们相信季叔曾估算每个摊位每年20万元以上的收入。从经济效果层面进行评析,足以说明季叔所带的两个新进城创业者已经完全融入所在的经济场域之中。

(三) 联动立市阶段

正是这种相互帮扶使季叔在汉市形成了比较庞杂的关系网络,[1] 季叔直言目前在汉市,他有不少亲戚和老乡,"一个村子的老乡,在这里的有几十家呢!"但根据我们的分析,无论是在日常生活中,还是在经济实践中,与季叔互动较为频繁的还是季叔的儿子与侄女一家,并且形成了联动立市的经营策略,即在汉市经济场域之中,以经营山东杂粮煎饼为手段,以季叔为核心的三个经营单位相互独立,互相之间又扶持照应。

作为先进入汉市经济场域之中的季叔及其妻子,相对于后面两个经营者,他们对于经济组织的运作有更为丰富的经验,尤其在与包括城管在内的他者打交道时有较大的优势。并且,作为长者,本身便具备更多的生活经验,相应对于后者有照顾义务。因此,在经济实践中,季叔便成为他们三家经营单位的核心,也因此履行着给予后者更多的照顾和帮助的义务。通过前面的分析,我们可以知道,作为长者的季叔及其妻子一直帮助其儿子照看孩

---

[1] Lind, Y. "Self-employment in Urban China: Networking in a Transition Economy." *China Economic Review* 3 (2009).

子。并且,在特殊事件的处理过程中,如当季叔的儿媳因某种困难而丢下摊位的时候,季叔妻子赶赴现场进行照看。

> 我儿媳妇有一次晕倒了,那一次那会儿是没经历过,带着去医院了。那会儿她还在东校门那边,他们俩在那边,我们俩在这边,后来有一段时间我们俩人去东边,他们俩在我们这边。没办法,摊子就给撂在那儿,打电话给我,我就赶紧坐公交车过去了,后来那个摊子就在那边歇了,要是车子给拉走也不知道。后来冬天有城管管严了,也不让他俩做了,我们又另外找了一个地方让他俩过去,在学校里面,嗯,在商贸学院的食堂里面,食堂里面那都是吃提成的。他们那边还好,比我们这儿卖得多。

面对特殊事件以及重大事件,三家更加紧密地凝聚在一起,[①]尤其是在经济实践中的互动。如在季叔妻子给我们讲的事件[②]中,不仅季叔妻子赶过去帮忙照顾商摊,而且由于季叔儿子的经营空间受到严格限制,三家一起寻找经营空间,并最终得以找到商贸学院的位置等。通过这一事件足以说明,在日常经济实践中,三家独立经营但相互联系,以集体力量共同应对市场风险。

在日常经济实践中,虽然季叔有较多的经验,但是在新鲜事物方面,季叔也存在不足的地方。为了能够很好地立足于市场经济之中,其也需要不断改进和发展。当所需要的改进难以通过自身的能力达到时,他往往通过其所带出来的晚辈的能力予以实现。如在支付方式的改进方面,季家流动摊贩的经营摊位由一个带轮子的简易餐车组成,经营的食品在三元到六元不等,消费者与摊贩之间往往是现金交易,但由于季家的流动食品摊位主要面向以学校为依托的年轻人,而青年群体在日常交易中盛行支付宝及微

---

① 孙立平:《"过程-事件分析"与当代中国国家-农民关系的实践形态》,《清华社会学评论》2000 年第 1 期。
② 当季叔的儿媳妇因为煤气中毒而被送入医院之后,季叔妻子在一个电话召唤之下急忙赶赴摊位现场,并及时处理后续问题。

信转账，这一趋势在近两年里逐渐延伸到日常消费的每个角落。笔者在 2015 年调查时，季叔的摊位尚没有设置支付宝转账功能，只采用现金交易，而在笔者 2016 年做补充调查时，摊位已经设置支付宝转账功能，以二维码纸板的形式放置在钱盒之中，消费者只需展示转账页面即可。季叔及其妻子对这种新型的交易方式并不熟悉，年过 50 岁的他们也没有智能手机，季叔坦言他们跟不上时代的发展，设置转账功能还是大学生消费者的建议，"不少学生来买啊，没有带钱，就问'能不能用支付宝啊'，我又不懂，就让儿子给弄了一个"。也正是通过下一代的反哺，[1] 季叔的经济组织不仅没有在竞争手段上被淘汰，而且以与时俱进的方式存在于市场经济之中。在具体的经济实践中，因为有了现代的收款工具，每天的交易额有所增加。由此可见，与之前的同群体中显性和隐性竞争对象不同，季叔和以他为核心的另外两个进城创业者之间形成了较为紧密的合作联动关系。在日常生活中，三者之间较为亲近，经常走动，随时都相聚在一起。在经济组织经营过程中，三者各自经营所创办的经济组织，相互扶持。在遇到相应问题的时候，三者共同出谋划策，共同解决。

　　简而言之，在市场经济之中，价格机制和竞争机制作用着每一位经营者。难以适应的经营者则相应难以应对市场中的风险，随时都有较大的可能被市场淘汰。对于能力相对弱小的进城创业者而言，他们也就必须通过联动立市的方式应对市场中的不确定性，即为了存在于汉市市场经济之中，进城创业者通过相互联动的方式抵御市场风险，尤其在遇到突发事件和重大事件时，相互之间提供支持和关照。

四　经营进程与经济组织孵化

　　动态地审视季叔进城创业的轨迹，我们发现，进城创业者在城镇经济市场中的经营进程实则是一个经济组织的孵化过程，即

---

[1] 周晓虹：《文化反哺与器物文明的代际传承》，《中国社会科学》2011 年第 6 期。

从一个经济组织孵化出多个相似的经济组织,[①] 进而形塑了当前相应经济场域之中的山东杂粮煎饼现象。对于季叔经营经济组织的孵化过程,我们借用图1进行描述。

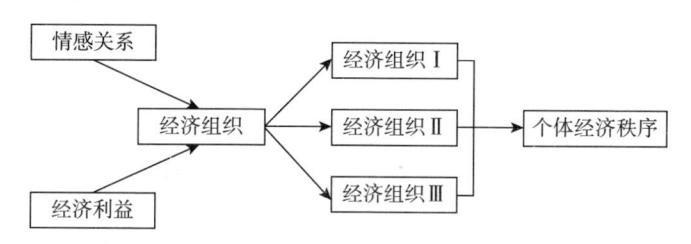

图 1　进城创业组织孵化示意

从图 1 可以看出,一个经济组织在运转状况较为良好的状态下,可以带出多个经济组织,这与经济组织的分裂不一样。对于进城创业者而言,他们不是将原有的经济组织进行拆分,更多的是复制或重新创办相似的经济组织。在已有的研究之中所讨论的"新化现象"则属于此种孵化的形式。[②] 从经济行动的结果而言,孵化的经济组织不仅没有削弱已有经济组织的市场竞争力,而且由于新组织的加入以及和新组织之间所达成的联动协议,强化了原有经济组织的竞争力,也更加丰富了城镇市场中的个体经济等。对于新创办的经济组织而言,由于有原有经营者的提携,其在城镇市场中的存续难度相对降低,更能较好地适应市场经济。

究其经济组织孵化的机制,通过季叔的案例,我们可以知道,情感关系在其中发挥着较大的作用。通过情感关系的连带作用,或言以情感关系为驱动机制孵化多样化的经济组织。具体而言,由于情感关系的作用,有资源(包括能力等)者在文化伦理的作用下应该对资源较少者给予必要的帮助。实质上,在当前的经济组织孵化过程中也不断出现另一种形式,即以经济利益作为经济组织裂变的驱动机制。在我们的调查过程中,我们发现季叔旁边

[①] 在调查中,我们能够明确季叔的经济组织由其他组织裂变而来,但由于时间久远,以及流动性较大、空间地域较广等因素的影响,我们不能追溯最初始的经济组织。

[②] 冯军旗:《"新化现象"的形成》,《北京社会科学》2010 年第 2 期。

的一个经营者则通过经济利益进行驱动,具体情况是,作为一名进城创业者,由于多种因素的影响,该经营者获得了巨大的成功,并且形成了一个独特的经营模式。面对其他进城创业者意图复制其经营模式,他采取收学徒的方式,要求学习者或模仿者缴纳一定的学费,如一定数额的现金和一定时段的服务期限等。与经济利益驱动不同,情感关系驱动强调的是情感关系在其中发生支配性的作用。如在经验材料中我们所看到的,通过情感关系,季叔将其儿子及侄女带到汉市经济场域之中经营经济组织。并且,由于情感关系的亲密程度不同,之前创业者对后续进入者的支持程度也较不相同,如季叔及其妻子完全手把手地指导儿子与儿媳做生意,而对于侄女仅仅是指路,以及在发生重大突发事件时给予相应的帮助与扶持等。在这个过程中,对于既有的帮扶行动,季叔并不计较相应的得与失,更多的是从一种义务层面给予解释,如因为年长,是长辈等。在带动的对象方面,情感驱动机制带动的是与经营者拥有某种关系的社会成员,如核心家庭成员、大家庭内部成员等;经济利益驱动机制带动的是与自身关系不太紧密的社会成员。当然,成为师徒之后,由于多种因素的影响,相互之间的关系则可能会变得较为紧密。

在我们看来,以情感关系为驱动机制和以经济利益为驱动机制,两者之间存在相应的关联性。首先,两者之间有一定的相似性,如处于市场经济之中,都强调遵守市场中的同行规则,如不在同一具体的经济场域之中出现等。其次,在市场经济之中,无论是以哪一种形式作为驱动机制,在经营过程中,相互之间产生了联动立市的形式,如在信息资源方面互通有无,在生产要素方面相互调配等。最后,对于一个经营者而言,其所遵循的连带路径则首先以情感关系作为驱动机制,当经营者的情感关系已经较全面覆盖时,将走向以经济利益驱动的形式。[①] 两者之间可谓是在一个过程之中具有先后顺序的经营事件。

正是这种情感关系的驱动作用,创造了当前市场经济中繁荣

[①] 费孝通:《乡土中国 生育制度》,北京:北京大学出版社1998年版,第27页。

的个体经济图景，造成了同一家庭流动进城的创业者经营相同、相似或相关联的经济组织，同一流出地呈现区域化特色产业经济的现象。

五　结语

在日常表达中，我们常常会相信，进城创业者在城镇市场经济中容易陷入发展的困境，如随着经济组织的运转稳定有序，增加的只是财富的数额而已。从经济实践来看，作为一种特殊的生产与交换方式，[①] 进城创业者有自身的演变逻辑和规律。根据对经验材料的归纳可知，进城创业者的经营轨迹呈现一定的规律性，从初入新市到立足新市经历一定的阶段。当其得以稳定之后，他们开始以自身的经验和资源带动周边的社会个体进入所在的经济场域之中，最终形成联动立市的经济格局。在我们看来，这与西方现代经济组织发展的路径不同，没有呈现纵向的发展路径，而是以特殊横向的形式进行演绎，即以家庭组织化的发展方式向前推进。与日常经济实践相联系，进城创业者的经济行动并没有进入"有增长无发展"的内卷化状态，也并非"目标替代"，[②] 而是在文化伦理（情感关系）的作用下，其经营进程形成了另一种横向发展形式。通过横向家庭组织化发展，一方面，通过更多的亲密关系个体加入相同、相似及相关的经济组织之中，在有效的规则约束下，他者的加入提高了进城创业者抵御经济风险的能力；另一方面，进城创业者的经营进程塑造和强化了市场经济中的个体经济图景。与当前许多地域之中推广流出地的经济产业号召相连接，这种情感关系连带机制将有利于推动流出地产业化在他乡城镇空间中的发展。相对于政府积极推动，情感关系驱动机制的作用将作为直接的有益补充，或者是一种独特的发展形式等。

---

① 戴伯芬：《谁做摊贩？——台湾摊贩的历史形构》，《台湾社会研究季刊》1994年第17期。
② 周雪光：《组织社会学十讲》，北京：社会科学文献出版社2003年版，第13页。

参考文献

戴伯芬:《谁做摊贩?——台湾摊贩的历史形构》,《台湾社会研究季刊》1994 年第 17 期。

费孝通:《乡土中国 生育制度》,北京:北京大学出版社 1998 年版。

冯军旗:《"新化现象"的形成》,《北京社会科学》2010 年第 2 期。

刘世定、邱泽奇:《"内卷化"概念辨析》,《社会学研究》2004 年第 5 期。

吕玉瑕:《性别、家庭与经济:分析小型家庭企业老板娘的地位》,《台湾社会学》2001 年第 1 期。

孙立平:《"过程－事件分析"与当代中国国家－农民关系的实践形态》,《清华社会学评论》2000 年第 1 期。

夏循祥等:《社会经济在中国(下)》,《开放时代》2012 年第 2 期。

周晓虹:《文化反哺与器物文明的代际传承》,《中国社会科学》2011 年第 6 期。

周雪光:《组织社会学十讲》,北京:社会科学文献出版社 2003 年版。

Linda, Y. "Self-employment in Urban China: Networking in a Transition Economy." *China Economic Review* 3 (2009).

Parodi, G. et al. "Self-employment of Rural-to-urban Migrants in China." *International Journal of Manpower* 33 (2012).

第三部分　研究对话：凝练进城创业者的经营机制

经验驱动的研究仍然需要回归到抽象的理论概念之中[①]。因此，践行社会科学的研究路径，本部分内容定位于从经验走向理论，以及对提炼的概念和社会机制进行检验。作为进城创业组织运转经验研究的总结升华部分，本部分内容将涵盖三个方面。

其一，回应经济实践中进城创业问题，通过对进城创业组织运转过程的分析，讨论进城创业经济活动的发展趋势问题。在具体分析过程中，与已有对农民商贩分析标准进行对接，本研究不仅将进城创业的发展状况与欧洲商贩的发展状况进行比较，而且将其置于现实情境之中进行分析，以及从群体外在环境和内在结构等维度展开讨论，以此更为全面客观地判别本土社会中进城创业经济活动的发展趋势。

其二，从理论层面回应农民和市场关系问题，回答进城创业何以可能。与已有的理论分析不同，本研究并不照搬照抄西方理论知识来解释本土社会中的进城创业现象，而是从经验之中提炼具有本土特质的概念。在具体操作过程中，明确家庭（户）和进城创业组织运转间的关系，并结合经济和社会互动互补（互构）中的文化分析和结构分析等命题，提出"家户主义"概念，且上升到社会解释机制高度。与结构分析中的"镶嵌"概念不同，且与文化分析有所差异，如在形式层面，家户主义强调关系网络连接着家户内的成员；在实质层面，在家户文化的影响下为经营者链接了诸多必要资源。在创业组织运转过程中，家户组织与创业组织相统一，家户文化处于经济组织内核，支撑着经济组织的运转，以此应对市场经济中的诸多不确定性等。在日常经济实践中，通过家户主义的影响和作用，当前市场经济中出现了较为繁盛的个体经济图景。

其三，将家户主义机制进行扩展，讨论家户主义为何具有相应的解释力以及解释限度问题。与已有政治学分析的家户主义和

[①] 对于社会学理论在学术和现实中的意义及其重要性的分析，叶启政先生以美国社会学以及理论和量化分析的关系为例，从多方面进行了阐述。具体可参见叶启政《实证的迷思：重估社会科学经验研究》，北京：生活·读书·新知三联书店 2018 年版。

家户制度不同，本研究所凝练的家户主义机制主要侧重于回答农民和市场关系问题，从社会结构视角出发，强调形式与实质的统一、社会结构与文化观念的联合、社会文化与经济理性的均衡、经济行动与社会结构的互构，等等。通过经验检验，家户主义机制为我们解释日常经济实践中的经济行动以及相关经济组织运作现象提供了一种可能，但该机制也需要不断完善和拓展。

简而言之，作为已有研究的终点和后续研究的起点，本部分内容重点表现为，在经验问题之中，展现进城创业经济的特征和发展趋势；在大问题中回应和强化经济和社会的互动互补（互构）关系，上升到中层概念层面，以及凝练进城创业组织运转（进城创业者如何应对市场经济风险）的支配机制，具体研究内容反映在以下文章中。

- 进城创业经济会衰亡吗？
- 家庭因素对进城创业经济活动的影响分析
- 家户主义分析机制的建构
- 家户主义机制的扩展及其解释力

进城创业经济会衰亡吗？*
——丰丹《欧洲商贩史》的启示

摘 要：《欧洲商贩史》描述了欧洲商贩的阶段性发展过程，并着重探究了其走向衰亡的影响因素。受其启发，与本土社会中的进城创业经济相联系，本研究以"进城创业经济会衰亡吗？"为题，从内外两维度分析城镇市场经济中进城创业经济活动面临的风险和机遇。在外在因素方面，进城创业经济的发展受到城镇居民需求的支配，而制度设置或阻滞，或促动进城创业经济的发展，并且相对于城镇居民的先赋性优势来说，进城创业者的自致性优势使其处于难以被替代的位置；在内在因素方面，进城创业者的自主性和能动性，将促进他们实现进城摆贩、个体工商户、私营企业主等类型化发展，并逐渐转型和升级。在内外因素的作用下，进城创业经济将继续繁盛，并走向一种资本和新观点结合的经济发展之路。因此，在日常经济实践中，结合结构性以及情境性要素，我们要善于鼓励和扶持进城创业经济，并且将他们有效整合进城镇化发展过程中。

关键词：进城创业　经济实践　类型化　商贩

一　问题的提出

作为日常生活的服务者和欧洲文化改造的践行者，商贩在社会

---

* 本文原载于《江汉大学学报》2018年第3期，此为修订稿。

发展过程中并没有受到相应的重视。相反，他们不断被边缘化以至于处于"被无视"的位置。在《欧洲商贩史》[①]中，罗朗斯·丰丹通过以多菲内的阿尔卑斯山地区作为切入点，并在与其他区域中的商贩进行比较的过程中，展现了从15世纪到19世纪中叶不同阶段内的商贩发展状况。15~17世纪，受位于主要贸易路线之上的地理环境因素的影响，山地居民带着服饰用品等出现在欧洲各地，并形成了小贩商业网络体系；17~18世纪，由于欧洲各地区的内部变迁，小贩开始返回家乡，从而导致了小贩商业网络体系破裂；19世纪，受到多种因素的影响，行商性质的小贩走向了衰亡，替代的是本地小贩的兴起，并且选择从事商贩行业的多为社会弱势群体。通观欧洲商贩的发展历程，作为行商的生意人，他们经营的内容从多样化走向单一化，例如从最开始销售服饰等多种多样的商品到专门销售某一类商品，如书籍等；从污名化的群体形象逐渐转变为被贴上成功标签的群体；从单一的群体结构转向多层次的群体结构；等等。然而，受社会、政治、经济等因素的影响，欧洲的小贩在经历繁华之后走向了衰亡。在丰丹的判断之中，小贩业难以避免走向衰亡与小贩发展的内外因素相关。在内在因素方面，家族支持体系的消失以及小贩在流出地（家乡）的边缘化等导致小贩业的根基发生相应的动摇。在外在因素方面，由于社会、政治、经济等环境因素的影响，不同类型的商贩历经波折之后，规模越来越小，以至于消失。对于传统类型小贩来说，当他们不再完全追逐经济利益而寻求其他职业时，小贩业也就缺少了必要的代际传递，相对成为一些弱者的庇护领域。对于专门小贩而言，一方面，生活方式的变化带来需求的变化，使一些包括书商在内的商贩缺少了经营的市场，或者为追求稳定的生活和固定的收入而放弃了小贩的生活方式；另一方面，也有一些外来商贩被本地商贩取代，或者受政治因素的影响而被"驱赶"等。此外，专业化的旅行推销员的出现等更挤占了巡回商贩的生存空间，以至于在既有的市场空间之中，小贩业存在的合法性受到质疑。简

[①] 罗朗斯·丰丹：《欧洲商贩史》，北京：北京大学出版社2011年版。

而言之,内在因素和外在因素的双重作用,使欧洲的小贩业走向了衰亡。①

《欧洲商贩史》不仅让我们了解了欧洲商贩的发展历程,而且促使我们思考本土化社会中的商贩群体,尤其是进城商贩群体。虽然产生的机制不同,但是与欧洲商贩群体在学术史中的地位相似,本土社会中进城商贩群体的存在与发展也并未受到相应的重视,即使他们在城镇社会的发展过程中做出了较大的贡献,如满足了城镇居民的日常生活需求,促进了市场经济中个体经济的发展,传播了流出地的社会文化等。相反,在日常经济实践中,进城商贩走进我们的视野之中多是由于和城市管理部门的冲突,如城管和商贩的"猫鼠游戏"以及恶性冲突事件等,或者从人文道德的底线出发对作为弱者的他们进行关怀。

重新审视进城创业群体,我们会发现,在市场经济之中,进城创业经济活动既给城镇社会发展带来了活力,也给城镇社会的有序运行制造了诸多不便。将进城创业经济活动整合进城镇社会经济发展过程之中,他们既面临机遇,又面临被取缔的风险。所谓机遇,主要是指在"大众创业、万众创新"的时代,政府鼓励和支持各类市场主体的创业活动。对于进城创业者而言,他们能够在城镇社会之中获取一些相对便利的条件和优惠,如税收的减免,这也将促进进城创业经济呈现繁荣发展的局面。在风险方面,由于进城创业经济活动和城镇的发展总是存在摩擦,例如和城镇卫生环境的矛盾,等等。城镇管理部门已经开始驱赶和消除小型进城创业经济活动。此外,在城镇市场经济之中,进城创业者不仅要适应生产力发展,而且要解决自身市场竞争能力不足的问题等。那么,在机遇和风险的矛盾之中,进城创业经济活动会走向何处?他们是否会面临和欧洲商贩同样的命运——走向衰亡?这也是我们在直面进城创业经济活动过程中需要思考的问题。借助

---

① 《欧洲商贩史》的研究主题并不在于分析小贩业的衰亡原因,但在我们看来,兴盛的小贩业走向衰亡则促使我们开始思考本土化社会中的商贩群体,尤其是由流动所带来的进城商贩群体。这或许也是《欧洲商贩史》给予我们的重要启示。

丰丹的《欧洲商贩史》的启示，我们将从进城创业活动发展历程的视角审视本土社会中进城创业活动的发展过程。在具体的分析之中，本文从内外因素两个方面分析进城创业经济活动走向衰亡的可能性。在外在影响因素方面，通过分析进城创业经济活动的纵向发展过程，展示本土化社会之中的制度规范对其产生的影响，城镇商贩替代进城创业者的可能性等；在内在影响因素方面，将探讨进城创业者的结构性变动，[①] 并结合当前有关农民工终结论或农民工转型论的观点探讨进城创业经济活动的特征和发展趋势。在本文中，我们希望通过对进城创业经济活动发展趋势进行分析，加深对进城创业经济活动的认识，并以此明确在"大众创业、万众创新"的环境下要尽快将进城创业者整合进城镇化进程之中。

二 制度设置会导致进城创业经济活动消失吗

自改革开放以来，最早有关进城创业经济活动的政府文件可以追溯至《当前农村经济政策的若干问题》，其中强调"农民私人可以经营（农产品），可以进城，可以出县、出省"[②]，等等。并且，在《中共中央关于一九八四年农村工作的通知》中，明确"随着农村分工分业的发展，将有越来越多的人脱离耕地经营，从事林牧渔等生产，并将有较大部分转入小工业和小集镇服务业"的客观事实，"允许务工、经商、办服务业的农民自理口粮到集镇落户"。[③] 在《中共中央国务院关于进一步活跃农村经济的十项政策》中，特别指出"在各级政府统一管理下，允许农民进城开店

---

① 深入群体结构之中进行分析，在长时段的发展过程中，随着外界环境的变化，商贩群体也在不断发生相应的变动，出现了不同类型的进城创业者子群体，如进城摊贩、个体工商户和私营企业主等。
② 中共中央：《中共中央关于印发〈当前农村经济政策的若干问题〉的通知》（中发〔1983〕1号），1983年1月2日。
③ 中共中央：《中共中央关于一九八四年农村工作的通知》（中发〔1984〕1号），1984年1月1日。

设坊、兴办服务业,提供各种劳务。城市要在用地和服务设施方面提供便利条件"①。随着进城农民问题的凸显,在专门针对农民工问题的文件中,如《国务院关于解决农民工问题的若干意见》明确"采取优惠政策,鼓励、吸引外出务工农民回到小城镇创业和居住"。② 随着社会经济发展,政府部门在进城农民创业问题方面专门出台了针对性的文件,如《国务院办公厅关于支持农民工等人员返乡创业的意见》③ 和《国务院办公厅关于进一步支持农民工等人员返乡下乡创业的意见》等,非常有针对性地制定了多项政策措施,鼓励和扶持进城农民返乡创业经济活动。

通观一系列政策文件内容,从赋予进城创业经济活动合法性到细致地鼓励和指导进城创业经济活动,其经历了一个渐变的过程,也可谓是一个制度诱致性变迁的过程。④ 当前,在相应的制度安排下,进城创业经济活动的空间已经从原有的夹缝走向了广阔天地。事实上,从进城创业经济活动的实践来看,日常经济实践中的进城创业经济活动早于相关政策文件的出台。只不过在政策文件出台之前,进城创业经济活动处于一种"不合法"状态。尤其在打击"投机倒把"等商业活动的余威下,多数进城创业者处于"偷偷摸摸"的状态。在我们看来,之所以在政府的强制性管制中仍然存在进城创业的"反行为",⑤ 关键在于需求问题,即城镇居民的日常生活需求的存在,为创业经济活动提供了必要的空间。

在改革开放之初,国有经济、集体经济等难以覆盖城镇居民

---

① 中共中央、国务院:《中共中央国务院关于进一步活跃农村经济的十项政策》,1985年1月1日。
② 国务院:《国务院关于解决农民工问题的若干意见》(国发〔2006〕5号),2006年1月31日。
③ 国务院办公厅:《国务院办公厅关于支持农民工等人员返乡创业的意见》(国办发〔2015〕47号),2015年6月21日。
④ 林毅夫:《新结构经济学:反思经济发展与政策的理论框架》,北京:北京大学出版社2014年版。
⑤ 高王凌:《人民公社时期中国农民反行为调查》,北京:中国党史出版社2006年版。

的日常生活全部内容，以及难以有效满足他们日常生活的不同需求。对于进城创业者而言，他们是服务的供给者。从经济行动的社会指向来看，他们也是进城创业的需求者，即通过创业经济活动获得收益来满足自我及家庭需求。在双向需求的有效刺激下，进城创业经济活动的空间得以强化，填补了处于夹缝中的经营空间。也正是在客观事实的发现下，如进城创业对城镇社会发展的作用、进城创业对转移农村剩余劳动力的价值等，许多与之相关的制度得以设置，如前面所提到的允许进城经商、办服务业等。① 相应的制度安排无疑强化了进城创业经济活动，扩大了进城创业经济活动的空间和规模，如在合法性和正当性的外衣下，更多进城劳动者选择创业经济活动。

在当前城镇社会中，虽然市场经济已经相当发达，但是非个体经济仍然有难以覆盖的地方，尤其和城镇居民的生活相联系，非个体经济之外还存在较大的市场空间。举例来说，城镇社会中的现代生活小区配套了诸多便利设施，比如超市、洗衣坊、餐饮店等。可是从实践来讲，首先，并非每一个现代小区都有相应的配套设施，如和我们日常生活息息相关的超市也并非全覆盖等。服务需求的存在将为进城创业者提供必要的经营空间，如在现代小区设置一个小超市或烟酒小卖部等。其次，对于进城创业者来说，他们所提供的服务内容具有流出地的地方文化特征，比如我们所熟知的山东杂粮煎饼、兰州拉面，等等。这些内容并非现代经济体系能够完全替代的。再次，在市场经济之中，进城创业者也在不断改变经营措施和手段，与正规经济进行竞争，如便利的服务方式、低廉的价格等。以便利的服务方式来说，他们可能在经营时间层面下功夫，依靠长时段的经营更便捷地服务消费者。

---

① 在已有的研究之中，学者用制度创业概念强调行动者推动了创业制度的设置，使营商环境有利于创业经济行动的开展，推动创业经济发展。具体可参见 Battilana, J., Leca, B., & Boxenbaum, E. "How Actors Change Institutions: Towards a Theory of Institutional Entrepreneurship." *Academy of Management Annals* 3 (2009): 65 – 107。基于此概念分析本土社会中的进城创业现象，可以进行判断，进城创业存在的事实推动了相关制度的出现。

或许，对于进城创业者而言，他们已经不像改革开放初期那样处于"吃不饱饭"的困境，但是发展的需求仍然会促使他们不断扩展经营空间。从经营空间的开拓者层面进行分析，与市场经济发展同步，进城创业者的经营理念和经营方式也在不断发生相应的变化。或者说，随着与城镇市场经济的接触越来越频繁，他们对市场的认知更为深化和全面，也更能明确自身所处的结构和情境，如在现代社会中，科技改变着生活环境。作为能动性个体，进城创业者也在不断适应生产力的发展，如运用互联网等扩展经营空间[①]等。在结构性力量和能动性力量的作用下，自改革开放以来，进城创业经济活动的空间一直在不断扩展。

简而言之，将服务需求和进城创业经济活动的空间联系在一起，在市场经济的发展与完善之中，进城创业经济活动的空间一直伴随社会服务需求存在。社会服务需求的客观性决定了进城创业经济活动的存在与否。若社会服务需求消失，则城镇社会中的创业经济活动也难以找到买家，从而失去存在的价值。在进城创业实践过程中，相关制度扮演着推动力的角色，或阻碍进城创业经济活动的存在与发展，或加速进城创业经济活动的有效发展。从已有政策法规进行判断，既有制度安排对于进城创业经济活动产生了示范和引导作用。从创业规模层面而言，进城创业经济活动的空间在不断扩大。根据当前有关进城创业经济活动的地位认识进行辨别，我们认为，它已经从弥补国有经济和集体经济不足的地位，逐渐走向互补性地位，即能够和正规经济之间进行有益的互补。正规经济没有可能完全取代进城创业经济，进城创业经济也不可能完全侵占正规经济。对于个体的能动性力量来说，他们推动进城创业经济的发展以及促使相关制度发生变革，朝有利于进城创业经济发展的方向变动。具体来说，在日常经济实践中，进城创业者本身的努力程度决定了具体的产业组织实体发展状况，或在发展中转型升级，或在经营不善中关停倒闭等。但是，某一

---

① 进城创业者对于互联网的利用有多种多样的形式，如有的成为微商，有的开网店，有的运用相关平台配送货物，有的运用网络进行数字结算，等等。

具体的进城创业的产业组织发展状况并不能代表整体发展状况。以此回应本文的问题，只要城镇社会之中的需求存在，商贩的服务便有存在的空间，进城创业经济活动也不会走向衰亡。相反，在城镇化加速推进的过程中，随着城镇化规模的扩大，社会服务需求的空间也不断提高，进城创业的空间也随之增大，并以此回应进城创业者在空间之中的饱和度问题，即在目前的流动空间环境中，进城创业者处于尚未饱和的状态。对于这一点，我们将在后面的分析中具体阐述。与丰丹所描述的欧洲商贩进行对比，[1] 我们相信外在因素对于进城创业经济活动存在较大的影响，但不是支配性因素。

三 城镇居民能够替代进城创业者吗

在丰丹的研究中，欧洲商贩走向衰亡的影响因素之一则是本地商贩的崛起并替代外来的商贩。[2] 在本土化社会中，进城创业经济活动的简单性和易复制性等，决定了进城创业的门槛较低，即对于社会中的个体而言，通过一定的技术学习等都可以成为创业经济活动的经营者。因此，在城镇市场之中，进城创业者面对诸多竞争者，其中最为强势的竞争对手则是来自城镇社会中的本地居民。在我们的认知中，城镇社会并非我们想象中那么美好，也存在群体间的分层现象，同样存在贫困人群。在以往的研究中，由于社会面子等因素的影响，低端的经济活动被城镇居民"鄙视"。即使处于贫困境地，他们也不愿意从事生存型创业的经济活动，如进入菜市场卖菜、售卖早餐，等等。[3] 随着市场经济的不断完善，经济体制转轨，尤其在国有企业改革中出现了大量的"下岗工人"，他们中的一部分人也开始出现在创业经济活动之中，如开办早餐店、办小超市，等等。并且，当摊贩不再是单纯的"边

---

[1] 罗朗斯·丰丹：《欧洲商贩史》，北京：北京大学出版社2011年版，第149页。
[2] 罗朗斯·丰丹：《欧洲商贩史》，北京：北京大学出版社2011年版，第139页。
[3] 时宪民：《北京市个体户的发展历程及类别分化——北京西城区个体户研究》，《中国社会科学》1992年第5期。

闲人口",且转换为一种劳动者脱离劳动体制自行创业的形式之后,[1] 城镇中的个体工商业与私营企业变得格外活跃,[2] 其中不乏许多城镇居民的参与。[3] 因此,在城镇创业经济活动空间之中存在相互竞争的两个群体。对于进城创业者而言,在市场经济之中,关注市场的动向也意味着要关注城镇创业者,以免被竞争对手替代。相对于进城劳动者来说,城镇居民创业者有先天的优势,如熟人社会中的关系网络、已经内化的城镇文化和市场经济中的风险意识等。在看到城镇居民创业者优势的同时,我们也要看到进城创业者同样拥有一定的优势。与先天优势不同,这种优势更多的是自致的优势,具体表现在以下两个方面。

其一,进城创业者具有独特的技艺,并且这种技艺之中涵盖地方性文化,如从流出地带来的独特产品。以我们所熟知的山东杂粮煎饼为例,市场中从事这一行业的摊贩多是山东沂蒙山区一带的人,外地人很难掌握其中的制作诀窍。在现代市场经济之中,虽然有些进城创业者也通过收费、招徒的形式向他者传授经验,但最终的竞争力还是相对较弱,如很多学习者的商品经常获得"非正宗""没有那个味儿"的评价等。此外,作为竞争对手,在学成之后很难进入已经成熟的商业关系网络。在我们的调查经验中,打字复印行业一度被新化人垄断。在一些打字复印店中,一些湖南新化老板也招收城镇居民作为徒弟或帮手。尽管学成之后,城镇居民也开办了打字复印店,但是由于欠缺必要的关系网络根基,他们很难进入对应的商业圈层体系之中,以至于在进货、出货渠道等方面存在局限性,致使在市场经济中的竞争力相对较弱,如难以拿到低价的纸张、难以租借设备等。事实上,在商业网络方面,

---

[1] 戴伯芬:《谁做摊贩?——台湾摊贩的历史形构》,《台湾社会研究季刊》1994年第17期。
[2] 吴晓刚:《"下海":中国城乡劳动力市场转型中的自雇活动与社会分层(1978 - 1996)》,《社会学研究》2006年第6期。
[3] 这里难以判断,也无须判断,到底是进城劳动者首先进入创业经济活动的空间,还是城镇居民率先进入创业经济活动的空间。我们需要明确的是城镇创业经济活动空间之中存在农业户籍人口和非农业户籍人口等。

无论是西方社会,还是东方社会,在面对市场中的不确定性时,弱小的经营者都需要借助关系网络而存在。相对于城镇创业者而言,进城创业者由于流出地的规模化效应而容易形成商业网络的圈层体系。这也是他们在城镇市场经济之中存在的有力支撑条件。

其二,进城创业者和城镇居民创业者在同领域之中进行竞争时,一般会形成同质化竞争的局面,即两类经营者经营的内容较为相似,甚至相同,而面对的消费群体却又是同一群体等。在低端产品的经营之中,如在批发零售贸易中的烟酒店、小卖部、理发店等,同质化竞争现象经常出现。处于这种情境之中,面对竞争,进城创业者往往会在价格、时间层面下功夫。在价格方面的手段通常是降价,用经验中的话进行表达就是追求"比纸都薄的利润";在时间层面的做法是延长经营时间,"不放走一个顾客"。通过这两种形式,他们形成了"积少成多"的经营思维和理念。在一些研究之中,许多研究者经常将此种经营形式比作"割喉",以至于本地人难以跟进城创业者竞争。① 在城镇创业空间中,受制于机会成本等因素的影响,追求劳动与消费的均衡也成为进城创业者的竞争优势。② 根据我们所掌握的经验资料来看,在日常经济实践中,进城创业者对于利益的计算,往往只计算所投入的物质,而忽视自身的劳动力本身。在他们看来,维持基本的生存则是他们存在于城镇创业经济活动中的底线。所以,在我们的观察中,较为低端的进城创业经济活动中存在大量的农业户籍劳动者,如摊贩和个体工商户群体等。

所以,在辛苦度、经营内容、经济利益计算方式等方面的作用下,进城创业者在遭遇竞争对手——城镇居民创业者之后,仍然处于优势地位,而这种优势则是通过自身的努力所形成的。在多方面比较之后,在城镇市场经济之中,竞争越来越激烈,但是进城创业者依然存在自身的生存空间,并不会被城镇居民创业者

---

① 蔡荫聪:《摆脱束缚的都市经验与文化:珠江三角洲农民工家庭研究》,《文化研究》2008 年第 6 期。
② A. 恰亚诺夫:《农民经济组织》,北京:中央编译出版社 1996 年版。

取代。或者说，即使在市场经济的竞争中处于劣势地位，他们也会退回到相对低端的创业经济活动之中。回到经济实践中，当前的城镇化率还处于有待提高的状态，这意味着城镇创业经济活动的空间还将继续扩大。同时，这也意味着未饱和的空间将吸收和容纳更多的创业者，相对也为城镇创业者和进城创业者提供了共存的可能性。至于共存的方式则需要两种群体各自发挥既有的优势，虽然其中所存在的竞争是不可避免的，但这并不说明进城创业者群体会被城镇创业群体替代。

四 进城创业者群体间的结构化变动

随着社会经济发展环境的变化，进城创业者的营商环境也在不断发生变化，特别是一些新兴事物的出现，也将促使他们不断发生改变。若不改变，则难以适应市场经济的发展，自然会被市场机制淘汰掉。对于进城创业者而言，进入城镇市场经济之中，他们自然要面对市场中的价格机制和竞争机制。为了能够更好地在市场之中立足和发展，他们也在不断做出相应改变以适应市场经济发展的需要。从经验资料情况来看，他们的变化多集中在经营手段和经营形式两个方面。在经营手段方面，进城创业者不仅善于将家户单位内的资源转换为经济组织运转的资源，① 而且通过不断学习新的技术以适应市场环境的变化。举例来说，在数字支付的情境之中，如果他们没有数字支付的工具，还按照传统的现金支付方式进行结算的话，则将导致一部分消费者流失。若在同一空间之中遭遇同质化的竞争对手，竞争对手有现代的支付手段而自我没有，则可能被淘汰出局。所以，在城镇市场经济之中，

---

① 在《欧洲商贩史》中，丰丹认为小贩业的衰亡关键原因之一在于家族金融支持体系的消失。在本土社会中，进城创业者的存在也需要家户单位资源的支撑。但是，他们所需要的目标范围相对狭小，仅仅固定于家户单位之中。即使在个体化的社会中，家户单位仍然存在，既有的关系仍然有效。并且，在创业实践过程之中，进城创业者的能动性也总是在发挥作用，将家户单位和进城创业的经济组织相统一。

当商贩们都不希望被淘汰出局，甚至都希望能够更多地吸引顾客时，他们几乎都开始采用数字化支付的形式。在我们看来，在城镇市场经济之中，进城创业者主动或被动地采取相应策略来促进经营内容和手段的变化，关键在于使其经济行动能够符合城镇市场经济的需求。如果凸显进城创业者的农业户籍身份，我们会发现，具有小农特质的他们拥有许多和城镇社会文化不一样的地方，尤其是在和市场经济不匹配的方面，如缺乏竞争意识、安于现状、对风险的认知不足等。随着以创业者的身份与城镇市场经济的接触，他们逐渐改变原有的经济习性，即进城创业者自身开始接受市场化，并围绕产业组织的运转展开相应的行动，以维持进城创业经济活动的延续和发展。

当进城创业者在城镇经济市场之中积累充足的资本之后，他们的经营形式也在不断发生变化。举例来说，初进入城镇市场之中的创业者也许受限于资本等因素的影响，选择流动商贩的形式经营蔬菜生意。经过几年的发展之后，他们在资金方面的积累更为充足，对于城镇社会的各个方面也有了更加深入的认识和了解。在这种状态下，他们有可能从流动的摊贩转向定点经营的商贩，如在城镇社会的集贸市场之中寻求一摊位，或者在现代化小区周边租赁一门面。若再经过多年积累与发展，他们可能在资金和能力允许的范围内转变为一个微型、中小型私营企业主等，如注册成立公司，专业种植、批发或销售蔬菜等，即在经济组织规模方面更加正规化等。在日常经济实践中，类似上述经济组织的发展是每个进城创业者的理想发展类型，事实上也是许多进城创业者在不断实践的客观事实。在我们之前的研究中，曾根据对经验事实的归纳分析，将进城创业者群体划分为三种类型：摊贩、个体工商户、私营企业主。他们之间呈现渐进的变化趋势，从摊贩向私营企业主转变。在这一转变过程中，带来的不仅仅是经济组织规模以及经济收益的变化，同时还伴随社会身份的变化，从小贩到老板再到企业家的变化等。因此，从经济组织规模的动态发展趋势而言，进城创业者的发展前景较为广阔。在我们看来，进城创业者群体内部也为他们提供了前进的方向和动力。因此，日常经济实践中的他们不会走向衰亡,反而会不断向前发展。

在当前有关进城劳动者的研究之中,许多研究者认为农民工应该转型,以及判断农民工会终结。在他们看来,农民工终结的原因关键在于以下两个方面。其一,城镇的生活空间较为狭小,如随迁子女的教育问题或者留守子女的教育问题等。[①] 对于进城创业者而言,他们多是携家带口进城创业,如夫妻都经营生意,将幼小的子女送到附近的学校读书。如果子女尚未达到入学的年龄,他们一般会将父母接到城镇帮忙照看小孩等。或者,在我们的调查经验之中,有的夫妻一方经营生意,另一方照顾小孩等。因此,子女以及老人问题并不能终结进城创业现象。在之前的研究中,我们曾经提出"劳动—生活"均衡机制将促使更多的进城打工者选择创业经济活动,以此保障家庭生活的实质内容。[②] 在此,我们相信,在进城务工经济活动终结的同时,将有一部分进城务工者转换为进城创业者。其二,受城镇化因素的影响。城镇化中有关人的城镇化要求农业户籍人口转向非农业户籍人口等。对于进城劳动者来说,当他们难以在城镇社会中留下来时,则会受到"驱赶",或者流动到其他城镇中。在现实生活中,进城打工者由于经济因素、文化因素等而难以在打工所在地的城镇社会中实现融入的目标,如高房价往往使他们望而却步。与进城打工者不同,进城创业者相对有多种优势,尤其在经济能力方面,能够允许他们在流入地购房落户。因此,在我们看来,城镇化环境并不会导致进城创业经济活动的终结。相反,在城镇化的背景下,进城创业者将利用城镇化的契机稳定和扩大经济组织的规模,丰富进城创业型个体经济。具体进行分析,在城镇化过程中,相关政策给予了进城创业者落户所在城市的可能性,因此他们将利用所积累的资本在城市之中购房。在居有定所的状态下,他们的经营将更加稳定,甚至得到进一步的转型升级,或被动,或主动。

---

① 刘成斌:《农民工的终结》,北京:社会科学文献出版社 2017 年版。
② 陈文超:《劳动—生活均衡:返乡创业者的选择机制》,北京:社会科学文献出版社 2016 年版。

由此可见，从进城创业群体的内部进行分析，无论是进城创业者自身、经济组织的经营，还是与创业相关的生活等内部因素并不会导致进城创业经济活动走向衰亡；相反，随着内部环境的变化，进城创业还将不断得到发展。当然，在这里我们也要看到进城创业经济活动变动的特征，在市场经济之中，并非每一位创业者都能够较有效地应对风险，也并非每一经济组织都能够不断成长和壮大。因为多种因素的影响，在城镇市场经济中，具体的进城创业者也在不断上演关停倒闭的故事。这就像我们在调查中所遇到的，一个店面装修好之后不久就因为经营不善倒闭了，接手的人重新装修，开始新的经营历程。对于进城创业失败者而言，他们的经济活动转变为打工、摆摊等经济活动，但他们当中也有多者进行二次创业、三次创业等。正是在这种变化过程中，进城创业型个体经济不断得到发展。

五　结论与讨论

经过了长时段的发展，创业经济活动已经成为许多进城劳动者的职业选择，进城创业者也已经在城镇社会中形成了一个稳定的群体，尤其是出现了分门别类的专业性组织等。面对较为繁盛的个体经济现象，无论是从外部因素，还是从内部因素进行分析，他们目前并不会像欧洲商贩一样走向衰亡。相反，在既有的营商环境中，他们还将持续发展，并呈现欣欣向荣的景象。在进城创业空间方面，他们不仅注重区域化的范围，还将走向全球化的营商空间之中；在进城创业规模方面，二代进城创业者也随着人生进程的加快而成为主流；在进城创业质量方面，尤其在二代进城创业者加入之后，他们逐渐摆脱低端的经营形式，转变为个体工商户和私营企业主，等等。在这种发展趋势下，他们将逐步走向资本和观点创新相结合的经济发展之路。[①] 在面对具体的进城创业

---

① Schumpeter, J. A. *The Theory of Economic Development: An Inquiry into Profits, Capital, Interest, and the Business Cycle* (Cambridge, MA: Harvard University Press, 1936).

经济活动时，关停倒闭的现象使我们更加相信城镇市场经济中存在风险。在强调效率的市场经济中，进城创业者的自身特质（如小农习性）和城镇市场经济存在诸多不适应之处。想要避免创业失败，关键是要化解其中存在的风险。在日常经济实践中，在强调创业技术和经营理念的培训时，我们要强化他们对市场经济的风险认知。通过相应的市场培训，促进进城创业的经济组织有序运转，并帮助进城创业者不断突破"小富即安"的思维惯性，以更加积极的姿态迎接进城创业经济活动的风险，促使其产业不断转型升级。

参考文献

A. 恰亚诺夫：《农民经济组织》，北京：中央编译出版社 1996 年版。

蔡荫聪：《摆脱束缚的都市经验与文化：珠江三角洲农民工家庭研究》，《文化研究》2008 年第 6 期。

陈文超：《劳动—生活均衡：返乡创业者的选择机制》，北京：社会科学文献出版社 2016 年版。

戴伯芬：《谁做摊贩？——台湾摊贩的历史形构》，《台湾社会研究季刊》1994 年第 17 期。

高王凌：《人民公社时期中国农民反行为调查》，北京：中国党史出版社 2006 年版。

林毅夫：《新结构经济学：反思经济发展与政策的理论框架》，北京：北京大学出版社 2014 年版。

刘成斌：《农民工的终结》，北京：社会科学文献出版社 2017 年版。

罗朗斯·丰丹：《欧洲商贩史》，北京：北京大学出版社 2011 年版。

时宪民：《北京市个体户的发展历程及类别分化——北京西城区个体户研究》，《中国社会科学》1992 年第 5 期。

吴晓刚：《"下海"：中国城乡劳动力市场转型中的自雇活动与社会分层（1978 - 1996）》，《社会学研究》2006 年第 6 期。

Battilana, J., Leca, B., & Boxenbaum, E. "How Actors Change Institutions: Towards a Theory of Institutional Entrepreneurship." *Academy of Management Annals* 3 (2009).

Schumpeter, J. A. *The Theory of Economic Development: An Inquiry into Profits, Capital, Interest, and the Business Cycle* (Cambridge, MA: Harvard University Press, 1936).

家庭因素对进城创业经济活动的影响分析[*]

——基于2013年CGSS数据的分析

摘　要： 家庭因素影响进城经济活动。通过对2013年CGSS数据的分析，本研究探究了家庭因素在进城创业经济活动中的影响及其作用机制。与已有研究有所不同，本研究发现，家庭组织对进城创业经济活动的影响并非在于提供情境，如由于照顾家庭未成年子女等而选择进城创业经济活动，抑或是父辈职业影响子代进城创业经济活动的选择，均不是家庭发展倒逼的影响，而主要是在于家庭组织能为进城创业经济活动提供必要的人力要素和物质要素。具体来说，家庭子女数与进城创业经济活动选择间的倒U形的曲线关系告诉我们，家庭子女数保持在3个左右，则进城劳动者选择创业经济活动的可能性最大；家庭物质条件越好，则家庭成员选择进城创业经济活动的可能性越大等。可见，家庭因素对于进城创业经济活动的影响在于家庭组织能为其提供必要的生产要素。

关键词： 家庭因素　进城创业　经济活动　生产要素

一　问题的提出

经济组织的创办需要必要的生产要素。即使对于进城农民所

---

[*] 本文原载于《当代社会政策研究（十三）》，社会科学文献出版社2018年版，此为修订稿。

创办的经济组织来说，虽然市场门槛较低，但创业也需要相应的人力要素、物质要素等。否则，缺少必要的生产要素，进城创业可谓是"巧妇难为无米之炊"。在实践中，进城创业者的个体禀赋能够满足创业经济活动的部分需要，但是并不能满足创业经济活动的全部所需。在传统文化结构的作用下，个体所依附的家庭单位往往成为他们经济活动实践的支撑性力量。已有研究已经证实，作为初级组织的家庭单位与创业经济活动之间有较大的协同变化关系，家庭可以为创业经济活动提供必要的物质资本和人力资本[①]等。相对而言，家庭因素影响创业经济活动的生成。和进城农民的经济活动相联系，在理论层面，与非农户籍的城市居民相比，进入城镇劳动力市场中的农民处于相对弱势的地位，[②] 如难以适应并融入城市生活等。尤其对于进城创业的劳动者来说，一方面，与城市居民直接接触，存在文化适应难题；另一方面，在市场经济中面对自负盈亏等诸多风险，他们所处的情境存在更多的矛盾和问题。对于在城镇经济市场中诸多问题的解决，由于难以获得来自家庭组织之外的支持，他们更需要获得来自家庭内部的支持等。可见，在应然状态下进行判断，家庭因素在进城创业经济活动中发挥着重要的作用。国家统计局抽样调查显示，2013 年 27395 万城乡流动人口中有 4437.51 万进城创业者（仅为自主经营者），大约占总量的 16.2%。[③] 相对来说，家庭组织有效地解决了进城创业者在城镇劳动力市场中所面临的诸如生产要素的组织问题等困境。结合经验资料，我们不得不思考应然问题的解决过程，家庭因素如何影响进城农民的创业经济活动，即家庭如何支持进城农民创办经济组织，为进城农民创业提供了哪些方面的支持，等等。

---

① Sanders, J. M., & Nee, V. "Immigrant Self-employment: The Family as Social Capital and the Value of Human Capital." *American Sociological Review* 2 (1996): 231 - 249.

② 林琳、马飞、周子廉：《城市"走鬼"现象的特征与评析——以广州新港西路为例》，《城市问题》2006 年第 2 期。

③ 国家统计局：《2014 年全国农民工监测调查报告》，http://www.stats.gov.cn/tjsj/zxfb/201504/t20150429_797821.html。

对于这些问题的回答,将促使我们不断思考作为初级组织的家庭为何能够为进城个体创业提供必要的支撑,其作用机制何在。因此,回顾有关家庭因素和创业组织的文献,呈现家庭因素对创业经济活动的影响,探究家庭因素对进城创业的影响机制也成为本研究的立意所在。在研究操作过程中,根据研究需要,我们首先回顾已有文献中有关家庭因素与创业经济活动间的关系,并在此基础上与本土社会中的经验相联系提出本研究的假设。通过对我们所掌握的中国综合社会调查(CGSS)数据进行整理和分析,描述城镇劳动力市场中进城农民的劳动现状,尤其注重进城创业者的经济活动特征,以期通过与进城打工者的对比,展现家庭因素对于进城创业经济活动的影响,并厘清家庭因素影响进城创业经济活动的机制。

二 文献回顾及假设的提出

有关家庭因素和创业经济活动间的关系探讨较多,主要形成了三种研究路径,我们将其归纳为家庭背景论、家庭发展工具论、家庭资源说等。以下我们将从这三个方面回顾家庭因素如何影响创业经济活动。

在家庭背景论的研究路径中,许多研究者视家庭为创业经济活动选择的背景,强调家庭结构中的关系、家庭地位等对创业经济活动选择的影响。在家庭结构中的关系方面,已有经验研究显示代际的关系影响创业经济活动的选择,比如父代从事创业经济活动将影响子代从事创业经济活动的概率等;[①] 在家庭地位方面,社会结构中不同的家庭拥有不同的创业经济活动选择情况,如社会地位较低的家庭通常倾向于选择创业经济活动,一般是自雇型创业经济活动。在文献分析中,我们可以看到许多经验研究给予

---

① Laferrere, A. "Self-employment and Intergenerational Transfers: Liquidity Constraints and Family Environment." *International Journal of Sociology* 1 (2001): 3–26.

了较多材料进行验证,比如对移民群体和非移民的分析,对不同地区中移民群体内部结构中的分析,强调家庭社会地位影响创业经济活动的选择等。可见,家庭背景下有关创业经济活动的分析主要凸显了家庭情境的重要性。

在家庭发展工具论研究路径中,许多研究强调家庭因素与创业经济活动的关系在于创业经济活动为个人和家庭的发展提供了有效的工具。一方面,从家庭整体发展层面来说,创业经济活动能为家庭发展带来巨大的经济效益[1];另一方面,从家庭内部的不同群体进行分析,特别对于有小孩的家庭来说,相对于家庭中的男性来说,女性更容易选择创业。[2] 之所以创业经济活动存在性别差异,主要是因为家庭中的女性要处理好家庭结构中的关系,如婚姻状况、孩子的数量以及孩子的年龄结构等。[3] 可见,在性别视角作用下,比较打工和创业经济活动的结果,妇女选择非专业技术和非管理类创业经济活动是为了平衡工作和家庭的需要。[4] 通过创业经济活动,家庭中的女性协调了个人职业发展和照顾家庭的关系,[5] 平衡了劳动和生活间的冲突。一般情况下,对于拥有家庭的女性而言,只能选择劳动和生活的其中一项,甚至当两者都选择的时候则是冲突不断。[6] 因此,创业经济活动可谓是家庭和职业发展的平衡点。[7] 对于家庭中的老年人而言,选择创业经济活动则

---

[1] Carr, D. "Two Paths to Self-employment? Women's and Men's Self-employment in the United States, 1980." *Work and occupations* 1 (1996): 26–53.

[2] Boden, R. J. "Flexible Working Hours, Family Responsibilities, and Female Self-employment." *American Journal of Economics and Sociology* 1 (1999): 71–83.

[3] Carr, D. "Two Paths to Self-employment? Women's and Men's Self-employment in the United States, 1980." *Work and Occupations* 1 (1996): 26–53.

[4] Boden, R. J. "Flexible Working Hours, Family Responsibilities, and Female Self-employment." *American Journal of Economics and Sociology* 1 (1999): 71–83.

[5] Taniguchi, H. "Determinants of Women's Entry into Self-employment." *Social Science Quarterly* 3 (2002): 875–893.

[6] Parasuraman, S., & Simmers, C. A. "Type of Employment, Work-family Conflict and Well-being: A Comparative Study." *Journal of Organizational Behavior* 5 (2001): 551–568.

[7] Budig, M. J. "Intersections on the Road to Self-employment: Gender, Family and Occupational Class." *Social Forces* 4 (2006): 2223–2239.

是为了应对提前退休问题。① 与中国现实状况相联系，对于农民工返乡创业现象的理解，许多学者认为，农民工的职业发展还受到家庭完整性的影响，② 在"劳动—生活"均衡的社会机制作用下，他们将返乡创业作为一种生活方式。③ 归纳上述研究内容，在此类文献中，创业经济活动被视为相应的工具或者是解决某类社会问题的策略。

与上述两种研究路径不同，家庭资源说的研究路径立足于家庭分析单位，强调家庭结构的功能性作用，从最为直接的微观层面来说，家庭内部具有较为丰富的资源，在倪志伟等看来，由于共同体的利益与强关系的作用，家庭组织为创业者提供了劳动力、资金等所需要的资源。④ 概而言之，通过家庭结构关系网络等，创业经济活动得以成为现实。将资源概念进一步具体化和类型化，家庭结构中存在丰富的资本，家庭结构中不同的人力资本、社会资本以及经济资本影响个人的行动选择，⑤ 如父母之前的职业和受教育状况对主体创业经济活动的影响，父亲是自主创业者以及父母的收入较高将导致子代有更高的创业率。⑥ 简而言之，个体创业经济活动的选择受到家庭的影响。这种影响主要表现在家庭资源的让渡和传递，而得到资源的个体便在创业过程中获得了相应的生产要素，决定或促进了创业组织的生成。与中国经验相联系，一些研究显示，父亲的职业在子代选择自主经营活动方面并未有

---

① Hakim, C. "Self-employment in Britain: Recent Trends and Current Issues." *Work, Employment & Society* 4 (1988): 421–450.
② 魏万青：《从职业发展到家庭稳定性：基于稳定城市化分析视角的农民工入户意愿研究》，《社会》2015 年第 5 期。
③ 陈文超：《劳动—生活均衡：返乡创业者的选择机制》，北京：社会科学文献出版社 2016 年版。
④ Sanders, J. M., & Nee, V. "Immigrant Self-employment: The Family as Social Capital and the Value of Human Capital." *American Sociological Review* 2 (1996): 231–249.
⑤ 石智雷、杨云彦：《家庭禀赋、家庭决策与农村迁移劳动力回流》，《社会学研究》2012 年第 3 期。
⑥ Hundley, G. "Family Background and the Propensity for Self-Employment." *Industrial Relations: A Journal of Economy and Society* 3 (2006): 377–392.

多大的显著性影响，而母亲的职业技术水平越高越能促进子代通过自主经营追求更高的收入。[①] 边燕杰通过对珠三角企业家的访谈分析，证明家庭为创业过程提供了必要的社会网络或者社会资本，进而为创业者提供创建企业的商业情报、创业资金和首份订单等。[②]

在家庭因素与创业经济活动的关系中，无论是背景论的研究路径、工具论的研究路径，还是资源说的研究路径，它们都展现并强调了家庭因素与创业经济活动之间有较为重要的联系，或是作为创业活动的情境，或是创业经济活动平衡了劳动和生活的关系，或是作为初级组织的家庭为创业经济活动提供了必要的资源，即家庭因素都影响创业经济活动的选择。如果缺少必要的家庭初级组织，那么创业经济活动则很难生成。尽管创业经济行动是家庭因素作用的结果，但细致分析三种不同的研究路径，其间也存在较大的分歧，有的是直接对家庭成员的创业经济活动发生作用，有的则是间接对家庭成员的创业经济活动发生作用。如家庭背景论更为重视家庭因素为创业经济活动创造的情境，强调家庭组织中文化因素的影响；工具论重视创业经济活动的效用，能解决家庭发展过程中所存在的问题；而资源说更为重视家庭因素为创业经济活动提供的基础条件，强调家庭组织在创业过程中扮演着生产要素提供者的角色等。

将已有的理论认识和现实经验联系起来，对于进城创业经济活动而言，已有的认识似乎都能够解释家庭组织和创业组织之间存在的关系，或是依赖的关系，或是被依赖的关系等。基于资源假说，从个体层面来说，由于进城个体能力有限，难以解决处于市场经济中的诸多问题，如创办经济组织时需要必要的生产要素等。为了解决这个问题，家庭则成为进城创业者寻求庇护的有效组织。在传统文化中的家庭伦理作用下，家庭组织也倾向于对家庭成员的经济行动进行庇护，为其正常生产提供一定的生产要素

[①] Linda, Y. "Self-employment in Urban China: Networking in a Transition Economy." *China Economic Review* 3 (2009): 471-484.

[②] 边燕杰：《网络脱生：创业过程的社会学分析》，《社会学研究》2006 年第 6 期。

等。就工具论而言，进城农民的经济行动效用指向个体或家庭。为了实现自我和他者的期望，特别是在和其他劳动形式优势的比较下，进城个体创办经济组织。基于背景论，社会化环境因素的影响培养了家庭成员的创业意识，尤其是父辈的创业经济活动等促进了家庭成员的进城创业经济活动。针对上述解释，哪种假说的解释更可靠，更贴近实践中进城个体的创业经济活动状态，即家庭因素在其中主要扮演什么角色，家庭组织和进城创业组织之间具体呈现什么关系。相对来说，检验哪一种关系更为拟合进城创业经济活动和家庭因素之间的关系成为本文主要解决的问题。

基于以往家庭因素和创业组织之间关系研究的路径或假说，本研究分别提出以下假设。

假设1：相对于其他类型进城经济活动，家庭背景对进城创业经济活动产生了积极的作用，父辈职业因素影响了子代选择创业经济活动。

假设1a：基于家庭背景论，在个体社会化成长中，若父亲进行过创业经济活动，则子代选择进城创业经济活动的可能性大于选择其他类型进城经济活动。

假设1b：基于家庭背景论，在个体社会化成长中，若母亲进行过创业经济活动，则子代选择进城创业经济活动的可能性大于选择其他类型进城经济活动。

假设2：相对于其他类型进城经济活动，家庭发展倒逼个体选择进城创业经济活动。

假设2a：婚姻状态影响进城农民选择创业经济活动。[1] 为了保持家庭（拟家庭）的完整性，基于家庭发展工具论，相对于其他进城经济活动，拥有配偶（或已同居的女朋友）的进城劳动者比没有配偶的进城劳动者选择创业经济活动的可能性稍大。对于女性而言，拥有配偶的女性进城劳动者比没有配偶的女性进城劳动者选择创业经济活动的可能性要大。

---

[1] McManus, P. A. "Women's Participation in Self-employment in Western Industrialized Nations." *International Journal of Sociology* 2 (2001).

假设 2b：基于家庭发展工具论，家庭中有未成年小孩，则个体选择进城创业经济活动的可能性大于选择其他类型进城经济活动；① 尤其对于女性进城劳动者而言，拥有未成年小孩的女性，比没有未成年小孩的女性进城劳动者更倾向于选择创业经济活动。

假设 3：家庭能为创业经济活动提供必要的生产要素，促进创业经济活动从想象走向现实。

假设 3a：作为家庭中的成员，子女也可以作为创业经济活动中的劳动力。因此，基于资源说，相对于其他类型进城经济活动，家庭中的子女数量越多，则进城农民越倾向于选择进城创业经济活动。

假设 3b：创业经济活动的实现不仅需要必要的人力资本，也需要一定的物质资本。基于资源说，家庭经济条件越好的进城劳动者选择创业经济活动的可能性越大。在现代"以车代步"的社会中，家庭中的交通工具一方面作为家庭财富的象征，另一方面作为交通工具影响经济活动的实现。因此，家庭中是否拥有现代交通工具影响进城农民创业经济活动的实现。具体而言，家庭中拥有小汽车者选择进城创业经济活动的可能性大于选择其他类型进城经济活动。

假设 3c：家庭的经济地位是家庭物质条件的表现，家庭经济地位越高，说明家庭物质条件越好。反之，家庭经济地位越低，说明家庭物质条件越差。因此，家庭的经济地位影响进城农民创业经济活动的选择，即家庭经济条件较好，选择进城创业经济活动的可能性大于选择其他类型进城经济活动。

三　数据、变量与方法

（一）研究数据

本研究的实证分析依据来源于中国综合社会调查 2013 年的

---

① 家庭中是否有老人不仅仅影响选择进城创业的可能性，更影响其他类型进城经济活动。因此，在这里我们并不对这一因素进行详细分析。

数据（CGSS2013）。该调查采取多阶段分层随机抽样的方法，抽样框涵盖全国城镇地区。它搜集了被访者在城镇劳动力市场中的工作状况以及家庭状况等详细信息，并能较好地满足本研究的需求。

（二）研究变量

1. 因变量

本研究将进城创业的劳动形式作为因变量。细致剖析进城创业概念，主要包括两个方面的内容——劳动主体和劳动形式。首先，作为进城的劳动主体，他们主要是在城市中工作的具有农业户籍的劳动者。该概念强调三个方面：一是所拥有的户籍类型是农业户籍；二是从事的职业是非农业生产的劳动形式；三是劳动的空间处于城镇社会之中，既包括大都市，也包括乡镇（乡镇政府所在地）。其次，以是否受雇用为分类指标，在城镇劳动力市场中，进城农民的劳动形式主要分为三类。第一类是进城务工的劳动者，经验中俗称受雇于他者的打工者。第二类是进城经商、办服务业的自主经营者，制度安排中被界定为自己做老板的创业者。从实体经济规模角度进行判断，创业组织的经济实体小型的可以是流动摊贩，大型的可以是具有上千人规模的工厂与企业等。第三类是进城的自由职业者与零工、散工等。从经验来看，散工等介于自主经营（创业）者与打工者之间，独自成为城镇劳动力市场中的某一类型，关键在于其既无固定的雇主，也缺少必要的经营决策权等。[①]

2. 控制变量

基于对以往研究的评析和本研究主题的需要，我们将区域因素、性别、年龄和受教育程度设置为控制变量。其中对区域因素

---

① 对于城镇劳动力市场中的散工现象，周大鸣认为，散工队伍日益扩大，但并未引起政府部门和学术界的关注。他将散工界定为外来人口中从事各种"自由"职业的人。具体可参见周大鸣、周建新、刘志军《"自由"的都市边缘人——中国东南沿海散工研究》，广州：中山大学出版社2007年版，第9～11页。

的界定，根据既有研究经验以及统计习惯，本文将北京、天津、河北、上海、江苏、浙江、福建、山东划分为东部地区，山西、安徽、江西、河南、湖北和湖南划分为中部地区，内蒙古、广西、重庆、四川、贵州、云南、陕西、甘肃、青海和宁夏划分为西部地区，辽宁、吉林和黑龙江划分为东北地区等。

3. 自变量

在 CGSS 2013 调查问卷中，有关父亲、母亲的职业较为细致，并且主要涉及被调查对象 14 岁时父辈职业状况。根据研究需要，我们将其操作化为两类，即创业经济活动和非创业经济活动。其中，创业经济活动者主要包括个体工商户、自己是老板（或者是合伙人）等。

结合现实状况，对于婚姻状态，按照是否与配偶生活在一起，我们将其操作化为两种类型：一类是不与配偶生活在一起的婚姻状态，另一类是与配偶生活在一起的婚姻状态。其中，前者主要包括未婚、分居未离婚、离婚、丧偶；后者包括同居、初婚有配偶、再婚有配偶等。

未成年子女主要是指 18 岁以下的孩子，包括继子继女、养子养女等。

家庭中的孩子主要是指家庭中的子女，包括继子继女、养子养女等。

家庭经济状况是指在所在地的相对水平，主要划分为五类，即远低于平均水平、低于平均水平、平均水平、高于平均水平和远高于平均水平。

（三）研究方法

在本研究中，我们主要通过比较创业、打工和自由职业等经济活动所受家庭因素的影响差异。通过对既有差异的理解来明确创业和家庭因素间的关系。在具体研究过程中，我们一方面主要采用多元回归分析方法，根据不同自变量做嵌套回归分析，另一方面根据性别差异做二分类的回归分析。

四 描述分析

经过数据整理，我们获得了1014个符合本研究需要的样本。其中，进城创业者329个样本，进城打工者588个样本，进城自由职业者97个样本，变量设置具体情况见表1。

表1 进城劳动者基本情况描述统计

变量	创业	打工	自由职业	变量	创业	打工	自由职业
性别（男性=1）	35.21	52.73	12.07	婚姻状态（有配偶=1）	36.14	53.11	10.74
年龄（岁）	41.02 (9.84)	37.23 (11.39)	43.55 (11.27)	受教育年限	9.39 (2.83)	10.24 (3.43)	7.92 (3.07)
父亲职业（创业=1）	25.86	72.41	1.72	子女数量	1.58 (0.86)	1.07 (0.96)	1.58 (0.81)
母亲职业（创业=1）	22.22	74.07	3.70	家用汽车（有=1）	49.25	46.27	4.48
子女特征（未成年=1）	37.45	52.83	9.57	区域			
家庭经济水平				西部	37.85	52.80	9.35
远低于平均水平	16.22	67.57	16.22	中部	37.19	50.00	12.81
低于平均水平	24.76	62.86	12.83	东部	27.45	65.53	7.02
平均水平	36.20	55.70	8.10	东北	32.95	52.27	14.77
高于平均水平	43.64	50.91	5.45				
远高于平均水平	100	0	0				

注：连续变量报告的是均值和标准差，分类变量报告的是百分比。

本研究所获得的样本分布于全国东部、中部、西部和东北部四个区域，其中东部样本数量较多，约占46.35%，东北部样本相对较少，约占8.68%。在四个区域中，进城打工者数量居多，占据一半以上样本，自由职业者样本数量相对较少。在样本构成中，男性样本所占比重为59.66%，女性占比40.34%。其中，进城男性创业经济活动者占比64.74%。样本的最大年龄为82岁，最小年龄为19岁，平均年龄为39.05岁。其中，男性样本的平均年龄为39.91岁，女性样本的平均年龄为37.78岁。进城创业者的年龄处于进城打工者的年龄和进城自由职业者的年龄之间，比前者的平均年龄约大3岁，比后者的平均年龄约小2.5岁。在受教育水平方面，样本的平均受教育年限为9.74年。其中，男性样本的平均受教育年限为9.84年，最高受教育年限为16年，女性样本的平均受教育年限为9.61年。与总样本受教育年限相比，进城创业者的平均受教育年限低于样本的平均水平。从数据所显示的信息来看，在进城创业者14岁时，样本之中大约有1/4的父辈正在进行创业，其中父亲为创业者的占样本总量的25.86%，母亲为创业者的占样本比重为22.22%。从相关系数进行判断，两者的相关性并不大。对于这一关系的显著度以及父辈的职业对个体进城创业经济活动选择的影响关系，我们在后面会进一步说明。在进城创业者的家庭结构中，约有80.77%的样本处于拥有配偶的状态，其中同居者占0.79%，初婚有配偶者占78.40%，再婚有配偶者占1.58%。79.45%的样本有孩子，最多的为6个，最少的为1个，其中，53.94%的样本所在的家庭有年龄小于18岁的未成年人。在家庭经济水平方面，大多数样本所在的家庭经济条件较为一般，34.72%的样本所在的家庭经济条件较低于所在地平均家庭经济水平，其中有3.65%的样本所在的家庭远远低于当地平均经济水平等。

五 分析结果

比较家庭因素对进城创业经济活动、打工活动和自由职业经济活动的影响差异，我们将家庭因素操作化为父辈的职业因素、子女因素和家庭经济因素等，并进行多分类的嵌套回归分析。在分析过程中，我们将进城打工经济活动界定为参考类型，具体分析结果见表2。

表 2 家庭因素对进城经济活动影响的回归分析

自变量	模型 1 进城创业 vs 进城打工	模型 1 进城散工 vs 进城打工	模型 2 进城创业 vs 进城打工	模型 2 进城散工 vs 进城打工	模型 3 进城创业 vs 进城打工	模型 3 进城散工 vs 进城打工	模型 4 进城创业 vs 进城打工	模型 4 进城散工 vs 进城打工
西部	0.056 (0.210)	-0.281 (0.329)	0.055 (0.210)	-0.291 (0.329)	0.094 (0.211)	-0.271 (0.330)	0.081 (0.222)	-0.311 (0.341)
东部	-0.455* (0.182)	-0.636* (0.285)	-0.457* (0.182)	-0.639* (0.286)	-0.418* (0.183)	-0.610* (0.286)	-0.409* (0.194)	-0.592* (0.293)
东北部	-0.173 (0.285)	0.018 (0.392)	-0.170 (0.285)	0.018 (0.392)	-0.104 (0.288)	0.048 (0.395)	0.141 (0.305)	0.122 (0.410)
性别	0.434** (0.149)	1.029*** (0.261)	0.433** (0.150)	1.039*** (0.261)	0.430** (0.150)	1.028*** (0.261)	0.458** (0.157)	1.110*** (0.266)
年龄	0.194*** (0.041)	0.139* (0.060)	0.198*** (0.042)	0.133* (0.060)	0.139** (0.046)	0.096 (0.065)	0.081 (0.051)	0.013 (0.073)
年龄平方	-0.002*** (0.000)	-0.001* (0.001)	-0.002*** (0.000)	-0.001 (0.001)	-0.001* (0.001)	-0.001 (0.001)	-0.001 (0.001)	-0.000 (0.001)
受教育年限	0.197* (0.088)	0.110 (0.117)	0.199* (0.088)	0.109 (0.117)	0.176* (0.088)	0.095 (0.118)	0.202** (0.092)	0.074 (0.118)
受教育年限平方	-0.013** (0.005)	-0.019* (0.008)	-0.014** (0.005)	-0.019* (0.008)	-0.012* (0.005)	-0.018* (0.008)	-0.014** (0.005)	-0.016* (0.008)

续表

自变量	模型 1 进城创业 vs 进城打工	模型 1 进城散工 vs 进城打工	模型 2 进城创业 vs 进城打工	模型 2 进城散工 vs 进城打工	模型 3 进城创业 vs 进城打工	模型 3 进城散工 vs 进城打工	模型 4 进城创业 vs 进城打工	模型 4 进城散工 vs 进城打工
父亲职业			0.198 (0.384)	-1.350 (1.186)	0.244 (0.391)	-1.315 (1.190)	-0.083 (0.418)	-1.237 (1.195)
母亲职业			0.055 (0.568)	1.060 (1.229)	0.148 (0.580)	1.151 (1.237)	0.524 (0.601)	1.007 (1.254)
配偶状况					0.381 (0.252)	0.370 (0.430)	-0.132 (0.278)	0.073 (0.451)
是否有未成年子女					0.331 (0.181)	0.141 (0.282)	-0.046 (0.217)	-0.297 (0.318)
未成年子女数量							1.296*** (0.320)	1.488** (0.553)
未成年子女数量平方							-0.207** (0.074)	-0.346* (0.141)
经济条件非常差							-1.283** (0.492)	0.209 (0.518)
经济条件较差							-0.588*** (0.173)	0.135 (0.250)

续表

自变量	模型 1 进城创业 vs 进城打工	模型 1 进城散工 vs 进城打工	模型 2 进城创业 vs 进城打工	模型 2 进城散工 vs 进城打工	模型 3 进城创业 vs 进城打工	模型 3 进城散工 vs 进城打工	模型 4 进城创业 vs 进城打工	模型 4 进城散工 vs 进城打工
经济条件较好							0.015 (0.332)	0.113 (0.676)
经济水平非常好							13.387 (413.861)	1.808 (1315.528)
是否有汽车							0.931*** (0.200)	-0.208 (0.400)
常数项	-5.468*** (0.953)	-4.710*** (1.399)	-5.566*** (0.967)	-4.525** (1.412)	-4.911*** (0.986)	-4.134** (1.442)	-3.799*** (1.075)	-2.722 (1.547)
样本量	1014	1014	1014	1014	1014	1014	1014	1014

注：*** $p<0.001$，** $p<0.01$，* $p<0.05$。中部地区是参考对象，故数据不列出。下同。

模型 1 为基础模型，主要分析进城劳动者样本的个体特征等控制变量对选择进城创业经济活动的影响。回归分析结果告诉我们，在样本所在区域方面，保持其他变量不变，与选择进城打工经济活动情况相比，进入东部地区城镇劳动力市场中的农民比进入中部地区城镇劳动力市场中的农民选择创业经济活动的可能性小。进入西部地区的城镇劳动力市场及东北部地区的城镇劳动力市场与进入中部地区城镇劳动力市场选择创业经济活动并无显著差异。在个体特征变量方面，在控制其他变量不变的情况下，与选择进城打工经济活动相比，性别、年龄和受教育年限因素影响进城农民选择创业经济活动，并且年龄和受教育年限对选择进城创业活动的影响呈现倒 U 形的曲线关系。

在模型 2 中，我们加入了父辈职业的变量，以此来检验家庭背景论的研究结论是否适合于进城创业者。回归分析结果显示，无论是父亲的职业，还是母亲的职业都对进城创业活动选择的影响不显著。据此，我们可以得出结论，家庭背景论的假设皆不成立，即假设 1 不成立。

在模型 3 中，我们加入了家庭关系变量，即是否有配偶和是否有未成年子女的变量。我们发现，在控制其他变量不变的状态下，相对于选择进城打工经济活动而言，进城劳动者是否有配偶对于选择进城创业经济活动的影响并不显著。与之相似，家庭中是否有未成年子女对于进城农民选择创业经济活动没有显著影响。具体到女性群体而言，表 3 中的模型 5 显示，与进城打工经济活动相比较，是否有未成年子女并不影响他们选择进城创业经济活动。由此可以得出结论，假设 2b 不成立。但与之不同，在保持其他变量不变的情况下，有配偶的女性进城劳动者选择创业经济活动的可能性是没有配偶的女性进城劳动者的 1.63 倍。

模型 4 为本研究的全模型。与其他三个模型相比，在原有模型基础上加入了家庭资源要素，一是家庭中的人力要素，二是家庭中的物质要素。回归分析结果表明，相对于选择进城打工经济活动而言，在控制其他变量的情况下，人力要素和物质要素都对进城创业经济活动有显著影响。其中，人力要素对进城创业经济活动

表 3　进城经济活动选择的性别差异回归分析

变量	模型 5 进城创业 vs 进城打工	模型 5 进城散工 vs 进城打工	模型 6 进城创业 vs 进城打工	模型 6 进城散工 vs 进城打工
西部	0.223 (0.332)	-0.982 (0.713)	0.233 (0.349)	-0.995 (0.745)
东部	-0.311 (0.294)	-0.516 (0.509)	-0.146 (0.315)	-0.382 (0.551)
东北部	-0.139 (0.494)	-0.580 (0.854)	0.253 (0.517)	-0.466 (0.901)
年龄	0.177 (0.091)	0.191 (0.136)	0.101 (0.103)	0.021 (0.162)
年龄平方	-0.002 (0.001)	-0.002 (0.001)	-0.001 (0.001)	0.000 (0.002)
受教育年限	0.122 (0.130)	-0.068 (0.176)	0.156 (0.134)	-0.045 (0.187)
受教育年限平方	-0.012 (0.007)	-0.006 (0.013)	-0.015 (0.008)	-0.008 (0.014)
父亲职业	0.009 (0.705)	-13.356 (1599.226)	-0.592 (0.809)	-13.253 (1308.456)
母亲职业	0.255 (0.956)	-12.539 (1919.391)	0.770 (0.998)	-11.593 (1584.994)
配偶状况	0.966* (0.432)	0.226 (0.638)	0.539 (0.465)	-0.051 (0.696)
是否有未成年子女	0.331 (0.302)	0.016 (0.550)	-0.286 (0.375)	-0.672 (0.661)
未成年子女数量			1.843** (0.610)	3.488* (1.626)
未成年子女数量平方			-0.368* (0.155)	-0.902* (0.448)
经济条件非常差			-0.668 (0.732)	-0.141 (1.157)
经济条件较差			-0.177 (0.274)	-0.357 (0.526)

续表

变量	模型 5		模型 6	
	进城创业 vs 进城打工	进城散工 vs 进城打工	进城创业 vs 进城打工	进城散工 vs 进城打工
经济条件较好			0.547 (0.556)	1.153 (1.254)
是否有汽车			0.917* (0.356)	-0.282 (0.840)
常数项	-5.500** (1.857)	-6.121 (3.247)	-4.399* (2.044)	-3.938 (3.726)
样本量	409	409	409	409

注：*** $p<0.001$，** $p<0.01$，* $p<0.05$。

的影响呈现倒 U 形曲线关系，即随着家庭中子女数量的增加，选择进城创业经济活动的可能性不断提高。当子女数量达到 3.13 个时，选择进城创业经济活动的可能性达到最大。接着，随着子女数量不断增加，选择进城创业经济活动的可能性则开始下降。由此可知，假设 3a 成立。与实践相联系，正如恰亚诺夫所言，在农民家庭中，为了保持劳动与消费的均衡关系，作为家庭成员的家庭子女不仅是家庭中的消费单位，也是家庭中的生产单位，但并非家庭子女数越多则越有利于创业组织的生产，而要考虑创业组织的承受能力，即负担家庭子女生活的能力。[①] 因此，在协调劳动力数量和生活要求方面，进城创业组织中最为理想的家庭子女数则是 3 个或 4 个。基于此观点，在控制其他变量不变的情况下，与选择进城打工的可能性进行比较，我们预测家庭中子女数量对选择进城创业经济活动的影响趋势，具体如图 1 所示。

从图 1 所给出的信息可知，子女数量与进城经济活动之间有较强的相关关系，并且三种经济活动与子女数量之间的关系表现出一定的差异性。在没有子女时，即子女数量为 0 时，进城劳动者选择打工经济活动的可能性最大，选择创业经济活动的可能性次之。

---

① A. 恰亚诺夫：《农民经济组织》，北京：中央编译出版社 1996 年版。

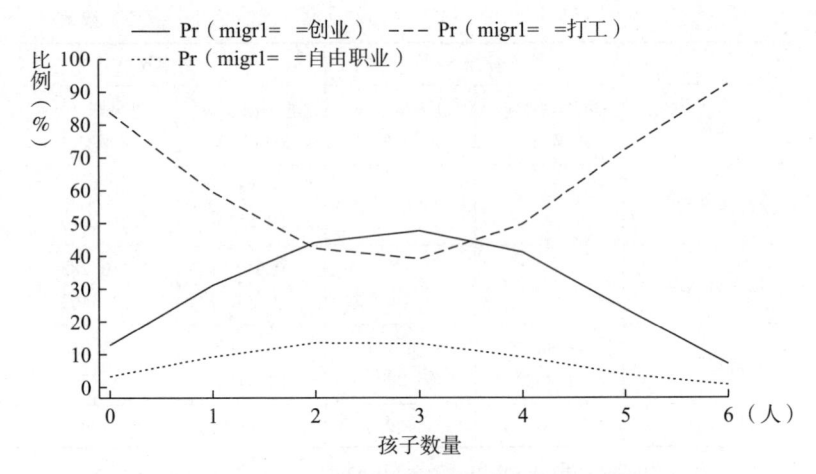

图 1　子女数量对进城创业经济活动选择的影响

注：Pr（migr＝＝　）表示发生比。

随着子女数量的增长，达到 2 个时，则选择进城创业经济活动的可能性大于进城打工经济活动的可能性，选择进城自由职业经济活动的可能性最小；当子女数量达到 4 个时，则选择进城打工经济活动的可能性超过选择进城创业经济活动。

在家庭的物质能力方面，在控制其他变量不变的情况下，与选择进城打工经济活动相比，家庭是否有汽车对选择进城创业经济活动具有显著影响。有汽车的家庭比没有汽车的家庭选择进城创业经济活动的可能性高 54%。与实践相联系，条件较好的家庭可以给家庭成员提供较多的物质要素，如创办企业的资金和其他物质资本等。因此，在物质条件的支持下，物质条件较好的家庭内成员则具有较大的可能性选择创业经济活动，而物质条件较差的家庭内成员则很可能选择进城打工经济活动等。结合上述分析，我们能明确假设 3b 成立。

为了更进一步验证假设 3，我们在模型 4 中同时加入了家庭在当地的经济水平等变量。数据分析显示，家庭的相对经济水平对进城创业经济活动和进城打工经济活动的影响有显著差异。在保持其他变量不变的情况下，与选择进城打工经济活动相比较，经济条件非常差的家庭内成员比经济条件一般的家庭成员选择进城创业经济活动的可能性低 82.29%，经济条件较差的家庭内成员比经济条件一般的家庭成员选择进城创业活动的可能性低 44.46%。反过来说，若家庭经济条件相对较好，则选择进城创业经济活动的可能性大于选择进城打工经济活动的可能性。与进城创业组织的生产要素筹集相联系，经济条件较差的家庭难以获得创办经济组织的生产要素，即使个人能力以及创业愿望非常强，可"巧妇难为无米之炊"。然而，从数据分析结果而言，发现并非家庭经济相对水平越高，则选择创业经济活动的可能性越大。在保持其他变量不变的情况下，与选择进城打工经济活动的可能性相比较，经济条件较好和非常好的家庭组织内成员与经济条件一般的家庭成员在选择进城创业经济活动方面并无显著差异。相应地，也并不是家庭组织所能给予的物质支持越多则选择创业经济活动的可能性越大，而是家庭组织要为家庭成员提供一定的必要物质支持。由此可见，在一定条件支撑下，假设 3c 成立。综合上述分析，经过多方面的检验，我们发现，假设 3 成立，即家庭物质条件较好的家庭组织内成员选择进城创业经济活动的可能性较大。进一步延展其中所涵盖的信息可知，家庭组织为进城创业经济活动提供了必要的物质条件支撑。

通过解读模型 4，我们还可以看出，随着加入的自变量增多，原有的一些变量对于选择进城创业经济活动的影响也在发生变化。例如，年龄与选择进城创业经济活动间的倒 U 形曲线关系没有发生变化，但是相对于进城打工经济活动而言，选择进城创业经济活动的年龄峰值由 48.61 岁转变为 40.91 岁。相对来说，进城农民 40.91 岁时选择进城创业经济活动的可能性逐步下降。同样，在保持其他变量不变的情况下，与选择进城打工经济活动相比较，受教育年限与选择进城创业经济活动间的倒 U 形曲线关系也没有发生变化，但顶点峰值由 7.37 年变换为 7.11 年。

此外，就女性群体内部的差异而言，模型 6 的结果告诉我们，家庭中是否有未成年子女的影响已经从之前的微弱影响变得不显著。因此，假设 2b 不能够成立，即家庭组织内是否有未成年子女与是否选择进城创业经济活动没有多大的必然性。结合假设 2a 的结论，我们能够得出家庭关系并不倒逼进城劳动者，尤其是女性进城劳动者选择创业经济活动。

六　结论与讨论

　　家庭因素在创业活动过程中扮演着重要的角色，对创办经济组织产生了较为重要的影响。分析已有研究的经验材料和结论，他们对家庭因素在创办经济组织过程中的作用分析大致可以归纳为家庭背景论、家庭发展工具论和家庭资源说三个方面。将已有研究观点和本土社会中的进城创业经济活动相联系，利用中国综合社会调查2013年的数据资料进行分析，我们发现，与进城打工经济活动相比较，父辈的职业对选择进城创业经济活动并没有显著影响，是否组成实质性的家庭即是否有配偶的因素对于选择进城创业经济活动也没有显著影响，家庭内是否有未成年子女对于选择进城创业经济活动同样没有显著影响。并且，有无未成年子女的家庭成员在选择进城创业经济活动方面也没有性别差异。与之不同，家庭的子女数量、物质条件和经济水平等明显影响个体选择进城创业经济活动。相对于选择进城打工经济活动而言，家庭内子女数量与选择进城创业经济活动间呈现倒U形曲线关系，家庭内是否有汽车和选择进城创业经济活动间呈现直线关系，家庭的相对经济水平也同样显著影响选择进城创业经济活动。简而言之，家庭因素对于进城农民选择创业经济活动产生着重要的影响，即家庭组织在进城农民创办经济组织过程中扮演着较为重要的角色，但是其角色不是背景的角色，也不是分享者角色，而是资源提供者角色。与已有的研究相联系，家庭背景论的研究、家庭发展工具论的研究较不适合本土社会中的进城创业经济活动，而家庭资源说能更好地解释家庭因素与进城创业经济活动之间的关系，而且能更好地解析家庭因素如何影响进城创业经济活动。

　　在实践中，以家庭为单位的进城创业经济活动将核心家庭从原来的农村区域迁移到城镇区域之中，但家庭的功能并没有发生变化，仍需要满足家庭成员的日常生活需求及维护家庭的完整性等。在日常经济实践中，与以往农业生产组织发挥的功能相似，进城创业组织也需要有效运转以实现既定家庭目标。从某种意义上说，在城镇经济场域之中，家庭的目标和创业组织的目标相统一，[①] 家庭的存在和发展状况与创业组织的运转状况有效关联。从联系的角度而言，[②] 家庭的物质条件服务于创业经济活动，家庭内部成员在生活需求的目标下参与家庭劳动安排，即在进城创业组织的创办和运转过程中，家庭提供生产要素中的物的要素和劳动力的要素。对于一个经济组织而言，当其具备生产要素中的劳动力的要素和物的要素时，在个人创业能力的作用下将有较大可能创办经济组织。可见，家庭为进城创业经济活动提供了必要的生产资源，促进了进城创业经济活动的实现。若从创办经济组织的能力层面而言，进城农民的个体能力较小，难以聚集必要的生产要素，但是在家庭因素的作用下，或者借用家庭能力则能够直接或间接获得创业的必要生产要素。简而言之，家庭因素在创业经济活动过程中扮演着重要的角色，为创办经济组织提供了必要的生产要素。回到本研究来说，本研究揭示了家庭因素和进城创业经济活动间的关系，对于家庭因素在创业过程中的影响机制则需要我们进行深入的观察和研究。

参考文献

边燕杰：《网络脱生：创业过程的社会学分析》，《社会学研究》2006 年第 6 期。

陈文超：《劳动—生活均衡：返乡创业者的选择机制》，北京：社会科学文献出版社 2016 年版。

国家统计局：《2014 年全国农民工监测调查报告》，http://www.stats.gov.

[①] 韦伯曾区分了家计和营利内容的异同。与本研究相联系，进城创业者的目标已经超越了传统小农的劳动诉求，在"自给自足"的制度安排下，其不仅仅在于家计，更在于营利。对于家计和营利的具体区分可参见马克斯·韦伯《社会学的基本概念：经济行动与社会团体》，桂林：广西师范大学出版社 2010 年版，第 158 页。

[②] Zelizer, V. A. *Economic Lives: How Culture Shapes the Economy* (Princeton University Press, 2010).

cn/tjsj/zxfb/201504/t20150429_797821. html。

A. 恰亚诺夫：《农民经济组织》，北京：中央编译出版社1996年版。

石智雷、杨云彦：《家庭禀赋、家庭决策与农村迁移劳动力回流》，《社会学研究》2012年第3期。

马克斯·韦伯：《社会学的基本概念：经济行动与社会团体》，桂林：广西师范大学出版社2010年版。

魏万青：《从职业发展到家庭稳定性：基于稳定城市化分析视角的农民工入户意愿研究》，《社会》2015年第5期。

周大鸣、周建新、刘志军：《"自由"的都市边缘人——中国东南沿海散工研究》，广州：中山大学出版社2007年版。

Boden, R. J. "Flexible Working Hours, Family Responsibilities, and Female Self-employment." *American Journal of Economics and Sociology* 1 (1999).

Budig, M. J. "Intersections on the Road to Self-employment: Gender, Family and Occupational Class." *Social Forces* 4 (2006).

Carr, D. "Two Paths to Self-employment? Women's and Men's Self-employment in the United States, 1980." *Work and Occupations* 1 (1996).

Hakim, C. "Self-employment in Britain: Recent Trends and Current issues." *Work, Employment & Society* 4 (1988).

Hundley, G. "Family Background and the Propensity for Self-employment." *Industrial Relations: A Journal of Economy and Society* 3 (2006).

Laferrere, A. "Self-employment and Intergenerational Transfers: Liquidity Constraints and Family Environment." *International Journal of Sociology* 1 (2001).

Linda, Y. "Self-employment in Urban China: Networking in a Transition Economy." *China Economic Review* 3 (2009).

McManus, P. A. "Women's Participation in Self-employment in Western Industrialized Nations." *International Journal of Sociology* 2 (2001).

Parasuraman, S., & Simmers, C. A. "Type of Employment, Work-family Conflict and Well-being: A Comparative Study." *Journal of Organizational Behavior* 5 (2001).

Sanders, J. M., & Nee, V. "Immigrant Self-employment: The Family as Social Capital and the Value of Human Capital." *American Sociological Review* 2 (1996).

Taniguchi, H. "Determinants of Women's Entry into Self-employment." *Social Science Quarterly* 3 (2002).

Zelizer, V. A. *Economic Lives: How Culture Shapes the Economy* (Princeton University Press, 2010).

家户主义分析机制的建构*
——基于进城创业经验资料的解读

摘　要：进城创业的经营过程受到家户结构的影响。在经营场域中，以家户为单位组织的经营活动，既服务家庭，又依赖家庭，视家户为经营运作过程中的有效策略和工具。在归纳分析已有经验的基础上，本研究将具有结构性和文化性特征的"家户主义"概念抽象为支配进城创业者经营运作的社会机制。在创业组织运转过程中，家户组织与创业组织相统一，家户文化处于经济组织内核，支撑着经济组织的运转，并以此应对市场经济中的诸多不确定性等。在日常经济实践中，在家户主义的对内协调资源、对外适应环境的作用下，形成了当前较为繁盛的个体经济图景。

关键词：家户主义　进城创业　日常经济　经营机制

一　问题的提出

进城创业组织如何得以运转？在既有的研究成果之中，许多经济学研究者将创业组织的运转和市场环境以及个体能力相联系，如强调市场经济中的产权，或从生产者理论（theory of firms）中的投入—产出方面进行分析。[1] 与之不同，社会学视角下的研究者习

---

* 本文原载于《中共福建省委党校学报》2019年第2期，此为修订稿。
[1] Schulze, W. S., Lubatkin, M. H., Dino, R. N., & Buchholtz, A. K. "Agency Relationships in Family Firms: Theory and Evidence." *Organization Science* 2 (2001): 99-116.

惯将创业组织的运转和关系相联系，如边燕杰强调创业过程中的商机信息、资金以及订单依赖关系网络。[1] 对于关系网络如何在创业过程中发挥作用，有的学者认为是用关系网络的建构能力替代了企业的经营管理能力，用"情感契约"代替了"文本契约"。[2] 艾云与周雪光通过一经验案例予以说明，在资本缺失条件下，地方制度和社会关系通过"礼物交换"的互惠机制和"强征性信用"的市场权力机制形塑资本运作。[3] 在劳动过程中，运用关系网络等建构一种父权制的合法控制体系，有利于控制劳动过程，提高劳动效率。[4] 在有关进城创业的研究之中，已有研究也显示经济组织的运转需要依赖社会关系网络，但更多研究将社会关系网络聚焦于家庭关系网络层面，[5] 如强调家庭中的代际支持，父母在经济资本和人力资本层面给予支持等。[6] 杨小柳等通过对广州批发零售市场的潮汕商人调查发现，亲属关系的运作有助于帮助年轻人快速创业成功。[7] 周大鸣、余成普也通过经验资料的分析指出，进城创业组织主要靠包括血缘、姻缘等在内的关系进行运作。[8] 既有研究为我们理解进城创业组织运转提供了有益的启示，使我们明确了进城创业中家户经营模式的特征。

---

[1] 边燕杰：《网络脱生：创业过程的社会学分析》，《社会学研究》2006年第6期；边燕杰：《论社会学本土知识的国际概念化》，《社会学研究》2017年第5期。
[2] 秦海霞：《关系网络的建构：私营企业主的行动逻辑》，《社会》2006年第5期。
[3] 艾云、周雪光：《资本缺失条件下中国农产品市场的兴起——以一个乡镇农业市场为例》，《中国社会科学》2013年第8期。
[4] 童根兴：《北镇家户工：日常实践逻辑与宏观政治经济学逻辑》，清华大学硕士学位论文，2005。
[5] Sanders, J. M., & Nee, V. "Immigrant Self-employment: The Family as Social Capital and the Value of Human Capital." *American Sociological Review* 61 (1996): 231–249.
[6] Dunn, T., & Holtz-Eakin, D. "Financial Capital, Human Capital, and the Transition to Self-employment: Evidence from Intergenerational Links." *Journal of Labor Economics* 18 (2000): 282–305.
[7] 杨小柳、谢立兴：《经营型移民的聚集与创业——以广州批发零售市场的潮汕商人为例》，《广西民族大学学报》（哲学社会科学版）2010年第1期。
[8] 周大鸣、余成普：《迁移与立足：经营型移民创业历程的个案研究》，《中南民族大学学报》（人文社会科学版）2015年第4期。

回到个体经济的繁盛场景之中,对于进城创业的经营者而言,市场经济的制度环境以及城镇市场经济中的关系网络为其进城创业提供了可能,而家户单位关系网络帮助他们有效应对了自身在市场经济所处的弱势困境,如依靠家户单位链接到了经济组织运转所需要的资源,并形成了具有流出地特色的区域化经济现象。[①]通过经验归纳总结发现,作为一种文化实践的家户结构隐藏着内在的生产力,[②]并有效组织着经济活动,实现了进城创业组织的有序运转。上升到抽象的理论层面,从社会总体性的结构关系及各要素相互转化的机制而言,[③]家户经营模式的支配机制是家户主义,即家户单位与经济组织的统一受到家户主义机制的作用。在本研究中,家户主义主要是指,建立在家户单位基础上,通过家户关系和家户规范作用促使家户单位与经济组织相统一,并遵照市场机制的方式进行运转,如将家户单位的资源以生产要素的形式介入经济组织之中,制造出一定的经济效益。从结构功能主义层面而言,家户主义是一种能够有效调动家户单位内资源的机制,影响进城创业组织的运转,以及作用着家户单位内诸成员的行动逻辑,成为他们的行动工具与策略。

为了更好地理解进城创业者的经营机制,厘清我们对进城创业现象的许多"误识",本研究旨在分析进城创业组织的运行机制。与单纯的结构分析不同,本研究重在揭示进城创业组织运作过程的社会机制,[④]分析作为一种社会结构形式的家户单位如何影响进城创业经济活动,如处于支配地位的家户主义的作用形式和实质是什么。在具体分析之中,通过对进城创业经验材料的解读,本研究将展示家户主义的结构性基础(家户经营模式中的家户结构)、家户主义的构成要素与家户主义的特征等。

---

① 陈文超:《个体经济秩序与进城创业者的经营进程》,《江汉学术》2018 年第 1 期。
② 马歇尔·萨林斯:《文化与实践理性》,上海:上海人民出版社 2002 年版,第 72 页。
③ 渠敬东:《项目制:一种新的国家治理体制》,《中国社会科学》2012 年第 5 期。
④ 周雪光:《组织社会学十讲》,北京:社会科学文献出版社 2003 年版,第 15 页。

二 家户经营模式中的家户结构

家户是家户经营模式的基础和承载单位。对于家户的界定，其他学者已有了较为详细的阐述，从费孝通先生在《乡土中国 生育制度》中对家的界定，即家是社会中的基本社群，[1] 到邓大才对家户的界定，强调家户是一个组合的概念，是由家和户的共性所构成的单元，如共居、共财、共灶、共同承担国家和社会义务等。[2] 奥劳克林（Bridget O'Laughlin）曾指出，相对于家庭（family）这个生物性特征较强的概念，家户（household）概念更能凸显相应的社会性和文化属性，主要强调其是一个能共享多样化的资源及活动的亲近群体。[3] 在家户经营模式中，家户概念不仅仅表现为一个经济组织，更是一个生活情感单位。并且，经济单位建立于情感生活单位基础之上。对应于进城创业现象，一家户单位一般意味着是一门户，也是一经济组织。

在进城创业现象中，家户单位以某一核心家庭为主，并且以核心家庭中的主要劳动力为主。作为现代社会中最主要的家庭形式，[4] 核心家庭呈现小型化的特征，一般是三口之家，并且在流动人口的家庭化过程中也以核心家庭为主。[5] 对于进城创业经济活动而言，小型化的形式也就构成了经济组织的形式，并以此形成了一个独立的经济单位。在具体操作中，核心家庭中的夫妻一般是创业经济活动的主导者，扮演着创业者和经营者的角色，核心家庭中的子代扮演着参与者的角色。在有些情境之中，当随迁人群之中有老人、小孩等时，进城创业经济活动也以主干家庭、联合

---

[1] 费孝通：《乡土中国 生育制度》，北京：北京大学出版社1998年版，第38页。
[2] 邓大才：《国家治理视角下的家户功能及中国经验——基于"深度中国调查"材料的认识》，《政治学研究》2018年第4期。
[3] O'Laughlin, B. "In Defence of the Household: Marx, Gender and the Utilitarian Impasse." *ISS Working Paper Series/General Series* 289 (1999): 1–42.
[4] 王跃生：《中国农村家庭的核心化分析》，《中国人口科学》2007年第5期。
[5] 国家卫生和计划生育委员会人口司编《中国流动人口发展报告2017》，北京：中国人口出版社2017年版。

家庭（扩展家庭）等形式进行组织，但其中的主导者仍然是核心家庭的成员。无论是在核心家庭，还是扩大化家庭中，核心家庭中的主要劳动力都是创业者/经营者，如夫妻双方。在创业者/经营者之外，则是经济组织活动的参与者。如对于核心家庭中的子女来说，他们是进城创业经济活动的参与者；对于代际家庭中的劳动成员来说，父辈劳动者也属于进城创业经济活动的参与者；对于扩大化家庭来说，有时候一些核心家庭中的夫妻在家户单位之中，但他们是进城创业经济活动的参与者。从劳动能力层面而言，虽然他们也在经济组织的运转过程中扮演主要劳动力的角色，但是他们并不具备支配权，处于被安排和支配的地位。与日常生活中的家户关系不同，进城创业组织中的老板和雇员并非按照日常生活中的家户关系，而是按照经济组织的所有权和经营权进行界定。拥有所有权和经营权的劳动者则属于创业者和经营者，其他在经济组织中的劳动者属于参与者。

在进城创业经济实践中，经济组织中的关系有血缘关系、姻亲关系、地缘关系、拟亲属关系等。从整体层面而言，经济组织中的关系构成主要依托家户单位中的关系，并按照日常生活中"差序格局"进行型构。在满足经济组织需求的状态下，与创业者/经营者的生活情感关系越亲密，越有可能进入经济组织之中，越先进入经济组织之中。反之，日常生活中的情感关系较为疏远者，则较难或较后进入。尤其对于一些在日常生活中没有关系的成员而言，他们进入经济组织后，也习惯于以拟亲属的方式存在于家户单位内，如按年龄的大小称呼创业者/经营者为哥、姐、嫂子、叔等。陌生关系的进入并不意味着进城创业组织中的家户关系没有边界。事实上，陌生的关系也是通过熟人关系的引介而进入家户单位之中，并最终以家户关系连接创业者/经营者与受雇者等。当缺少必要关系连带时，相对也就难以进入家户经营模式下的经济组织之中。从摊贩、个体工商户、私营企业主的经营模式来看，进城创业组织逐渐摆脱家户关系，形成现代市场中的经济管理模式。另外，当家户单位中的参与者"另立门户"时，也就形成了不同的家户单位。可见，已有的家户单位按照创业者/经营者的日常生活关系进行经济组织关系构造。相应来说，家户单位的边界也形成了经济组织的边界。对于分离出来的家户单位，它们之间也可能形成网络关联关系，如联盟关系、产业链中的上下游关系等。

简而言之，在进城创业组织中，以某一核心家庭中主要劳动力为中心点，形成了独立的经济组织单位。随着参与者的增多，经济组织中的关系越来越呈现多样化的特征，并多以日常生活中家户情感关系的形式和特征呈现。在实践中，经济组织中的关系与日常生活情感中的家户关系有重叠，甚至经济组织中的关系有时在刻意模仿家户关系。由此可知，家户经营模式中的家户与日常生活中的家户概念有同质化内容，也有异质化内容，最终凸显出家户经营结构中以核心家庭为主的强关系特征。

三　家户主义的构成要素

建立于家户单位基础上的经济组织以家户经营的模式进行运作。家户经营模式中的家户单位构成了家户主义的结构性基础。深入分析家户主义的结构，其主要由关系网络和文化观念两者构成。在形式层面，家户主义通过关系网络予以展现；在实质层面，家户主义依赖文化观念发挥作用。

（一）关系连带下的结构要素

在日常生活中，人与人在交往过程中形成了多种多样的关系，如父子关系、兄弟关系、姐妹关系等。从关系的范畴而言，这些关系只是强调个体与个体之间的一种联系状态。以兄弟关系为例，通过同一个父母将两者联系起来，形成了一奶同胞的兄弟关系，进而发生各类层面的互动。从工具的层面进行分析，关系好似桥梁，给两者之间的互动提供了必要的平台。若缺少必要的桥梁，两者之间可能不会发生联系。在日常经济实践中，为了能够与他人发生互动，社会个体总是习惯通过各种方式找到桥梁，如来自同一个地方的地缘关系、同一个姓氏的一家人关系等。

从关系主义的路径出发，边燕杰曾指出，血缘和姻缘关系是自我中心网络的核心，泛亲情化是人际关系成为社会资本、社会资源的必要机制。① 然而，在我们看来，两者之间存在某种关系，意味着有了产生互动的可能，但是并不一定会产生相应的社会资本、社会资源。举例来说，在现实生活中，我们存在一奶同胞的兄弟关系，也存在陌生人间以兄弟相称的兄弟关系，两者虽然都以兄弟关系存在，但是两者之间的互动却存在较大的差异。一般情况下，亲兄弟间的互动存在权利和责任的社会属性，而陌生人间的兄弟关系则不存在类似的社会属性。在比较之中，我们能够清楚地发现，关系的存在连接了互动主体。

家户单位的存在连接了不同的行动主体。在家户主义中，依靠连带关系，将家庭成员凝聚在一起。与家户单位外的关系相比，家户单位内的关系是一种强关系。与弱关系相比，在日常交往中，行动主体的交往频率较高、互动程度较深入，并形成了感性层面的情感联系等。② 强关系的存在有利于将家户单位的成员进行整合。并且，家户关系强度越强，家户单位中的亲密度越高，整合的可能性越大，整合起来的共同体紧密度越高，反之亦然。随着家户关系的弱化，甚至失去与家户单位之间的关联性，家户外的成员参与家户单位内经济活动的可能性较小。与进城创业组织相联系，家户单位内的关系有利于将家户成员及所拥有的生产要素整合进创业经济活动之中。在当前，即使家庭呈现小型化、核心化等特征，但家户单位的形式依然存在，连带关系的功能也存在，尤其相对于弱关系而言，强关系的功能属性有利于整合家户单位内的生产要素进入经济组织中。

基于上述分析，我们可知，在解析家户主义机制的构成中，家户单位中的强关系构成了家户主义的基础要素。

---

① 边燕杰主编《关系社会学：理论与研究》，北京：社会科学文献出版社 2011 年版，第 5 页。

② Bian, Y. "Bringing Strong Ties Back in: Indirect Ties, Network Bridges, and Job Searches in China." *American Sociological Review* 62 (1997).

（二）实践理性中的文化要素

关系的存在促进人与人之间人情交换的联系,[1] 但仅有连带关系的存在，并不能将关系转换为资本或资源，需要将关系社会化，即赋予关系一定的社会意义。事实上，经过日常实践，关系已经具有相应的社会意义和文化属性。潘光旦曾用"伦"、费孝通曾用"差序格局"等来形容社会个体的关系结构,[2] 其实质则是一方面强调关系具有社会文化属性，尤其赋予个体在交往互动过程中的权利和责任等；另一方面指出关系网络的结构化特征，不同的关系具有不同的权利和责任，即使一奶同胞的亲兄弟关系和出自一姓氏的堂兄弟关系也有相应的差异。对于家户主义而言，社会意义和文化属性是其存在的内核，具体表现为家户单位的共同体规范，要求家户成员履行一定的义务，进而形成了一种互助互惠文化。

在我们看来，关系起初并不具有相应的文化属性。在比较和社会意义的赋予过程中，关系逐渐和社会文化相融合，形成了关系的社会化，具有相应的社会文化属性。在社会文化属性的作用下，关系具有了责任、权利等特征，并成为交往行动中的规范。当兄弟关系中的任何一方处于困境之时，另一方则有义务给予帮助和扶持。与家户共同体中各单位之间的亲密度相联系，亲密度越高，则自身所具有的责任和义务越大，同时享有的权利也越大。在进城创业组织运转过程中，当需要一定的生产要素时，尤其在创业者/经营者定向寻求支持时，作为家户单位内的成员有相应的义务提供帮助，将其他成员的行动目标作为自己的目标进行对待。从经验材料来看，在家户规范的作用下，多数家户成员都能尽最大能力给予支撑。对于家户成员而言，他们的参与和支持也会在一定的时空范围内获得相应的回报，特别是当他们处于一定困境

---

[1] Hwang, K. K. "Face and Favor: The Chinese Power Game." *American Journal of Sociology* 92 (1987).

[2] 费孝通：《乡土中国　生育制度》，北京：北京大学出版社1998年版。

或有一定的需求时，原有的付出即可得到回报。否则，只要互动双方中任意一方不遵守家户规范，交往中的关系都将断裂。

从社会文化属性层面而言，在家户规范的作用下，家户经营模式是一种互助经济模式。在家户共同体的文化属性和规范作用下，家户成员相互支持和帮扶，并逐渐形成一种以家户单位为基础的合作文化。在进城创业经济活动中，无论是核心家庭内的成员，还是家户单位内核心家庭外的成员都需遵守家户共同体的价值观和规范，形成互助的经济行动模式。由此可知，家户主义并非形式层面的关系，而强调家户中的文化意涵，或者说在社会文化结构掩饰下的实践形态，正如"过程－事件分析"所强调的农民生活中的实践关系存在于社会结构之中，[1] 通过文化得以在具体的情境之中发酵。

简而言之，作为社会结构的关系和具有社会属性的文化构成了一个共同体。关系连接着互动主体，文化承载着互动的规范。在两者共同的作用下，互助行动得以产生。若仅有关系存在，则缺少必要的作用力；若仅有文化观念，则缺少必要的载体，也会导致互助陷入空谈。从社会整体发展历程来看，作为日常经济实践中的有形力量，当前的家户主义也成为一种文化。

四 家户主义的特征

在当前的社会科学中，对于机制分析的理解有多种表达形式，如渠敬东认为机制分析不完全是制度分析，而是通过系统的思路或过程的思路来考察一个现象或一件事情的来龙去脉，看看它究竟通过一种什么样的逻辑转化到另一种逻辑那里去，或从哪个点出发逐步过渡到其他的方向上去；[2] 赫斯特洛姆认为一个社会机制

---

[1] 孙立平：《"过程－事件分析"与当代中国国家－农民关系的实践形态》，《清华社会学评论》2000 年第 1 期。
[2] 渠敬东：《坚持结构分析和机制分析相结合的学科视角，处理现代中国社会转型中的大问题》，《社会学研究》2007 年第 2 期。

记述了一系列的主体和活动,它们相互关联并规律性地导致某个特定的社会结果。[①] 以此评判家户主义概念,作为一本土性的中层概念,家户主义有效地实现了进城创业组织运转的目标,其已成为分析市场化社会中经济组织运转以及集体行动逻辑实现的社会解释机制。与已有的市场机制相比,家户主义属于社会机制的范畴,具有以下特征。

其一,在经济实践中,家户主义体现为一种制度、规范和文化,约束着家户单位中的成员,要求他们的经济行动必须符合家户规范。否则,当家户成员的经济行动与家户规范有所偏差(失范)时,家户文化规范会惩罚该家户成员,如关系的断裂等,并且外界也会对该成员显示出相应的不认同。同时家户文化又激励着家户成员,当符合家户规范时,特别是在家户规范的连接下,家户内的成员可以获得较多的市场资源,如掌握新的技术后创办新的经济组织等。因此,在家户文化的激励下,家户内的成员较为积极地参与创业组织的运转,出现我们之前所说的一个经济活动场面。由此可见,在家户主义之中,约束与激励同时存在。在创业组织的经营过程中,激励型约束和约束型激励共同支配着包括创业者/经营者在内的经济行动者。[②] 因此,在展开有关经济行动的分析过程中,我们不能仅仅重视家户文化的约束,同时还要注重家户文化的激励,两者的结合才能够展现实践经济中的真实。

其二,社会性特征下的文化驱动。受经典经济主义的影响,诸多研究强调文化是一种外在因素,经济关系才是社会的本质。[③] 与之不同,家户主义注重内在的社会文化结构因素,强调经济行动的文化内核。若缺少必要的文化内核,则经济行动难以发生,

---

[①] 彼得·赫斯特洛姆:《解析社会:分析社会学原理》,南京:南京大学出版社 2010 年版,第 34 页。

[②] Kahn, H. *World Economic Development*: 1979 *and Beyond* (London: Croom Helm, 1979).

[③] 马歇尔·萨林斯:《石器时代经济学》,北京:生活·读书·新知三联书店 2009 年版,前言第 6 页。

即既有的经济组织目标难以实现等。在解释和分析的过程中，家户主义的分析路径注重内核—外围的分析方式。如在分析进城创业组织的经营过程中，家户主义强调市场是外在的环境和经济行动的对象，而经济行动的文化属性则是内核，驱动着经济行动的生成。比较农业生产过程和创业组织的运转过程，两者之间有较高的相似性，特别是生产要素的聚集、经济组织的运转以及经济组织的再生产方面等，都以家户主义为内核，或者说受到家户主义的支配。而不同的是外围的劳作形式，以及农业劳作生产所需要链接的资源相对较少，而进城创业组织的运转则需要链接更多的资源，所以其包括的家户范围更广。

文化有相应的特殊性，致使家户主义作用下的创业组织运转有自身的特征。与其他创业组织相比，特别是个体能力较强及所拥有创业资源较多的个体相比，进城创业者/经营者在经营过程中有自身的独特性，而其独特性也体现在家户主义层面。相对而言，其他创业群体中的经营者较少与家户主义相关。如和当前社会中所提倡的大学生创业组织的经营过程相比，大学生创业群体依靠自身的人力资本，多运用的是市场激励机制和团队的创新合作机制。如在创业知识和技术层面，他们经过了高等教育的洗礼以及相应的社会实践等，拥有较高的组织管理能力；在生产要素方面，他们的融资渠道则是依靠市场机制，通过天使投资等方式获得必要的经济支撑等。对于进城创业的经营者而言，他们在此方面处于弱势地位，与大学生创业群体有天壤之别，如自身的资源本身不足，包括个体的人力资本等，很难通过个人能力获得市场投资，并且如果仅仅依靠个人能力相对较难以在市场经济中生存。因此，弥补自身的不足，为了能够在市场化社会中得以立足，他们只能从自己身边的资源出发，利用抱团吸纳的形式，充分运用身边有限的资源。与市场机制中其他发展路径不同，家户主义是一种现代社会文化路径，在传统家户制度的基础上经过能动性利用和改造，服务于现代市场经济组织运转的目标。

其三，以链接形式整合家户单位内的资源。嵌入性强调经济行动通过社会（人际）关系网络得以实现。[①] 与嵌入性分析相比较，家户主义同样强调行动主体的社会化，较为重视社会关系的作用。但家户主义并非嵌入性，其重视的关系一方面是强关系，另一方面有一定的边界存在，即限于家户单位范围之内。根据前面对家户主义的构造分析可知，作为社会客观事实，家户主义在形式层面表现为关系网络，以某一家户为核心而推延的各类关系。家户主义连接着行动与结构，具体通过既存的关系网络将家户内的熟人转换为利益相关者，进而促成家户组织与经济组织的统一，即形成了一种以某一家户为核心的互助合作行动。在进城创业组织的运转中，在家户主义的作用下，利益相关层面的互助合作得以实现，促进了进城创业组织从想象走向现实。在家户内部形成夫妻之间的合作、代际合作，以及整个家户间的共同合作等，具体如我们在经济事实中所经常遇到的夫妻店、父子店等，甚至非正式劳动力在时空允许的范围内都会参与家户内的劳作安排等。在核心家庭之外，家户内的成员会在家户主体的能动性唤醒下以各种形式积极参与互助合作的活动等，如以劳动力的形式进行参与、以物资投入的形式进行参与等。与市场经济中的竞争形式不同，具有特殊性的互助合作形式强调的是共同围绕某一经济活动目标而行动，或者说是在共同目标的指引下形成了集体的经济行动逻辑。在日常经济实践中，经过进城创业者/经营者的能动性发挥，家户主义得以完全或部分唤醒，为进城创业组织聚集了必要的生产要素、经济组织运作以及经济组织再生产的资源，等等。

其四，以协调形式应对市场中的风险。在现代城镇市场经济中，进城农民的个体力量弱小，仅依靠个人的能力难以实现经济组织运转目标，需要借助其他个体的力量。如何调动外在的力量，则是摆在弱势成员面前的现实问题。经验事实告诉我们，通过整合家户组织的力量将能够有效应对市场中的诸多风险，特别是在家户内成员一条心的情况下，市场中的许多风险会在控制范围内，

[①] 马克·格兰诺维特：《找工作：关系人与职业生涯的研究》，上海：格致出版社、上海人民出版社 2008 年版。

比如当创业者/经营者缺少某项关键型技术时，或者缺少创业资金时，或者缺少较好的开店门面时，仅仅依靠个体的资源及能力难以解决上述问题，但是当将整个问题视为家户内的问题时，则能够调动家户单位中的力量予以解决。即使难以通过所在家户的范围予以解决，也可以通过家户成员的关系链接到其他家户单位之中，进而谋求相应的资源等，促成创业组织运转从想象走向现实。因此，在创业组织的运作过程中，经营者通常将家户主义作为一种策略，[1] 依靠家户力量解决经济实践中遇到的问题。从既有手段的效果层面而言，将家户主义作为一种策略有较为积极的效果。由此可见，在家户主义的作用下，原有的家户单位从一个生活组织单位转变为生产组织单位，形成经济实践中的互助经济，以此应对市场经济中的风险。

通过上述分析可知，家户主义有相应的传统，并且是当前社会中的一种客观存在，有效地支配着进城创业组织的运转。与机制分析相联系，家户主义已经成为解释进城创业组织运作的社会机制。从机制层面而言，机制分析不同于结构功能分析，更为注重传统文化在现代经济组织运转过程中所扮演的角色，尤其强调关系连带下的文化驱动形式，以至于产生由内而外的资源配置行动，即对内进行资源整合，对外实现风险应对与行动调适等。

当然，作为社会分析机制，家户主义的解释能力有一定的限度。首先，从适用范围而言，家户主义有一定的区域范围，适用于传统家户文化对社会个体有约束力的区域。当某一家户处于困境时，尤其当其经济行动符合社会认同标准，或者在社会认同范围之内时，家户内外的成员在经济行动层面会形成一种集体主义的逻辑，促成家户困境的化解。在我们的研究中，通过家户主义的作用促成进城创业从想象走向现实，并形成了当前市场经济中所普遍存在的进城个体经济现象。家户主义在解释此类经济现象时给我们提供了一个有益的视角，强调进城创业组织的运转关键在于家户主义的作用。但当超过此区域文化范围时，家户主义的

---

[1] 麻国庆：《社会转型与家庭策略》，北京：世界图书出版公司2016年版。

解释力度相对较弱。如在个体化时代之中，更多强调个体，而非家户，那么家户主义的影响较为微弱。相应而言，这也就构成了家户主义的解释范围和力度。

五 结论与讨论

在经济学中，对于经济活动尤其是进城创业经济活动的产生，我们习惯于从市场机制层面进行分析，然而供给—需求机制、价格和竞争等机制并不能完全解释进城创业组织的运转过程。对于进城创业群体而言，经营主体能力的有限性及市场经济中的不确定性决定了他们很难在经济实践中持续存在。与理论表达相悖，在城镇市场经济之中存在复杂多样的进城创业经济，或以正规经济的形式存在，如个体工商户等，或以非正规经济的形式存在，如流动摊贩等。基于经济事实的理解，我们相信，繁荣的进城创业个体经济背后有其他解释路径，尤其针对进城创业者如何经营经济组织问题，即资源有限的进城创业者如何运转经济组织等问题，有如制度创业的解释路径、关系网络的解释路径，等等。

在日常经济实践中，进城创业经济活动的开展多以家庭为基础。家庭因素在进城创业组织的运转过程中发挥着重要的作用。家庭和经济活动之间存在较为密切的关系。[1] 在已有的研究中，许多学者较为重视经济活动的结构过程，如柯志明对创业组织的结构分析等。与结构分析不同，本研究较为强调进城创业的经营过程，主要围绕何种社会机制使经济组织得以运转。在有关经济活动的研究中，我们对经济活动和文化之间的关系已经达成共识，如韦伯曾在《新教伦理与资本主义精神》中阐述了宗教改革促进资本主义发展的命题；[2] 萨林斯认为，经济活动不再决然独立，而被视为文化序列中一个不可分割的领域，其是具体生活形式中价

---

[1] 姜阿平：《乡土秩序与家户工业发展——对昌五镇家户酒厂的案例研究》，中国社会科学院博士学位论文，2009。

[2] 马克斯·韦伯：《新教伦理与资本主义精神》，于晓、陈维纲等译，北京：生活·读书·新知三联书店1987年版。

值体系与社会关系的物质表述，或者说物质实践由文化构成；① 泽利泽（Zelizer）用联系的生活观强调经济活动与日常生活间的关系，并用许多具体的案例说明一种联系的整体视野观。② 在具体的经验研究中，文化塑造和支配经济理性的分析已经层出不穷，如徐勇教授强调家户制是以一家一户为基本单位的经济社会组织制度，它更加强调核心家庭的作用和功能。根据农业的自然禀赋和生产特点，家庭是最适合农业生产的组织单位。③ 事实上，随着家庭越来越小型化和核心化，虽然其灵活的特征以及集体行动的目标更易达成，但是力量也逐渐弱化。若置于市场经济之中，很难有效应对市场中的许多不确定性。然而，通过家户主义机制的作用，经济行动者可以有效调动家户范围内的资源，维系经济组织的运转，④ 以此实现经济行动的目标。

我们认为，在进城创业组织的经营过程中，我们要重视家户主义机制的作用，通过家户主义的作用，促进更多的进城创业者能够立足于城镇市场经济，在城镇市场经济中存活下来，也借助家户主义形成更多的区域性经济，形成进城个体经济的突出优势。当然，在这一过程中，我们也要注意到家户主义的劣势，如在经营过程中的抱团垄断等，通过合理引导促使家户主义的作用机制朝正向发展。在韦伯看来，资本主义企业的现代理性组织在其发展过程中若没有其他两个重要因素是不可能的，这两个因素就是：把事务与家庭分离开来，以及与之密切相关的合乎理性的簿记方式。⑤ 因此，在家户主义支持下的经济组织逐渐成长之后，它将不

---

① 马歇尔·萨林斯：《石器时代经济学》，北京：生活·读书·新知三联书店 2009 年版，新版前言第 1、2 页。
② Zelizer, V. A. *Economic Lives*: *How Culture Shapes the Economy* （Princeton: Princeton University Press, 2010）.
③ 徐勇：《历史延续性视角下的中国道路》，《中国社会科学》2016 年第 7 期。
④ 克罗戴特·拉法耶：《组织社会学》，安延译，北京：社会科学文献出版社 2000 年版，第 1 页。
⑤ 马克斯·韦伯：《新教伦理与资本主义精神》，于晓、陈维纲等译，北京：生活·读书·新知三联书店 1987 年版，第 11 页。

断脱离原有的经济组织运营模式，重新寻找一条发展路径。①

参考文献

艾云、周雪光：《资本缺失条件下中国农产品市场的兴起——以一个乡镇农业市场为例》，《中国社会科学》2013年第8期。

彼得·赫斯特洛姆：《解析社会：分析社会学原理》，南京：南京大学出版社2010年版。

边燕杰：《网络脱生：创业过程的社会学分析》，《社会学研究》2006年第6期。

边燕杰主编《关系社会学：理论与研究》，北京：社会科学文献出版社2011年版。

边燕杰：《论社会学本土知识的国际概念化》，《社会学研究》2017年第5期。

陈文超：《个体经济秩序与进城创业者的经营进程》，《江汉学术》2018年第1期。

邓大才：《国家治理视角下的家户功能及中国经验——基于"深度中国调查"材料的认识》，《政治学研究》2018年第4期。

费孝通：《乡土中国　生育制度》，北京：北京大学出版社1998年版。

马克·格兰诺维特：《找工作：关系人与职业生涯的研究》，上海：格致出版社、上海人民出版社2008年版。

国家卫生和计划生育委员会人口司编《中国流动人口发展报告2017》，北京：中国人口出版社2017年版。

姜阿平：《乡土秩序与家户工业发展——对昌五镇家户酒厂的案例研究》，中国社会科学院博士学位论文，2009。

克罗戴特·拉法耶：《组织社会学》，安延译，北京：社会科学文献出版社2000年版。

麻国庆：《社会转型与家庭策略》，北京：世界图书出版公司2016年版。

马克斯·韦伯：《新教伦理与资本主义精神》，于晓、陈维纲等译，北京：生活·读书·新知三联书店1987年版。

马歇尔·萨林斯：《文化与实践理性》，上海：上海人民出版社2002年版。

孙立平：《"过程-事件分析"与当代中国国家-农民关系的实践形态》，《清华社会学评论》2000年第1期。

---

① 与波斯特强调不同，从动态层面进行审视，进城创业组织的运转对家户的依赖度随着组织规模的扩大和现代化程度的提高而降低。对于波斯特的观点，具体可参见 Evans, M. D. R. "Immigrant Entrepreneurship: Effects of Ethnic Market Size and Isolated Labor Pool." *American Sociological Review* 54 (1989): 950-962.

童根兴:《北镇家户工:日常实践逻辑与宏观政治经济学逻辑》,清华大学硕士学位论文,2005。

秦海霞:《关系网络的建构:私营企业主的行动逻辑》,《社会》2006 年第 5 期。

渠敬东:《坚持结构分析和机制分析相结合的学科视角,处理现代中国社会转型中的大问题》,《社会学研究》2007 年第 2 期。

渠敬东:《项目制:一种新的国家治理体制》,《中国社会科学》2012 年第 5 期。

王跃生:《中国农村家庭的核心化分析》,《中国人口科学》2007 年第 5 期。

徐勇:《历史延续性视角下的中国道路》,《中国社会科学》2016 年第 7 期。

杨小柳、谢立兴:《经营型移民的聚集与创业——以广州批发零售市场的潮汕商人为例》,《广西民族大学学报》(哲学社会科学版)2010 年第 1 期。

周大鸣、余成普:《迁移与立足:经营型移民创业历程的个案研究》,《中南民族大学学报》(人文社会科学版)2015 年第 4 期。

周雪光:《组织社会学十讲》,北京:社会科学文献出版社 2003 年版。

Bian, Y. "Bringing Strong Ties Back in: Indirect Ties, Network Bridges, and Job Searches in China." *American Sociological Review* 62 (1997).

Dunn, T., & Holtz-Eakin, D. "Financial Capital, Human Capital, and the Transition to Self-employment: Evidence from Intergenerational Links." *Journal of Labor Economics* 18 (2000).

Evans, M. D. R. "Immigrant Entrepreneurship: Effects of Ethnic Market Size and Isolated Labor Pool." *American Sociological Review* 54 (1989).

Hwang, K. K. "Face and Favor: The Chinese Power Game." *American Journal of Sociology* 92 (1987).

Kahn, H. *World Economic Development: 1979 and Beyond* (London: Croom Helm, 1979).

O'Laughlin, B. "In Defence of the Household: Marx, Gender and the Utilitarian Impasse." *ISS Working Paper Series/General Series* 289 (1999).

Sanders, J. M., & Nee, V. "Immigrant Self-employment: The Family as Social Capital and the Value of Human Capital." *American Sociological Review* 61 (1996).

Schulze, W. S., Lubatkin, M. H., Dino, R. N., & Buchholtz, A. K. "Agency Relationships in Family Firms: Theory and Evidence." *Organization Science* 12 (2001).

Zelizer, V. A. *Economic Lives: How Culture Shapes the Economy* (Princeton: Princeton University Press, 2010).

家户主义机制的扩展及其解释力

摘　要：与个体主义解释机制不同，家户主义从社会结构视角出发，探究经济组织的运转问题。本研究以家户主义何以整合创业组织的生产要素为导向，从形式和实质层面分析了家户主义的构件及运行过程。在形式层面，家户主义运行的表现在于将日常生活中的家户情感关系转换为经济生产中的劳动关系。在实质层面，家户主义通过家户关系的连接、家户规范的塑造、互惠互利原则三层体系将家户单位内的生产要素有效整合进创业组织之中，并形成了新时期的家户经营模式，不仅实现了小农经济有效应对和抵抗市场经济风险的目标，而且在家户主义机制的作用下并未陷入传统家户经营模式中的低度生产结构之中，还提升了个体经济组织的运转效率，以及出现了地域化分割的个体经济现象。

关键词：家户主义　进城创业　经济组织　运行机理

一　研究问题的提出

诸多研究向我们展示了家庭与创业之间的关系。延续已有研究结果，我们通过对进城创业经验资料的解读，更进一步明确了家户单位和创业之间的因果关联，并从中概括出家户主义的作用机制。家户主义具有的文化属性与规范功能在进城创业组织运转中扮演着重要的角色，但透过具象性的经验现象思考进城创业组织运转问题，势必会回到家户主义的运作问题，即为何家户主义能够在进城创业组织运转中发挥支配性作用，它在进城创业组织运转过程中如何配置生产要素，是否能够实现经营效益的提升。沿着既有的进城创业经验现象进行思考，我们能够发现，家户主义是存在于社会中的客观实在，具有较强的文化属性和集体主义传统。然而，与传统社会中的家户经营模式不同，在市场经济中，强调集体主义的家户主义已经显现出其与个体理性之间的矛盾，如家户单位中的成员有自身的理性追求，对于参与家户单位中的经营以及服从劳动生产的需要有不同的表达，或者说个体行动逻辑难以与家户经营逻辑相契合。如何吸纳和整合家户单位中的生产要素则是家户主义运行的关键。这不仅涉及市场化社会中家户单位成员合作的问题，还关系到进城创业组织的运转问题。在已有的研究之中，核心家庭内以及一家一户的合作总是被许多学者看作不可能的事情，如马克思强调小农的原子化状态、[1] 梁漱溟所谈论的农民缺乏组织集团生活[2]。在面对进城创业现象时，大多数研究显示家户单位成员参与创业组织的运转。[3] 之所以能够将家户单位中的成员整合进家户经济组织之中，在恰亚诺夫看来，家庭经营的存在取决于家庭成员消费的满足。当家庭成员的消费需要处于低度满足的状态时，包括未成年劳动力在内的家庭全部成员都将参与家庭劳动活动，甚至会一度提高劳动辛苦度。概括恰亚诺夫的表达及其翔实的经验资料，他认为家庭经营建立在劳动—消费均衡论基础之上，生物性需求使家庭关系服从生产关系。[4] 与恰亚诺夫的观点不同，艾利思突破有关小农的目标是简单再生产而非利益最大化的小农动机假设，认为家庭成员受到生产关系的支配并非纯粹市场关系的作用，也受到社会关系的作用。在他看来，互惠支撑着不同类型的家庭经营生产。[5] 相对于恰亚诺夫的分

---

[1] 马克思：《马克思恩格斯选集》（第 1 卷），北京：人民出版社 1991 年版，第 677 页。
[2] 梁漱溟：《中国文化要义》，上海：上海人民出版社 2005 年版，第 67 页。
[3] 张鹏：《城市里的陌生人：中国流动人口的空间、权力与社会网络的重构》，南京：江苏人民出版社 2013 年版，第 66 页。
[4] A. 恰亚诺夫：《农民经济组织》，北京：中央编译出版社 1996 年版。
[5] 弗兰克·艾利思：《农民经济学——农民家庭农业和农业发展》，上海：上海人民出版社 2006 年版。

析，艾利思的分析将市场的因素纳入其中，指出农民的家庭经营并不仅仅是使用经济或生计经济，而当另一只脚踏入市场时已经部分转变为交换经济或商品经济。[1] 对于家庭成员参与家户经济，艾利思并未进行过多的解释，而是延续经济学的假设，认为农民生产的一个决定性经济特征是依靠家庭劳动，[2] 强调弱势的农民在应对自然环境中的不确定性时要依靠家户组织的力量。

与已有研究中的研究对象不同，进城创业组织的家户经营模式与传统家户经营模式有较大的不同，如在家户经营内容方面，创业组织经营内容已不仅仅是农业生产；参与经营的成员并不仅仅局限于家庭单位内的成员，同时还有通过家户关系所连接的家户单位内的成员，如姻缘和亲缘关系连接下的成员；家户经营的目标已经不再只是满足生计的需要，而是面向市场追求最大化的经济利益。如对于家户工厂中家户单位内成员的参与，在童根兴看来，家户生产是农民进行工业化生产的一种特殊方式，运用家户现有的空间和文化资源将工人通过招工网络整合进现有的家户体系内，构建了一种父权制的合法控制体系，[3] 在劳动过程中实现劳动控制，[4] 以及以"关系霸权"作为解释路径。[5] 反思已有解释路径，更多的是建立在一种冲突基调之上，将家户经营模式中的参与者看作被动的合作对象。事实上，若过于强调控制，缺少主动性要素，则经济组织难以获得长期稳定的发展。在新时期家户经营模式下，家户主义如何将家户单位的生产要素整合进进城创业组织之中。或者说，当进城创业需要相应的生产要素予以支撑

---

[1] 弗兰克·艾利思：《农民经济学——农民家庭农业和农业发展》，上海：上海人民出版社 2006 年版，第 3 页。
[2] 弗兰克·艾利思：《农民经济学——农民家庭农业和农业发展》，上海：上海人民出版社 2006 年版，第 9 页。
[3] 童根兴：《北镇家户工：日常实践逻辑与宏观政治经济学逻辑》，清华大学硕士学位论文，2005。
[4] 陈秋虹：《家庭即工厂：河北北镇乡村工业化考察》，清华大学硕士学位论文，2011。
[5] 沈原：《市场、阶级与社会：转型社会学的关键议题》，北京：社会科学文献出版社 2007 年版。

时，为什么家庭成员所拥有的生产要素能够参与。根据前面的分析可知，在结构主义分析路径下，家户主义在生产要素的整合过程中发挥着重要的作用。在本研究中，我们将进一步揭开家户主义机制的运作过程，以此深入认识当前市场化社会中进城创业组织的运转状况和特征。

与强调个体主义的倾向[①]不同，本研究更为注重结构主义的影响，主要从社会结构视角出发去探讨抽象的家户主义如何作用于具象化的进城创业组织运转。在具体分析过程中，我们将结合已有进城创业的经验材料，首先探究家户主义在经济实践中的形式层面的运行状态，接着深入运行机理之中分析其发挥作用的实质，并以此回应有关进城创业组织的经济效率等相关问题。

二 家户主义运行的形式构件

在市场化社会之中，家户主义的表现则是家户与经济组织相联系，即在经验中所见到的家户经营模式下的进城创业现象。在社会结构视角之下，家户主义的形式表现则是家户关系与经济组织关系相统一。在经验现象中，家户主义的运行也表现为将家户关系转换为生产关系。

（一）差异化的家户关系与劳动关系

在实践中，家户关系与生产关系属于不同的范畴，两者之间有较为显著的差异化表现。

对于家户关系来说，其主要强调日常生活中的关系，如夫妻关系、父子关系、母女关系等。作为社会结构中的一种关系类型，无论是先赋的血缘关系，如代际关系，还是自致的姻亲关系，抑或拟家庭关系（认干亲）等，家户关系的联结纽带多是情感因素。通过日常生活中的情感互动，交往主体的关系得以强化，也更为

[①] 个体主义倾向的研究主要表现在对经营者的人力资本的重视上。具体可参见王甫勤《人力资本、劳动力市场分割与收入分配》，《社会》2010年第1期。

稳固。当缺少必要的情感以及情感互动时，家户关系也就形同虚设，有可能出现关系的断裂，即日常生活中的交往中断。由此可见，家户关系主要发生在日常生活领域。在交往过程中，家户关系受到情感因素的支配，以情感为基础实现对等交往。所谓对等交往，是指交往双方处于平等的地位，即使双方在社会经济地位方面有较大的差异。在现实生活中，"礼尚往来"便是一种较为明显的体现。

对于劳动关系来说，其主要存在于生产领域之中，或者产生于劳动过程中。它也属于社会结构中的一种关系类型，但多是自致关系，如通过招聘和招募等形式构建劳动关系。在劳动过程中，劳动者之间也多是上下级的支配关系和同事关系等。在经济世界中，尤其在市场经济中，劳动关系的作用多遵从市场经济的原则，强调成本投入和经济收益。当有经济收益，且经济收益能够平衡以及超过成本投入时，市场经济中的劳动关系便能形成。以城镇劳动力市场中的劳动关系形成为例，当某一劳动个体在城镇劳动力市场之中寻求工作时，他在寻找和自身能力相匹配的工作，同时也在寻找能够满足自身需求的工作。在劳动形式符合对方要求的条件下，当劳动的结果能够满足劳动者自身需求时，劳动关系便形成。否则，交往主体间的劳动关系便不存在。

归纳且比较家户关系与劳动关系，我们可以看出，虽然都是现实生活中的关系，但是两者分处于不同的场域，两者的表现形式各不相同，各自强调的重点更是有较大的差异，具体可见表1。

表1 家户关系与劳动关系的异质性表现

	家户关系	劳动关系
发生领域	生活场域	生产场域
表现形式	日常交往	价值创造
核心要素	情感	效益

从表1显示的内容可知，同属于日常生活中的关系类型，家户

关系屈从于情感逻辑，劳动关系屈从于效益逻辑。① 处于不同的运行逻辑之中，两者发生的场域、路径以及效果都有显著的差异。当两者相互交融时，并行不悖的两种逻辑则会产生冲突，如情感因素扰动效益，效益干涉生活等。对于家户主义的运行而言，正因为两者之间差异性的存在，其作用在于调和两者之间的矛盾和冲突。在经济实践中，家户主义的运行也表现为对两者的整合。

（二）情感强化中的劳动关系

生活场域中情感逻辑与劳动场域中效益逻辑的差异并非意味着两者不能进行有效整合。从宏观层面而言，生活之中有多面向。在多面向的维度下，生活中的关系被划分为多种类型，包括家户中的情感关系和生产中的劳动关系。当他们都服从于生活逻辑时，情感逻辑和效益逻辑也就有了整合的基础。恰亚诺夫有关家庭人口参与家庭的劳动生产描述也正是建立在生计这个有效的基础上。从微观层面分析，家户关系与劳动关系之间存在相互作用的一面。在市场化社会中，家户关系的维持需要既定的物质基础，劳动关系的稳定形成需要一定的情感要素。若能将两者进行有效整合，会促进双方的增长和发展。比如，对于家户关系而言，有了更为丰裕的经济作为支撑，日常交往和情感关系得到的正向强化会更突出；对于劳动关系而言，有了情感因素的介入，尤其是家户关系中的情感要素投入，能够有效提升劳动效率。

对于进城创业者而言，整合家户关系和劳动关系，也主要是将情感关系整合进劳动关系之中，并协调两者之间的不一致之处。在进城创业组织的运转过程中，我们能够看到的则是家户单位内的成员参与经济组织活动，以及进城创业组织之中多为家户成员，相互之间依靠情感关系连接，除了夫妻关系、代际关系，便是远房亲戚关系，或拟亲属关系等。在家户经营过程中，关系的整合

---

① 并非说劳动关系之中没有对应的情感存在，只是从另一个层面说明劳动关系之中经济效益占据主导地位。并且，在我们看来，劳动关系中的情感建立在经济效益基础之上。当缺少必要的经济效益作为支撑时，情感有可能会弱化或不复存在。

并不仅仅是将家户单位的成员吸纳到劳动生产过程之中，同时还将交往关系中的行动主体以及所拥有的生产要素纳入经济组织中，满足经济组织开办和运转的需要，比如经济资本等。从进城创业组织的运转来说，情感关系的介入为其带来有效的实质支撑。

对于进城创业者来说，在劳动生产过程中，不仅仅需要整合关系，更为重要的是将情感关系转换为劳动关系，或言以劳动关系为主。在劳动过程中，原有的对等关系转变为雇用和被雇用的关系，处于被雇用位置的劳动者受到相应的支配，即参与经济组织的家户成员服从进城创业者的安排。可见，关系的转换意味着在劳动过程中所有的行动指向在于生产效率的提升。最为重要的是，将情感关系转换为劳动关系，劳动关系居于主导地位，情感关系产生助推作用，有效提高了劳动生产效率。在具体实践中，情感关系转换为劳动关系拉近了家户成员和经济组织之间的距离，家户单位的成员将自我看作经济组织中的"自己人"，对于经济组织的劳动参与和诉求并非按照市场机制进行行动，而是按照日常生活交往的逻辑进行互惠行动，不会出现按劳动报酬进行劳作的情况。

由此可见，当情感关系被整合进劳动关系中时，情感关系和劳动关系之间将形成一种新型关系。在经济实践中，情感关系和劳动关系叠加在一起将形成一种合力，尤其在进城创业组织初始发展阶段，[1] 推动其发展。因此，在对进城创业组织的结构分析之中，我们可以发现，进城创业组织中的关系错综复杂，但复杂的关系之中都掺杂着亲属关系和拟亲属关系。这也正是家户主义有效运行的表征。

三　家户主义运行的实质机理

家户主义形式层面的运行使进城创业组织呈现互助合作、互

---

[1] 根据经验观察，在不同的经济组织发展情境中，情感关系和劳动关系会有所变化，所形成的合力也会对经济组织的发展造成不同的影响。

惠互利的经济属性特征,并且让我们看到当前繁盛的个体经济现象是关系网络传递的结果。经济的嵌入性有助于解释进城创业组织运转现象,但是同时形式层面的运行状态也渗透着家户主义的运行规则和原理。

(一) 家户主义的内在结构

1. 家户关系的连带

通过结构关系的连带作用,进城创业组织和家户成员能够有效连接起来。具体进行分析,当进城创业组织的运转或扩大化生产需要相应的生产要素时,进城创业者能够通过既有的关系网络找到可以寻求帮助的对象。因此,家户主义中关系网络的存在为家户经营提供了一条有效运转路径。在社会结构与情境之中,关系有多样化的表现,如地域关系、同辈关系等。在现实生活中,每一个社会成员都拥有多样化的关系,并且有时候形成多个关系网络结构。与诸多关系网络结构不同,家户单位内的关系较为特殊。用强关系和弱关系的标准进行划分,[①] 家户内的客观关系多属于强关系。在日常生活中,我们经常形容这种关系是"打断骨头连着筋"。从家户经营的角度来看,[②] 关系的客观存在有利于将家户成员及其资源整合进经济组织之中。

2. 家户规范的塑造

客观关系的存在为我们寻求进城创业组织运转或生产扩大化的要素提供了可能,但仅有关系的存在并不一定能够保证生产要素被有效整合进经济组织之中。家户成员所拥有的生产要素能否进入进城创业组织之中,关键在于客观关系中所存在的规范、情感、文化等。与诸多关系结构中隐藏的文化不同,家户单位中的文化更为强调"共同体"。对于传统社会中的个体来说,他们的行

[①] 马克·格兰诺维特:《镶嵌:社会网与经济行动》,北京:社会科学文献出版社 2007 年版,第 69 页。

[②] 许多研究者将进城创业视为非正规经济。由于非正规经济的存在,进城创业者一般难以获得正规部门的有效帮助,如从银行部门获得融资等。具体可参见黄耿志《城市摊贩的社会经济根源与空间政治》,北京:商务印书馆 2015 年版。

动之中也多体现着家户单位的归属感。在经济实践中，一般家户成员本着家户情感、道德、义务等给予家户经营必要的支持，尤其当家户经济组织处于弱势的状态时，如处于刚刚起步的状态，或处于经营低谷的状态时，家户成员会在"共同体"归属感的作用下给予进城创业组织必要的支持。从小农经济角度来看，这是传统文化中的互助形式，是家户单位中的行动规范。它要求同一家户中的成员要相互体恤，并给予必要支持。当某一家户成员拒绝给予必要的支持时，其在家户中的社会地位以及身份会受到质疑，甚至其在家户中的关系结构也有可能断裂。在现实生活中，我们经常可以见到因为不遵守家户单位中的规范而产生非"礼尚往来"的关系。事实上，很多家户成员因为担忧家户关系的断裂而主动或被动遵守家户规范。在家户规范的支撑下，进城创业的家户经营得以获得有效的生产要素，经济组织得以形成和运转。

既有的家户规范将连带关系从形式转向实质，将家户中的生产资源带到了进城创业组织之中。在日常生活之中，我们经常可以看到类似的现象，如农业生产中家户范围内的互助等。进城创业组织中的互助可谓是市场化社会中的另一种体现，从传统农业专业生产转向现代市场要素经营等。

3. 互惠互利原则

与传统的家户农业生产经营形式不同，传统的互助形式是一种短期的行为，而进城创业组织的运转需要稳定的参与。在市场化社会中，纯粹的无报酬式互助势必会影响到参与者及其所在家户的日常生活，使家户规范作用下的互助行动缺少持久性。缺乏稳定性的生产要素投入将导致经济组织运转的成本增加，甚至导致经济组织无法运转。比如，家户成员作为劳动力参与经济组织的运转，可是一两天之后便因为其他事宜要离开经济组织。在这种情况下，经济组织为了维持正常运转而必须寻找新的劳动力。

为了保障经济组织的运转，必须从简单的互助形式上升到市场化中的互惠互利形式。言下之意，当生产要素参与到经济组织的运转之中时，生产要素的持有者也需得到自身的满足，或是技术的满足，或是生计的满足，或是货币的满足等。当参与者的需求得以满足时，他们的参与行动将具有一定的可持续性，并以此保障经济组织的稳定性。在日常经济实践中，我们经常听到经营者"带"参与者的形式，即经营者有劳动力的需要，参与者有学技术的需要等。当参与者完全掌握经营技术和技巧之后，他则可能单独开办一经济组织。[①] 在我们的调查之中，多数经济组织获得必要的生产要素是通过互惠互利的形式。如果说这种形式的参与者处于相对较为弱势的地位，那么有一种形式则是参与者处于优势地位，即参与者以资金入股经济组织的形式。当进城创业组织需要一定的资金时，家户单位中的成员通过资金入股的形式从中获取相关利益。经济组织运转获得盈余之后，经营者给予参与者一定的经济利益，或是作为利息，或是作为分红等。随着市场化社会的发展，这种形式也慢慢成为生产要素参与的主要形式。

无论何种参与形式，参与目的都在于达到互惠互利。在经济组织过程之中，互惠互利原则不仅保障了参与行动的稳定性，而且呈现激励的取向，有利于吸引更多的家户成员投入经济组织运转需要的生产要素。事实上，一方面，在市场化社会中，个体的经济理性已经得到唤醒，忽视个体追求经济利益的经济行动原则势必难以与实践中真实的行动相符合；另一方面，对于实践中的行动者而言，互惠和个人经济理性之间并不是非此即彼的关系，可以在互惠的基础上实现创业者和参与者各自最大化的目标。否则，缺少互惠互利原则，参与者单方面参与缺少必要的获得感，难以维持参与的持续性和经济组织运转的稳定性。

（二）家户主义的三层体系

在韦伯的研究中，他将社会行动划分为目的理性式、价值理性式、情感理性式、传统式。[②] 与之不同，在市场化社会之中，纯粹单一的行动难以持续性存在，更多的行动呈现复合理性的形式，

[①] 张鹂：《城市里的陌生人：中国流动人口的空间、权力与社会网络的重构》，南京：江苏人民出版社 2013 年版，第 65 页。

[②] 马克斯·韦伯：《社会学的基本概念：经济行动与社会团体》，桂林：广西师范大学出版社 2010 年版，第 51 页。

即在一经济行动之中，既包含社会理性，如情感、道德、习性等层面的社会理性，又包含许多经济理性，当两者处于均衡状态时，参与行动便可实现。事实上，对于行动主体而言，当双方行动中的社会—经济理性各自均衡时，互动过程才能产生。[①] 否则，只有一方的行动处于社会—经济理性均衡时，互动过程不能长久。

对于进城创业组织运转而言，家户主义支配机制正是体现了一种社会—经济理性的均衡。在具体的结构分析之中，关系的存在、规范的作用、互惠互利原则三者是社会理性和经济理性的具体表征。通过以上分析，我们可以发现，每一理性都有着独自的指向，但单一的指向并不能保障进城创业组织的有效运转。只有当三者结合在一起时，才能真正体现出家户主义的优越性，有助于抵抗市场经济中的诸多风险。比如，通过关系找到家户成员，有助于找寻生产要素，甚至减少找寻生产要素的成本。在家户规范的约束下，家户成员将自我视为"自己人"，以区别于"外来人"，更是呈现带头作用或高强度参与劳作，有利于促进经济组织的运转；在互惠互利原则下，参与者获得了参与劳作的结果，不仅劳动参与得到了认可，而且得到了市场社会中的回报，有利于劳动参与的稳定性，进一步强化家户关系。可见，家户关系、家户规范、互惠互利原则处于一体化之中，形成家户主义的体系化结构。

在家户主义的结构之中，家户关系处于基础性地位，家户规范发挥保障性作用，互惠互利原则是市场化环境中的推动力量。在家户主义机制的运作过程中，若仅有市场机制刺激，缺少家户关系的连带性，家户规范则难以发生作用。家户关系为家户规范的作用发挥提供了空间，促成了互惠互利的实现。若缺少必要的家户规范，家户单位内的参与者无异于外来招募者，也只能依靠市场机制进行管理。当缺少必要的互惠互利原则时，市场化中的

[①] 在已有的研究之中，有的学者认为，经营者利用直系亲属的忠诚度以及亲属关系掩盖剥削关系和社会责任。具体可参见张鹂《城市里的陌生人：中国流动人口的空间、权力与社会网络的重构》，南京：江苏人民出版社2013年版，第66页。

家户经营形式缺少经济效率，将进入道德经济和情感经济模式之中。在分析之中，我们可以清晰地看见家户关系、家户规范、互惠互利形式三者之间是一种相互制约的关系，缺少其中任何一种，都将破坏家户主义机制，使其展现为一般的非正式契约形式。在日常经济实践中，作为一种非正式的契约，家户主义的形式有别于其他非正式的契约，它能够有效约束进城创业者以及参与者的行动，使其遵从经济组织生产的要求。当面对市场中的不确定性情境时，虽然进城创业者的应对能力有限以及创业组织相对弱小，但进城创业者将其所存在的家户组织吸纳进来，能够有效应对城镇市场中存在的风险，进而产生繁盛的个体经济图景。

四 家户经营的运作效率

家户主义支配进城创业经济，使进城创业组织的运转成为可能。但是，联系萨林斯的研究，让我们看到了以家户为单位的经济运转有可能处于一种低度的生产结构之中，即资源低度利用、劳动力低度使用、家户短缺等导致劳动生产效率低下，经营产出仅能维持日常生计需求等。① 与传统家户经营模式比较，进城创业中的家户经营形式则是市场化社会情境下的变异，能否陷入低度生产结构之中则需要从生产结构和生产秩序层面进行分析。

（一）家户经营的生产结构变动

反观进城创业组织的运转结构以及形式，与萨林斯所强调的部落经济不同，进城创业经济属于货币经济/市场经济模式，它已经不再仅仅满足以生计为目标的生产，而是超越剩余生产价值理念，追求较大的市场经济利益。理念的变化要求其劳动分工、人

---

① 马歇尔·萨林斯：《石器时代经济学》，北京：生活·读书·新知三联书店2009年版。

和生产工具的关系等生产结构也发生相应的变化。

1. 生产理念的变动

在经济实践中，进城创业者的生产理念已经发生转变，不仅不同于部落经济的生产理念，也不同于传统小农经济的生产理念。在生产理念导向方面，进城创业组织的产出一方面要满足家户日常生存需求，另一方面更要满足他们的生活需求。因此，在经济组织的运转之中，进城创业者必须最大化地产出，否则当经营收益难以覆盖经济投入时，经济组织就会面临关停倒闭的风险。事实上，在经济组织运转过程中，之所以以家户为单位来组织经营，也正是因为生产扩大化的需要，以此追求更高的社会经济效益，并避免家户短缺的出现。

2. 劳动分工的强化

在劳动分工方面，家户内的成员会按照自身的能力和特征被置于不同的劳动岗位之中，如对于一个早餐店的家户经营体来说，男性一般作为主要劳动力负责主厨的内容，女性负责收钱找零以及打杂的活。如果生产扩大化，尤其在生意较好的情况下，他们会将家户中的老年人整合进经济组织之中，并且安排其负责打杂的劳动内容，如清洗碗盘、择菜打荷等。如果生产规模在经济效益良好的情况下再次得以扩大化，他们则会突破核心家庭和联合家庭界限，在家户范围内整合劳动力。被整合进来的劳动力同样也会根据其相关能力和特征被置于不同的劳动岗位之中，如根据性别因素、年龄因素以及体力因素等。对于被整合进经济组织中的劳动力，除却在常规劳动岗位上的内容之外，他们也会主动承担一些非自身劳动岗位上的活计。同样以某早餐店的经济组织运转为例，扩大化生产中的家户劳动成员会主动承担额外的劳动内容，如本来只被安排做早餐的劳动内容，也会在自身内容完成后参与择菜、洗碗等。总结他们的劳动特征，则是手中的活完成后，见到有活可做的时候就去做等。当然，根据我们所掌握的经验材料，当被整合进经济组织中的家户成员并不乐意承担相关额外劳动时，他们容易被家户排斥，最终通过家户规范为家户经济组织所整合。与之相似，在实践中，如果通过市场招募进来的劳动成员不仅能够完成自身岗位的劳动内容，也能够承担额外的劳动内容，那么他们也更受到认同和欢迎，经常用"像自家人一样"来形容。由此可见，在家户主义支配下的经济组织运转过程中，家户内的劳动成员往往承担着分配的劳动任务，也额外承担着一些和经济组织运转相关的劳动任务。从劳动效率来说，家户经济组织内的劳动成员不仅得到了有效整合，而且得到了有效利用。在经验观察中，我们可以发现，家户成员在参与经济组织的运转时具有较大的主动性，尤其在和招募进来的劳动力相比较时，他们的主动性体现得更为明显。主动性的增强将有效提高劳动力的使用度，进而提高劳动生产效率。

3. 人和生产工具的协变

在人和生产工具的关系方面，家户主义支配下以家户为单位进行生产的经济组织也在随着社会的变迁和发展而不断发展，有的是针对劳动者层面的改变，有的是针对生产工具层面的改变，等等。在生产工具层面，如在调查中我们所遇到的商贩和个体户，他们在以往的经济组织收银过程中，一般采取传统的收现金找零等方式，而现在多采取现金和电子货币等形式收款。在具体的生产技术层面，他们也不断革新技术来提升生产效率，如在调查中所遇到的一家刀削面经营店，他们引进机器进行削面，经常是人工和机器两者共同作业。从生产效率层面而言，机器效率较高，有效地提升了单位时间内的产出量。

由此可见，在市场经济之中，在追求经济效益的目标下，许多经营者都能够根据社会结构和情境的变化而进行自我革新，重新塑造劳动者和生产工具之间的关系。反之，当经营者不改变原有的生产关系，一味地抱守旧有生产方式和生产关系时，则面临被市场淘汰的风险。生产关系的改变，尤其在积极正向改变的状态下，自然能够提升劳动生产率。

（二）家户经营的生产秩序建构

在城镇市场经济之中，家户主义支配下的进城创业经济虽然也是家户经营模式，但是它已经摆脱原始部落形式的家户经营模式，并且不断超越小农形式的家户经营模式，以市场为导向，构成了新时期的家户经营模式，即市场经济主导下的家户经营模式。在市场经济中的家户经营模式之中，结构的变动并不会带来秩序的变化，会形成稳定的生产秩序。

从经济组织的运作结构和形式来看，虽然家户经营中存在多种关系，如生活中的情感关系、生产中的劳动关系等，但是在家户主义的协调支配下，经营者在组织的运转过程中处于支配地位。在经营过程中，参与者有一定的建议权，但决定权和支配权掌握在经营者手中。参与的生产要素按照经营者的安排进行配置。与之相对应，具有经营权和所有权的创业者在经济实践中自负盈亏。当经营失败时，若并非以参股的形式进入经济组织之中，经营者还需要担负相应的责任，如还债等。可见，在进城创业组织之中，家户经营并不处于一种无序的状态，相反是一种有序的生产过程。家户经营之所以未能落入萨林斯所讲的无序和离散状态，表面上在于情感关系服从于生产关系，生产关系建立在情感关系基础之上，实质上则在于家户主义的系统作用。有序的生产秩序将促进互助经济生产效率的提升。根据梅奥对生产秩序的研究，[①] 情感关系等社会理性进入劳动关系之中，巩固了劳动共同体，尤其和外来招募的参与者进行比较时，家户成员的参与度将提高，会和创业者以及带动非家户成员进入一种有序的赶工游戏之中。在这种有序的生产状态之中，生产效率得到了有效的保障，成为一种具有较高运作效率的经济模式。

简而言之，在家户主义的作用下，进城创业虽然以家户为单位组织经营生产，体现了较强的家户经营特征，但是并不会出现传统社会中的低度生产结构模式，相反在市场化社会中则会进入高度生产结构模式，通过过度增强劳动辛苦度、提高资源利用率等来促进生产率的提高。

[①] Jones, S. R. "Was There a Hawthorne Effect?" *American Journal of Sociology* 98 (1992).

五　结论与讨论

　　家户主义在进城创业组织的运转过程中发挥着支配性作用。通过对家户主义的结构性分析，本研究探究了家户主义在形式层面通过将日常生活中的情感关系转换为经济生产中的劳动关系，实质上则通过家户关系连带、家户规范要求、互惠互利原则等保障进城创业组织的正常运转。

　　与强调劳动控制中的"情感劳动"和"关系霸权"方式不同，本研究则突出互惠互利原则在经济组织运转之中发挥着较大的作用。作为一种支配机制，家户主义的客观存在帮助了相对弱势的小农不仅有效应对和抵抗市场经济中的诸多风险，而且没有陷入传统家户经营模式之中的低度生产结构之中，还提升了经济组织的运转效率，甚至衍生出遍地开花的同质个体经济形式。通过对既有的经验分析，本研究充分解释了为什么在进城创业组织中存在大量的亲属关系以及拟亲属关系等，以及为何当前的个体经济之中出现了地域化分割现象。与已有的解释机制不同，家户主义机制解释立足于实践，从社会结构出发。与实践相联系，家户主义机制适合解释家户经营模式，有助于揭开家户经济组织运转的"黑箱"，从整体层面真实展现家户经营的过程。在家户主义的解释分析之中，不仅仅注重结构的整体性，更为重视历史维度，如强调家户主义来源于传统小农经济活动的习性，同时分析之中立足于实践，如强调市场化社会中个体行动贯穿着社会—经济理性的均衡性等。回到分析对象之中，因为家户主义解释机制的边界和有限性，它在对进城创业组织运转的分析之中也存在解释力度大小的问题。随着进城创业组织的扩大化，家户经营也会随之发生相应的变化，如从摊贩发展到个体工商户，从个体工商户发展到中小型企业等。组织规模的变动意味着家户经营形式的变动，更显示出家户主义机制的解释力度也在变化。当对摊贩和个体工商户组织运转进行解释时，家户主义的解释力较强。当对中小型企业进行解释时，多是因为企业类型的经济组织逐渐摆脱家户经营的束缚，转向更为现代的经营管理形式，家户主义解释机制的适用程度相对降低。简而言之，深化对进城创业经济现象的认识，我们不仅要深入探究家户主义解释机制，增强其解释力度，更要探究其他分析解释机制，分析不同类型、不同阶段的进城创业组织运转状况等。

参考文献

A. 恰亚诺夫：《农民经济组织》，北京：中央编译出版社1996年版。

陈秋虹：《家庭即工厂：河北北镇乡村工业化考察》，清华大学硕士学位论文，2011。

弗兰克·艾利思：《农民经济学——农民家庭农业和农业发展》，上海：上海人民出版社2006年版。

梁漱溟：《中国文化要义》，上海：上海人民出版社2005年版。

马克·格兰诺维特：《镶嵌：社会网与经济行动》，北京：社会科学文献出版社2007年版。

马克思：《马克思恩格斯选集》（第1卷），北京：人民出版社1991年版。

马克斯·韦伯：《社会学的基本概念：经济行动与社会团体》，桂林：广西师范大学出版社2010年版。

马歇尔·萨林斯：《石器时代经济学》，北京：生活·读书·新知三联书店2009年版。

沈原：《市场、阶级与社会：转型社会学的关键议题》，北京：社会科学文献出版社2007年版。

童根兴：《北镇家户工：日常实践逻辑与宏观政治经济学逻辑》，清华大学硕士学位论文，2005。

王甫勤：《人力资本、劳动力市场分割与收入分配》，《社会》2010年第1期。

张鹏：《城市里的陌生人：中国流动人口的空间、权力与社会网络的重构》，南京：江苏人民出版社2013年版。

Jones, S. R. "Was There a Hawthorne Effect?" *American Journal of Sociology* 98 (1992).

后　记

　　市场化进程中农民向何处去。职业的使命感使我在博士毕业前后一直思考社会转型中农民对接市场问题。践行从经验出发的实践社会科学研究原则，我以城镇劳动力市场中的农民经商现象作为分析经验，并将其操作化为创业选择、创业过程、创业效应三个子问题。接续创业选择机制的探讨，经营机制的分析是我当前阶段思考的重点问题。历经近4年时间，有关该问题的分析得以告一段落，也算在过往岁月留下了念想。

　　蓦然回首过往点点滴滴，豪情壮志、殷切期望、盈盈笑语，以及夹杂着泪水的汗水无不饱含其中。曾几何时，年少无畏，带着师友的期望和对学术的热爱，真心想做出一个大研究。无奈现实复杂，能力有限，实践之中总是磕磕绊绊，最后回归现实，脚踏实地，点滴积累，循序渐进。在这个尽头是灯火阑珊之地，如果缺少师友和家人的关心和支持，我想登上高楼一定只是想象中的事情。

　　感谢导师郑杭生先生，老师的为人处世原则一直鞭策着我不断向前。

　　感谢黄宗智先生，曾经的授课和讨论让我受益匪浅，至今影响着我的学术理念。

　　感谢雷洪老师，他以丰富的人生经历和过人的智慧不断地点拨着我。与其畅谈学术和人生问题，总有茅塞顿开的感觉。

　　感谢江立华老师，始终给我潜移默化的引导，必要时刻总能有力支持，助我在人生和学术的道路上砥砺前行。

　　感谢徐晓军老师，他总是一副热心肠，每遇棘手问题，他总是能够无保留地为我分析，给出一些有益的忠告。

感谢杨敏、高顺文、张杨波等师友们总是能够时不时给予鼓励，督促我在时代激流中勇敢地奋进。

感谢丁建定教授领衔的社会学院团队，他们在工作和学习方面给了我诸多支持；王茂福教授、石人炳教授、刘成斌教授、孙秋云教授等在生活中给予了我颇多关心和照顾。

感谢我的学生们，他们和我一起不辞辛苦收集经验资料，与我深入探究进城创业问题，积极指出研究中许多需要改进的问题。

感谢《华中科技大学学报》《当代社会政策研究》《社会建设》《武汉科技大学学报》《江汉学术》《中共福建省委党校学报》《江汉大学学报》等的支持，我才有了表达和传播有关进城创业研究相关思想和观点的机会。

感谢隋嘉滨、马甜甜编辑，在书稿编辑过程中，他们的细致认真，以及建设性意见给研究增添了几分亮色。

融于生活的工作离不开家人的支持。虽说工作后有了许多不一样的地方，有了很多方面需要考虑，但家人的理解和支持使我有机会像往常一样投入自己喜爱的事情中。感谢父母不间断的养育和全方位的支持，感谢妻子给予的理解和宽容，更感谢女儿带来的欢声笑语。你们的理解和期望是我不断前行的动力。

为爱，我勇往直前。

陈文超

2019 年 7 月 22 日

图书在版编目(CIP)数据

家户主义与进城创业组织运转 / 陈文超著. -- 北京：社会科学文献出版社，2019.12
（华中科技大学社会学文库. 青年学者系列）
ISBN 978 - 7 - 5201 - 5600 - 4

Ⅰ.①家… Ⅱ.①陈… Ⅲ.①农户 - 创业 - 研究 - 中国 Ⅳ.①F325.15

中国版本图书馆 CIP 数据核字（2019）第 210592 号

华中科技大学社会学文库·青年学者系列
家户主义与进城创业组织运转

著　者 / 陈文超

出 版 人 / 谢寿光
责任编辑 / 隋嘉滨
文稿编辑 / 马甜甜

出　　版 / 社会科学文献出版社·群学出版分社（010）59366453
　　　　　　地址：北京市北三环中路甲29号院华龙大厦　邮编：100029
　　　　　　网址：www.ssap.com.cn
发　　行 / 市场营销中心（010）59367081　59367083
印　　装 / 三河市尚艺印装有限公司
规　　格 / 开　本：787mm × 1092mm　1/16
　　　　　　印　张：19.5　字　数：275 千字
版　　次 / 2019 年 12 月第 1 版　2019 年 12 月第 1 次印刷
书　　号 / ISBN 978 - 7 - 5201 - 5600 - 4
定　　价 / 118.00 元

本书如有印装质量问题，请与读者服务中心（010 - 59367028）联系

▲ 版权所有 翻印必究